논증으로 풀이한
도덕경
개정증보판

논증으로 풀이한 도덕경 개정증보판

발행일   2023년 6월 2일

지은이   노자   풀은이 이종상·이동아
펴낸이   손형국
펴낸곳   (주)북랩
편집인   선일영   편집   정두철, 배진용, 윤용민, 김부경, 김다빈
디자인   이현수, 김민하, 김영주, 안유경   제작   박기성, 황동현, 구성우, 배상진
마케팅   김회란, 박진관
출판등록 2004. 12. 1(제2012-000051호)
주소   서울특별시 금천구 가산디지털 1로 168, 우림라이온스밸리 B동 B113~114호, C동 B101호
홈페이지 www.book.co.kr
전화번호 (02)2026-5777   팩스   (02)3159-9637

ISBN   979-11-6836-891-0 03150 (종이책)   979-11-6836-892-7 05150 (전자책)

(주)북랩 성공출판의 파트너

북랩 홈페이지와 패밀리 사이트에서 다양한 출판 솔루션을 만나 보세요!

홈페이지 book.co.kr   •   **블로그** blog.naver.com/essaybook   •   **출판문의** book@book.co.kr

작가 연락처 문의 ▸ ask.book.co.kr

작가 연락처는 개인정보이므로 북랩에서 알려드릴 수 없습니다.

개정증보판

논증의 네 가지 요소인
근거, 이유, 주장, 전제를 활용해 풀이한 해설서

논증으로 풀이한

도덕경

노자 지음 | 이종상·이동아 풀음

북랩

초판 머리글

화가 났을 때 책을 읽으면 즐겁고(當怒讀則喜)

병이 났을 때 책을 읽으면 치유되네(當病讀則痊)

여기에 기대어 생명을 유지하려고(恃此用爲命)

이리저리 앞에다 가득 쌓아 두네(縱橫堆滿前)

위의 시는 중국 명나라 때 시인 양순길楊循吉이 지은 시 「서가에 쓰다(題書櫥上)」의 일부다. 세상에는 수많은 인연이 있지만, 그중에 좋은 책과 만남은 좋은 인연 중에 최고가 아닐까 싶다. 좋은 책과의 인연은 즐거움, 건강함, 지혜로움을 제공해 인간의 삶을 풍요롭게 해줄 뿐만 아니라, 오랫동안 곁에 두고 꺼내 쓸 수 있는 마음의 양식을 무한대로 제공해 준다. 하물며 오래전에 쓰여 긴 세월 동안 생명력을 이어 온 고전은 더더욱 그러하다. 필자에게 『도덕경道德經』은 그러한 책이다.

2,500여 년 전에 노자가 지었다고 전해지는 『도덕경』은 도경과 덕경으로 나뉘고, 총 81장으로 구성되어 있으며 '도道' 자로 시작하여 '쟁爭' 자로 끝난다. 판본에 따라 다소 차이는 있지만 약 5,100여 자로, 우리가 요즘 자주 접하는 A4로는 5매 내외의 분량이며 한자漢字

로 쓰인 책이다. 한자는 글자 하나하나가 여러 의미를 내포하고 있는 특성과 주석자의 지식 활용에 대한 깊이 때문에, 같은 판본의『도덕경』에 대해서도 여러 가지 풀이가 존재하고 있다. 그만큼 다양한 관점과 방식으로 접근이 시도되었다.

그런데 번역서나 해설서를 읽다 보면 그 내용이 원문에 쓰인 한자의 뜻과 멀어져 있을 뿐만 아니라 서로 반대의 뜻으로 풀이하는 경우도 있다. 또한, 같은 문장을 평서문 또는 명령문으로 달리 해설하는 경우도 있어, 어느 풀이에 따라 이해하여야 할지 난감한 경우가 많았다.

그동안 여러 편의『도덕경』을 읽으면서 어떠한 '틀'을 가지고 체계적으로 접근하면 좀 더 쉽게 이해되지 않을까 생각되어, 논증으로『도덕경』을 풀어 보았다. 조셉 윌리엄스와 그레고리 콜럼이 제시한 논증 요소를 반론수용과 반박(acknowledgment and response)을 제외하고 근거(evidence), 이유(reason), 주장(claim), 전제(warrant), 네 가지 요소로 분석한 결과『도덕경』81장 대부분이 논증 방식으로 쓰였다는 것을 발견할 수 있었다.

이러한 접근을 62장에 적용하면, "고립천자, 치삼공, 수유공벽이선사마, 불여좌진차도(故立天子, 置三公, 雖有拱璧以先駟馬, 不如坐進此道.)"는 논증 요소의 주장에 해당한다. 천자天子는 스스로가 즉위하고, 삼공三公은 천자가 두는 것이다. 또한, 사두마차 앞에 공벽拱璧을 갖다가 놓는 주체는 백성이며, 도道는 자신이 닦는 것으로 진상품이 될 수 없다. 따라서 '그러므로 천자가 즉위하고 삼공을 둘 때, 아무리 사두마차 앞에 큰 옥구슬이 놓여 있어도, 무릎 꿇고 도에 힘쓰는 것만 못하다'라고 해석할 수 있다.

이러한 예는 독자들이 이 책을 읽으면서 여러 군데에서 접할 수 있는데, 얕은 지식에서 나온 필자의 해석이 독자들의 동의를 얻을 수 있을 것인가 하는 두려움이 앞선다. 이 책은 '필자는 『도덕경』을 이렇게 읽었다'라는, 노자와 독자에게 하는 고백이며, 이를 계기로 『도덕경』에 대해 좀 더 깊이 있게 이해할 수 있도록 자신을 부추기는 기회로 삼고자 함이다.

끝으로 이 책과 인연이 닿아 그 고운 손으로 책장을 넘길 독자 여러분의 앞날에도 좋은 일만 가득하길 소원해 본다. 또한, 이 책이 세상에 나올 수 있게 도움을 주신 북랩 출판사에 깊은 감사를 드린다.

2022년 2월 1일
이종상·이동아

개정판 머리글

이 책의 발간 목적은 『논증으로 풀이한 도덕경』의 초판을 해설하는 것이다. 즉, 이 책은 필자가 왜 『도덕경』을 이렇게 해석했는지에 대한 답을 제시하기 위해, 기존의 풀이와 필자의 해석이 어떻게 다른지를 설명하고, 그 차이의 정당성을 보여주는 것이다. 따라서 독자들은 이를 통해 『도덕경』을 보다 깊이 이해할 수 있게 되리라 생각된다.

『도덕경』의 길지 않은 문장 속에 내재 되어 있는 그 의미는 깊고 심오하여 이해하기가 어렵다. 이는 마치 노자가 자물쇠를 잠그고 감추어 놓은 열쇠를 찾아가는 긴 여정인 듯하다. 때문에 때로는 정반대의 의미로 파악되는 경우도 적지 않다. 이는 『도덕경』의 주석이 많은 이유이기도 하며 긴 세월 동안 인류의 전반적인 역사 속에 함께하는 그 생명력일 것이다.

『도덕경』과 같은 고전은 표준 번역이 존재하지 않기 때문에, 기존의 번역과 다른 새로운 번역이 옳은지 판단할 수는 없다. 다만, 그 작품이 출현하게 된 시대적 상황을 고려하면서 문법에 맞추어 적절한 한자의 의미를 찾아 한글 문장으로 표현하는 과정이, 본래 저자의 의도에 가깝게 다가가는 작업일 것이다.

필자는 문장 내용에 대해서는 간결한 설명에 그쳤다. 다만 해석에 확신이 없는 경우에 한해 추가적인 설명을 덧붙였다. 제대로 된 해석이라면 추가적인 설명은 불필요하다는 필자의 생각을 반영하였다. 원문 해석에 있어서 애매하고 불분명한 내용을 명확하게 정리하기 위해 노력하였으며, 철학적인 의미는 거의 다루지 않고 문장 해석에 집중하였다.

1. 개정판에서는 초판의 번역을 그대로 따르면서도 우리말이 부자연스러운 부분을 일부 수정했고, 번역문에 대한 해설을 추가하였다. 또한 원문과 번역문을 한 페이지에서 한눈에 볼 수 있도록 구성하였다. 더불어 다른 학자들의 견해도 함께 기술하여 독자들이 비교할 수 있도록 했다.

2. 이 책의 제목으로 사용한 논증은 일반 논리학에서 사용하는 논증의 의미와 구성요소에서 차이가 있다. 따라서 논증을 '어떤 것에 대한 당신의 의견이 옳다고 사람들을 설득하기 위해 사용하는 일련의 진술'로 사용하였다. 특히 논증의 구성요소 중 전제(warrant)는 이유와 주장을 이어주는 일반적인 원칙으로 어떤 행동에 대해 정당성을 부여하는 역할을 하는 것으로 보았다.

3. 개정판에서는 한자를 크게 하여 읽기가 더욱 편안하도록 조정했다.

필자는 이 책이 『도덕경』을 학습하고자 하는 독자들에게 문법적이나 해석적인 면에서 길잡이 역할을 하기를 바란다. 이 책의 출판에

도움을 주신 북랩 출판부에 감사드린다.

2023년 늦은 봄, 평곡재에서
이종상·이동아

차 례

도경道經

덕경德經

▦ 일러두기

1. 이 책은 樓宇烈(1980),『王弼集校釋 上-老子道德經注』를 저본으로 사용하였다.

2. 樓宇烈과 문장부호를 다르게 사용한 부분에 대해서는 그 이유를 설명했고, 필자와 같게 문장부호를 사용한 책을 제시하였다.

3. 논증의 구성요소인 근거(evidence)-전제(warrant)-이유(reason)-주장(claim)의 구분은 '이종상·이동아(2021),「『도덕경』의 논증 구조 분석」,『인문논총』, 제78권 제4호, 서울대학교 인문학연구원.'을 따랐으며, 한문 원문과 한글 번역문 사이에 표기하였다.

제1장
도는 온갖 오묘함이 나오는 문이다

도가도 비상도 道可道, 非常道[1];	전 제	도가 말해질 수 있으면 한결같은 도가 아니고,
명가명 비상명 名可名, 非常名[2]。		이름이 불릴 수 있으면 한결같은 이름이 아니다.
무명천지지시 無名天地之始,		이름 없음이 천지의 시작이고,
유명만물지모 有名萬物之母[3]。		이름 있음이 만물의 어미이다.
고상무욕 故常無欲,	이 유	그러므로 언제나 욕심이 없으면
이관기묘 以觀其妙;		그 오묘함을 보고,
상유욕 常有欲,		언제나 욕심이 있으면
이관기요 以觀其徼[4]。		그 드러남을 본다.
차양자동 此兩者同[5],	주 장	이 둘은 같은 것이지만
출이이명 出而異名[6],		나와서 이름이 다른데,
동위지현 同謂之玄[7]。		같다고 일컫는 것은 현묘하다는 것이다.
현지우현 玄之又玄,		현묘하고 또 현묘하여
중묘지문 衆妙之門。*		온갖 오묘함이 나오는 문이다.

---

* 樓宇烈, 『王弼集校釋·上』에는(이하 동일) "此兩者同出而異名, 同謂之玄, 玄之又玄, 衆妙之門。"이라고 되어 있다. '此兩者同出'이 아니고 '此兩者同'으로 보았다. 필자의 문장부호 사용 방법은(이하 동일) 감산 憨山[憨山德淸 해, 송찬우 道德經解 옮김, 『老子』]과 같다(憨山의 『老子』에는 『道德經』의 원본이 뒤에서 시작되며, 쪽수가 한자로 표기되어 있다).

1. 道可道, 非常道

이 문장에서 '道'자는 세 번 사용되었는데, 그 용법은 두 가지이다. "道可道"의 첫 번째 '道'와 "非常道"의 '道'는 근원, 근본, 우주의 본체 등을 지칭하는 명사이다. 반면, "道可道"의 두 번째 '道'는 '말하다'라는 동사이다. "道可道"에서 '可'는 뒤에 나오는 동사를 수동형으로 변화시키는 역할을 하는 조동사이며, 常은 '항상 상'으로 '한결같다'라는 의미이다.

그러므로 '도가 말해질 수 있으면 한결같은 도가 아니다'라고 되며, "道可道"에 가상의 주어 '天下'를 넣고 능동형으로 바꾸면 "天下可以道道(세상 사람들이 道를 道라고 부를 수 있다)"라고 해석된다.

2. 名可名, 非常名

'名'은 어떤 사물이나 현상에 이름을 붙이는 것을 의미한다. 따라서 "名可名, 非常名"은 "이름이 불릴 수 있으면 한결같은 이름이 아니다"라고 해석할 수 있다. 이 문장은 "道可道, 非常道"의 문장 구조와 같은 형태를 띠고 있다.

3. 無名天地之始, 有名萬物之母

이 문장에서 "無+名天地之始" 또는 "無名+天地之始"로 '無' 자를 단독으로 해석하거나 '無名'으로 해석할 수 있다. 그러나 32장의 "道常無

名, 始制有名", 37장의 "無名之樸", 41장의 "道隱無名" 등에서 '無'와 '有'는 독립적으로 쓰이지 않고 '有名', '無名'으로 사용되었다.

필자도 "無名+天地之始"로 끊어 읽어 "이름 없음이 천지의 시작이다" 즉, 천지가 시작될 때는 모든 만물에 이름이 없었으나, 만물에 각각의 이름을 붙임으로써 우리가 인식하고 의사소통을 하게 되었다는 것으로 해석하였다. 백서본[1][2]에는 '天地'가 '萬物'을 의미하는 것으로 기술되어 있다.

4. 故常無欲, 以觀其妙. 常有欲, 以觀其徼

이 문장은 "故常無, 欲以觀其妙"로 끊어 읽어 "그러므로 항상 없음은 그 오묘함을 보고자 함이다"라고 해석하는 예도 있다. 백서본[3]에는 "故恒無欲也, 以觀其妙"라고 기술되어 있어 '欲也' 다음에 문장을 끊어 읽기 때문에 '欲'을 '…을 하고자 한다'로 해석할 수 없다. 때문에 "故常無欲也, 以觀其妙"로 해석해야 한다. '以'는 '…으로써'의 의미로 "그러므로 언제나 욕심이 없으면 그 오묘함을 본다"라고 해석하였다.

---

1) 國家文物局古文獻研究室(이하 國家文物局),『馬王堆漢墓帛書·壹』, 10쪽(갑본), 95쪽(을본).
2) 백서본은 백서 갑본과 을본에 동시에 나온 것을 의미하고, 갑본 또는 을본에만 나오는 것은 백서갑본, 백서을본으로 구분하여 명기하였다.
3) 國家文物局, 앞의 책, 10, 94쪽.

5. 此兩者

이 문장에서 '兩者'로서 거론될 수 있는 것은 '無와 有', '無欲과 有欲', '無名과 有名', '始와 母', '妙와 徼' 등이다. '兩者'는 무엇인가에게서 나오는 것이어야 하며, 또한 '兩者'가 같은 것은 '玄' 한 것이다'라는 것이다. 따라서 '玄' 할 수 있는 것은 '道'의 '妙와 徼'이다. 徼(돌 요)는 가장자리의 뜻으로 '드러남'으로 풀이하였다.

"同出而異名"의 문장은 어떻게 읽어 해석하든 '兩者'는 '無와 有'는 될 수가 없다. 왜냐하면, 40장에서 "有生於無"라고 하였기 때문에 '無와 有'가 같거나 같이 나올 수 없기 때문이다. 이렇게 보면 '無名과 有名', '無欲과 有欲'도 양자로 볼 수 없다.

6. 此兩者同, 出而異名

이 문장은 일반적으로 "此兩者同出+而異名"으로 읽어 '同出'을 '나온 것이 같다', 또는 '나온 시기가 같다'라고 풀이한다. 또 다른 방식은 "此兩者同+出而異名"으로 끊어 읽어 '이 두 가지는 같은 것으로…'라고 해석하는데, 여기서는 "此兩者同, 出而異名"으로 끊어서 해석했다. 왜냐하면, '同出'로 파악하면 '同'은 시간 또는 공간이 같다는 것을 의미하는데, "이 둘은 같은 곳에서 나왔으나 이름이 다르다" 또는 "이 둘은 같이 나왔으나 이름이 다르다"가 된다. 이는 나오는 시간과 공간이 같으면 이름이 같아야 한다는 암묵적인 전제가 필요한데, 이러한 전제가 성립하지 않으며, 이름이 다른 것은 일반적인 사실로 굳이 부연 설명할 필요가 없다. 그리고 '이 둘은 이름이 다르나' 둘이 같다는

논증으로 풀이한 도덕경

것이지, 양자가 나온 시간과 공간이 같다는 것이 아니다.

또한 뒤에 나오는 "同謂之玄"에서 '同'이 앞에 나오기 위해서는 앞의 문장이 '同'으로 끝나야 하기 때문이다. 만약 "此兩者同出"이면 "同出謂之玄"이 되어야 할 것이다.

이에 관해서 백서본[4]에는 "兩者同出異名同謂"이라고 기술되어 있는데 "兩者同出, 異名同謂"로 해석하면 "양자는 같이 나왔는데, 이름이 다르지만 같은 것을 지칭한다"가 되며, 또한 "兩者同, 出異名同謂" 방식으로 해석하면, "양자는 같은데, 나와서 이름이 다르지만 같은 것을 지칭한다"가 된다.

7. 同謂之玄

"同謂之玄"은 "兩者同謂之玄"으로 '之'는 '兩者同'을 받는데, 이것은 '謂之(=兩者同)玄'이 되므로 이는 "양자가 같다고 일컫는 것은 둘 다 현묘하다는 것이다"가 된다. 즉, "왜 둘은 같다고 하는가? 그것은 둘 다 현묘하기 때문이다"라고 해석하였다.

---

4) 위의 책, 10쪽.

제2장

성인은 무위로 일을 처리한다

^{천 하 개 지} 天下皆知[1]		세상 사람들 모두가
^{미 지 위 미} 美之爲美,		아름다움이 아름다움으로 되는 것으로 아는데,
^{사 오 이} 斯惡已[2];	이유*	그것은 추함이다.
^{개 지 선 지 위 선} 皆知善之爲善,		모두가 착함이 착함으로 되는 것으로 아는데,
^{사 불 선 이} 斯不善已。		그것은 착하지 아니함이다.

^{고 유 무 상 생} 故有無相生[3],		왜냐하면, 있음과 없음은 서로 살리고,
^{난 이 상 성} 難易相成,		어려움과 쉬움은 서로 이루며,
^{장 단 상 교} 長短相較,	근거	깊과 짧음은 서로 비교하고,
^{고 하 상 경} 高下相傾[4],		높음과 낮음은 서로 기울이며,
^{음 성 상 화} 音聲相和[5],		음과 성은 서로 어울리고,
^{전 후 상 수} 前後相隨。		앞과 뒤는 서로 따르기 때문이다.

^{시 이 성 인} 是以聖人	주장	그래서 성인은
^{처 무 위 지 사} 處無爲之事,[6]		무위로 일을 처리하고,

---

* 이종상·이동아(2021), 「『도덕경』의 논증 구조분석」에는 이유-근거-주장-전제로 구분하였으나, 주장과
전제를 합쳐서 주장으로 하였다.

행 불 언 지 교 行不言之敎**7.****		말 없는 가르침을 행한다.
만 물 작 언 이 불 사 萬物作焉而不辭**8,**		만물을 흥하게 하더라도 알리지 않고,
생 이 불 유 生而不有,		길러도 소유하지 않으며,
위 이 불 시 爲而不恃**9,**	주 장	이롭게 하여도 내세우지 않고,
공 성 이 불 거 功成而弗居。		공을 이루어도 머무르지 않는다.
부 유 불 거 夫唯弗居,		무릇 머무르지 않기 때문에
시 이 불 거 是以不去**10.**		공이 없어지지 않는다.

1. 天下

자연을 가리킬 때는 '천하', 천하에 있는 사람을 가리킬 때는 '세상 사람'으로 풀이하였다.

2. 天下皆知美之爲美, 斯惡已

일반적으로 "天下皆知美之爲美"는 "세상 사람들 모두 아름다운 것 이 아름다움으로 되는 것으로 알고 있다"라고 해석하는데, "斯惡已" 에서 지시대명사 '斯'는 크게 네 가지 의미로 해석한다.

** "行不言之敎"라고 되어 있다. 고형高亨, 고형高亨[高亨, 『老子正詁』], 주겸지朱謙之[朱謙之, 『老子校譯』] 와 같다.

첫째, '斯'는 "天下皆知美之爲美"를 가리키는 것으로 "天下皆知美之爲美+惡已"가 된다. 즉, "세상 사람들 모두가 아름다움이 아름다운 것이라고 아는 것은 '惡(추한 것)'일 뿐이다"로 해석한다. 이렇게 파악하면 '惡已'의 주어에 해당하는 '…라고 아는 것'은 是非의 대상이지 美惡의 대상이 되지 않는다. 뒤에 나오는 문장의 "皆知善之爲善"에서 동사 또한 '知'이기 때문에 '斯'와 '已'의 사이에 나오는 보어는 같아야 하나 '不善'으로 다르다.

둘째, '斯'는 '美'를 가리키는 것으로 "美惡已"가 되어 "아름다움은 추함일 뿐이다"가 되므로, 이는 논리적으로 맞지 않는다. 또한 이렇게 파악하면 위와 마찬가지로 '…가 되는 것'은 是非의 대상이지 美惡의 대상이 되지 않는다.

셋째, '斯'는 "天下皆知美之爲美"를 가리키는 것으로 "또한 그것이 추함이 있다는 것을 뜻한다"라고 해석하는데, 이 문장으로는 이렇게 해석할 수가 없다.

넷째, '斯'는 "天下皆知美之爲美"와 같은 美에 대한 개념을 가리키는 것으로, "이것이 추하다는 개념을 낳게 한다"라고 해석하는데, 이 문장으로는 이렇게 해석할 수가 없다.

"天下皆知美之爲美, 斯惡已"는 "有無相生 … 前後相隨"와 같은 자연현상을 근거로 유추한 결과이다. 따라서 "天下皆知美之爲美, 斯惡已"의 '美'와 '惡' 대신에 서로 대응하는 단어를 넣어도 문장이 논리적으로 성립하여야 한다. 예를 들어 '善과 不善'을 집어넣으면, "天下皆知善之爲善, 斯不善已"가 되어 "세상 사람들 모두가 착함이 착함으로 되는 것으로 아는데, 착함으로 되는 것은 착하지 아니함이다"가 된다. 또한 근거에서 "前後相隨"에서 '前後'를 이용하면, "天下皆知前之爲前, 斯後已"와 같이 성립할 수 있다.

즉, '有-無', '難-易', '長-短', '高-下', '音-聲', '前-後' 등과 같이 서로 대응하는 개념은 떨어져서 존재하는 것이 아니라 상호유전相互流轉 한다는 것이다.

이를 첫째의 방식대로 '斯'는 "天下皆知有之爲有"를 가리키는 것으로 "天下皆知有之爲有+無已"가 되어, "세상 사람들 모두가 있음이 있음으로 아는 것은 없음일 뿐이다"라고 해석할 수 있어 논리적으로 맞지 않는다.

따라서 '斯'는 "天下皆知美之爲美"가 아니고 "爲美"이다. 즉, "天下皆知美之爲美, 斯(爲美)惡已"가 된다. 이는 "세상 사람들 모두가 아름다움이 아름다움으로 되는 것이라고 아는데, 아름다움으로 되는 것은 추함이다"라고 해석된다. 이렇게 해석해야 뒤의 "是以聖人 處無爲之事, 行不言之敎" 문장과 연결할 수 있다.

"美之爲美"를 일반적으로 "아름다운 것은 아름다운 것이다"라고 해석하는데, 여기서는 동사 '爲'를 '…은 …이다'가 아니고 '…은 …이 되다'라고 해석하였다. 백서갑본[1]에는 '美爲美'라고 기술되어 있다. 이것으로 보아도 '美는 美이다'라고 해석할 수 없다.[2]

이에 관해서 왕필은[3] "美惡猶喜怒也, 善不善猶是非也. 喜怒同根, 是非同門,(아름다움과 추함은 기쁨과 노여움과 같고, 착함과 착하지 않음은 옳고 그름과 같다. 기쁨과 노여움은 뿌리가 같고, 착함과 착하지 않음은 문을 같이 하니,)"이라고 풀이하였다. 이는 '기쁨'과 '노여움'은 뿌리가 같다는 것으로 '아름다움'이 '추함'이 될 수 있고 '추함'이 '아름다움'이 될 수 있다는 것을 의미한다.

---

1) 國家文物局, 앞의 책, 10쪽.
2) 이종상·이동아(2022), 「『道德經』 2장 '天下皆知美之爲美, 斯惡已'의 해석에 관한 一考」 참조.
3) 樓宇烈, 『王弼集校釋·上』, 6쪽(왕필의 '풀이'는 『王弼集 校釋·上』의 「왕필 주」를 의미한다).

방동미方東美[4]는 "오늘 선하다고 생각한 것을 다음 날에는 악하다고 생각하고, … 일체의 가치는 개인의 관점을 가지고 보고, 한 시대의 관점으로 보면, 그것은 결국 그 시대에 속하는 것이다. 그 시대가 변한 다음에는, 원래 지극히 선하고 아름답던 것은 곧 추악한 현상으로 나타난다는 것이다"라고 해설하였다. 김경탁[5]은 "세상 사람들은 누구나 다 미는 언제든지 미요, 선은 선인 줄만 알고 있다. 그리하여 감정의 움직임에 따라 미美가 절정에 이르면 도리어 추醜로 되고, 의지의 움직임에 따라 선善이 절정에 이르면 도리어 불선不善으로 된다는 것을 모른다"라고 해설하였다.

3. 故有無相生

'故'는 일반적으로 '그러므로'라고 풀이되지만, 이 장에서 '故' 다음의 내용은 저자의 주관적인 경험 밖에 존재하는 현상을 나타낸 것이다. 따라서 '故'는 "天下皆知美之爲美, 斯惡已"에 대한 이유를 설명하는 것으로 '왜냐하면'으로 풀이해야 한다. 故는 앞에서 "아름다운 것이 아름다운 것이 되는 것이 아니라, 아름다운 것이 되는 것은 추한 것이다"라는 근거를 제시한 것이다.

"有無相生"은 일반적으로 "有와 無는 서로 낳고"라고 풀이하는데 40장에서 "天下萬物生於有, 有生於無"라고 되어 있으므로 '서로 낳는다'라는 것은 성립하지 않는다. 따라서 여기서는 '서로 살리고'라고 풀이

---

4) 方東美 지음, 남상호 옮김, 『원시 유가 도가 철학』, 65쪽.
5) 김경탁(1965), 『노자』, 65쪽.

논증으로 풀이한 도덕경

하였다. 죽간갑본[6], 백서갑본[7]에는 '故' 자가 없다.

4. 高下相傾

백서본[8]에는 "高下之相盈也"로 기술되어 있는데, 이는 한 혜제惠帝 유영劉盈의 이름을 피하기 위해 '盈'을 '傾'으로 고쳐 쓴 것 같다고 주석하였다[9]. 이에 관해 진고응陳鼓應[10]은 "「盈」爲「呈」子之假, 「呈」如「形」義同(영영은 정呈의 가차자로 정呈은 형形과 뜻이 같다)"라고 풀이하여 "高下相呈, 是設高與下在對待關係中才顯現出來('고하상정'이란 높음과 낮음은 서로 상대 관계에서 드러난다는 것을 말한다)"라고 해석하였다. 그러나 여기서는 "높음과 낮음은 상대적으로 드러난다"의 의미는 높음이 낮음이 되고 낮음이 높음이 되는 것으로 파악하여 "高下相傾"으로 보고 해석하였다.

5. 音聲相和

음音과 성聲에 관한 설명은 다양하다. 간단한 발음은 聲이라고 부르고, 성의 조합이 음악의 리듬이 된 것을 音이라고 부르기도 한다. 음은 악기 소리, 성은 사람 소리로 구분하기도 한다.

---

6) 최재목, 『노자』, 128쪽.
7) 國家文物局, 앞의 책, 10쪽.
8) 國家文物局, 앞의 책, 10쪽.
9) 國家文物局, 앞의 책, 13쪽.
10) 陳鼓應, 『老子注譯及評介(修訂增補本)』, 61쪽.

6. 是以聖人處無爲之事

'無爲'는 『도덕경』에서 왕필본[11])을 기준으로 12회 나오는데, '스스로 그러함을 따르는 행위', '인위적이고 억지스러움이 없는 행위'라고 풀이한다. 그러나 각 장마다 문맥에 따라서 조금씩 다르게 해석하였다.

7. 是以聖人處無爲之事, 行不言之教

'是以'를 "故有無相 … 前後相隨"로 연결되는 것으로 해석하면 '是以'의 앞 문장과 뒤 문장의 뜻이 통하지 않는다. 따라서 "是以聖人 … 不言之教"의 앞에는 "天下皆知 … 斯不善已"와 연결되어야 뜻이 통한다.

8. 萬物作焉而不辭

"萬物作 … 而弗居"의 4문장의 형식은 "A 而 不(弗)+동사"로 되어 있는데, '不+동사'의 주어는 '聖人'이므로 동사의 의미를 성인이 할 수 있는 것으로 풀이해야 한다. 따라서 '萬物作焉'은 성인이 만물을 만들 수 없으므로 '만물을 흥하게 하여도'라고 번역하였다.

'辭'를 '사양하다'라고 풀이하는 예도 있으나, 여기서는 '알린다'로 풀이해야 한다. 왜냐하면, '辭' 뒤에 나오는 "生而不有, 爲而不恃. 功成而弗居"의 문장에서 앞과 뒤는 상반되는 용어가 사용되어 있으므로 '辭'

---

11) '왕필본'은 樓宇烈, 『王弼集校釋·上』에 실려 있는 『도덕경』의 원문을 의미한다.

는 '作'과 상반되는 용어이면서, '作' 한 뒤에 할 수 있는 행동이어야 한다. 그러나 '사양하다'라는 것은 '作' 한 뒤에 '作을 사양한다'는 것이 되어 맞지 않는다. 따라서 성인은 만물을 흥하게 하더라도 이것을 알리지 않는다는 것이다. 焉은 문장의 중간이나 끝에 쓰여 쉬어 감을 나타내거나 어기를 완화하는 역할을 한다.

辭는 2장의 "萬物作焉而不辭"와 34장의 "萬物恃之而生而不辭"에서 출현하는데, 2장에서 辭는 '알린다'이고, 34장에서 辭는 '사양하다'의 의미이다.

9. 爲而不恃

'恃'는 대부분 '의지하다'라고 해석되지만, 이 문장에서는 '의지하다'와 유사한 의미를 가진 '有', '居' 등의 동사가 쓰이고 있어 '자부하다'라는 의미로 해석해야 한다.

10. 夫唯不居, 是以不居

夫唯는 『도덕경』에서 11개의 장에서 12회가 나온다. 이중 '夫唯…, 故…'의 구조로 이루어진 것이 5회[12], '夫唯…, 是以…'가 5회[13], '夫

---

12) 8장, 15장(2회), 22장, 67장
13) 2장, 59장, 70장, 71장, 72장

唯…, 是…'가 1회[14], '夫唯…, 且…'가 1회[15] 나온다. '夫唯…'는 이유를 나타내고, '是以(故)…'는 결과를 나타내는데, 夫唯는 '대개'와 '오직'의 뜻을 합쳐 '무릇'이라고 풀이하였으며, 나머지 2회도 이를 따랐다. 또한 '夫'는 문장의 첫머리에 쓰여 문장을 이끄는 어기를 나타내는데, 이 경우 해석하지 않을 수도 있지만, 이 책에서는 번역을 하지 않거나 번역을 하는 경우에는 '무릇'으로 하였다.

---

14) 75장
15) 41장

논증으로 풀이한 도덕경

제3장
성인의 다스림은 백성의 마음을 비우게 한다

불 상 현 不尙賢,		똑똑함을 치켜세우지 않으면
사 민 부 쟁 使民不爭[1];		백성이 다투지 않는다.
불 귀 난 득 지 화 不貴難得之貨,	전 제	얻기 어려운 재화를 귀하게 여기지 않으면
사 민 불 위 도 使民不爲盜;		백성이 도적질하지 않는다.
불 견 가 욕 不見可欲[2],		욕심부릴 만한 것을 보여 주지 않으면
사 민 심 불 란 使民心不亂。		백성의 마음을 어지럽히지 않는다.

시 이 성 인 지 치 是以聖人之治,		그래서 성인의 다스림은
허 기 심　실 기 복 虛其心, 實其腹;		마음을 비우게 하되, 배를 부르게 해주고,
약 기 지　강 기 골 弱其志, 強其骨。	주 장	의지를 약하게 하되, 뼈를 굳세게 해준다.
상 사 민 무 지 무 욕 常使民無知無欲,		언제나 백성이 아는 것과 욕심을 없게 하며,
사 부 지 자 불 감 위 야 使夫智者[3]不敢爲也[4]。		벼슬아치가 함부로 다스리지 못하게 한다.

위 무 위 爲無爲,	이 유	무위로 다스리면
즉 무 불 치 則無不治。		다스리지 못하는 것이 없다.

1. 不尚賢, 使民不爭

일반적으로 "현명함을 숭상하지 않음으로써 백성이 다투지 않게 하라"라고 해석한다. 즉, "不尚賢"을 "使民不爭"의 수단으로 파악하는데, 이렇게 해석하면 '…하라. 그래서 성인의 다스림은…'과 자연스럽게 연결이 되지 않는다. 또한 "不尚賢"이 "使民不爭"의 하나의 요인이 될 수 있으나, "不尚賢" 함으로써 반드시 "使民不爭"은 할 수 없다.

이 문장에서 "不尚賢"은 주부이고, "使民不爭"은 술부로 보아야 한다. '賢'은 일반적으로 '현명한 사람'으로 해석하는데, 뒤에 나오는 '貨', '欲'과 일관성을 유지하기 위해서는 '현명함'으로 해석하여야 할 것이다. 왕필은[1][2] "賢, 猶能也(현명함은 능력이다)"라고 풀이하여 '현명한 사람'이 아니고 '현명함(똑똑함)'이라 했다.

이 문장을 직역하면 "똑똑함을 치켜세우지 않는 것은 백성이 다투지 않게 한다"가 되는데, "똑똑함을 치켜세우지 않으면 백성이 다투지 않는다"라고 의역하였다.

2. 不見可欲

"不見可欲"은 "욕심 불릴 만한 것을 보여주지 않으면"으로 해석하여야 하며, 이렇게 하기 위해서는 '見'은 '뵈올 현'이 아니고 '볼 견'이어야 한다.

---

1) '왕필의 풀이는' 樓宇烈, 『王弼集校釋·上』에 실려 있는 내용이다.
2) 樓宇烈, 앞의 책, 8쪽.

논증으로 풀이한 도덕경

3. 使夫智者不敢爲也

일반적으로 '智者'는 '지혜로운 자', '꾀가 있는 자', '지식을 가진 자', '영리한 자' 등으로 풀이하는데, 이는 어떻게 해석하더라도 모두 관직이 없는 일반 백성에 포함된다. 또한 "常使民無知"에서 "항상 백성을 알지 못하게 한다"라고 하였으므로 백성에 속하는 '지혜로운 자'를 의미하는 '智者'는 있을 수 없다. 그러므로 '智者'는 백성이 아니어야 하는데, 백성이 아닌 자는 '관직이 있는 사람'을 의미하므로 다스리는 자(벼슬아치)가 여기에 해당한다.

敢은 3장 이외에 6개의 장에서 8회[3] 나오는데, 73장의 "勇於敢則殺"과 74장의 '孰敢'을 제외하고는 '不敢'[4]으로 사용되었다. 이때의 주어는 '佐人主者(30장), 聖人(64장), 我(67장), 用兵者(69장)' 등이다. 그러므로 '敢' 또는 '不敢'의 행위자는 일반 백성이 아님을 알 수 있다.

이에 관해 왕필은[5] "智者, 謂知爲也"로 여기서 知는 '다스리다', 爲는 '行爲'로 '智라는 것은 다스리는(知) 행위(爲)를 말(謂)한다'라고 풀이하였다. 따라서 '智者'는 백성과 구별할 수 있는 '관직을 가진 자, 또는 다스리는 자'로 풀이하였다. 이에 관해, 김시천[6]은 "꾀부린다(智)는 것은 (자연에 거슬러) 할 줄 안다는 것을 일컫는다", 김학목[7]은 "智란 작위 할 줄 아는 것을 말한다", 임채우[8]는 "꾀란 앎으로 작위 함을 말한다", 조현규[9]는 "지혜로움이란 앎으로서 일부러 무엇을 함을 말한

---

3) 67장과 73장에는 2회씩 나온다.
4) 73장에 '勇於不敢則活'이 나오는데 주어는 명시적으로 제시되지 않았다.
5) 樓宇烈, 앞의 책, 8쪽.
6) 김시천, 『역주 노자도덕경주』, 68쪽.
7) 김학목, 『노자 도덕경과 왕필의 주』, 50쪽.
8) 임채우, 『왕필의 노자주』, 60쪽.
9) 조현규, 『왕필이 본 도덕경』, 25쪽.

다", 추만호[10)는 "지혜롭다는 것은 함을 아는 것을 말한다"라고 번역하였다. 백서을본[11)에는 "使夫知不敢弗爲而已(벼슬아치들이 감히 함부로 나서거나 다스리지 못하게 한다)"라고 기술되어 왕필의 풀이와 일치한다.

4. "不尙賢 … 使民心不亂"과 "虛其心…不敢爲也"

"不尙賢 … 使民心不亂"은 왜 성인의 다스림이 "虛其心 … 不敢爲也"와 같아야 하는가를 설명하고 있다. 따라서 "不尙賢, 使民不爭"은 "常使民無知無欲, 使夫智者不敢爲也", "不貴難得之貨, 使民不爲盜;"은 "虛其心, 實其腹;", "不見可欲, 使民心不亂"은 "弱其志, 强其骨"과 대응관계를 이룬다.

10) 추만호, 『노자강의』, 27쪽.
11) 國家文物局, 앞의 책, 95쪽.

제4장
도는 하느님보다 먼저인 것 같다

	전제	
도 충 **道沖**		도는 깊어서
이 용 지 혹 불 영 **而用之或不盈¹。**		그것을 쓰고자 하면 혹 가득 차 있지 않을 수 있다.
연 혜 사 만 물 지 종 **淵兮²! 似萬物之宗。**	이유 ①	깊고 조용하구나! 만물의 근원인듯하다.
좌 기 예 해 기 분 **挫其銳, 解其紛,**	주장 ①	날카로움을 무디게 하고, 엉클어짐을 풀며,
화 기 광 동 기 진 **和其光, 同其塵。**		빛을 누그러뜨리고, 티끌과 함께한다.
잠 혜 사 혹 존 **湛兮³! 似或存。**	이유 ②	깊고 맑구나! 혹 있는 듯하다.
오 부 지 수 지 자 **吾不知誰之子,**	주장 ②	나는 그것이 누구의 자식인지 모르지만,
상 제 지 선 **象帝之先⁴。***		하느님보다는 먼저인 것 같다.

1. 道沖而用之或不盈

일반적으로 '沖'은 '虛'의 의미로 "道는 비어 있으나 사용함에 가득

---

* "道沖而用之或不盈, 淵兮似萬物之宗。挫其銳, 解其紛, 和其光, 同其塵。湛兮似或存, 吾不知誰之子, 象帝之先。"이라고 되어 있다. 진고응과 같다.

차 있지 않다"와 같이 해석한다. 그러나 문장의 구조상 "道沖해서 而
用之或不盈"이 되며, '而用之'를 부사구로 보면, "道沖해서 或不盈"이
된다. 그러면 沖을 '비다', '或'은 '혹', 盈은 '가득 차다'로 하면 "도는 비
어서 혹 차 있지 않을 수 있다"와 같이 해석할 수 있어 의미가 잘 통
하지 않는다.

'道沖'은 대부분이 '비어있다'라고 풀이하는데, '沖'은 '깊다', '而用之'
는 '그것을 쓰다', "或不盈"은 "혹 가득 차 있지 않다"라고 번역하였다.
이렇게 하면 다음 문장에 나오는 '淵兮!'와 '湛兮!'의 주어는 道인데,
이것은 道沖해서 '淵(깊다, 조용하다)兮!', '湛(깊다, 맑다)兮!'와 연결할 수
있다.

이경숙[1]은 '道沖'을 '도는 깊어서'라고 번역하였으며, 하상공河上公[2]
은 "或不盈"에 관해서 "道常謙虛不盈滿(도는 항상 겸허하여 가득차지 않는
다)"라고 풀이하였다.

2. 淵兮! 似萬物之宗

淵(못 연)은 '깊다(조용하다)'의 의미이고, 兮는 문장의 호흡을 고르거
나 글자 수를 맞추며 가벼운 감탄을 포함하는 어조사이다.

1) 이경숙, 『도덕경-도경』, 99쪽.
2) 河上公 저, 이석명 옮김, 『노자도덕경하상공장』, 67쪽.

3. 湛兮! 似或存

湛은 '괼 담', '잠길 침', '맑을 잠', '담글 점', '장마 음' 등의 뜻이 있다. 앞에 나오는 "道沖", "淵兮" 등은 道의 상태를 나타내는 것으로, 일관성을 유지하기 위해서는 '맑을 잠'으로 "道는 깊고 맑구나! 혹 있는 듯 하다"라고 해석하였다. 즉, 道는 깊고 맑아서 어찌 보면 무엇인가 보이고 어찌 보면 아무것도 보이지 않아서 있는 듯 없는 듯한 것이다.

4. 象帝之先

'象帝'는 '象+帝' 또는 '象帝'로 풀이할 수 있다. 그러나 "吾不知誰之子"라고 했기 때문에 "象帝之先(하느님보다 먼저이다)"이라고 단정적으로 말할 수 없다. 따라서 象은 '…인 것 같다'로 풀이하였다. 성현영成玄英은[3] "象, 似也(象은 같다는 뜻이다)"라고 풀이하였다.

---

3) 成玄英 지음, 최진석·정지욱 함께 풀고 옮김, 『노자의소』, 118쪽.

제5장

말이 많으면 자주 궁색해진다

천 지 불 인 天地不仁,		하늘과 땅은 어질지 않아
이 만 물 위 추 구 以萬物爲芻狗¹;	전 제	만물을 풀 강아지로 여긴다.
성 인 불 인 聖人不仁,		성인은 어질지 않아
이 백 성 위 추 구 以百姓爲芻狗。		백성을 풀 강아지로 여긴다.

천 지 지 간 天地之間,		하늘과 땅 사이는
기 유 탁 약 호 其猶橐籥²乎³?	이 유	아마도 풀무와 같겠지?
허 이 불 굴 虛而不屈,		비어 있지만 다함이 없고,
동 이 유 출 動而愈出。		움직이면 더 많이 내보낸다.

다 언 삭 궁 多言數窮,	주 장	말이 많으면 자주 궁색해지니,
불 여 수 중 不如守中⁴。		중을 지키는 것만 못하다.

1. 芻狗

추구芻狗는 옛날에 제사 지낼 때 사용한 것으로 풀을 묶어 만든 개 모양의 형상이다. 이것은 제사가 끝난 후에는 아까워하는 뜻이 없어 그대로 두었다고 한다. 즉, 집착하지 않고 서로 잊어버릴 뿐임에 비유한 것이다.

2. 槖籥

槖은 풀무, 籥은 피리로 풀이하는 예도 있다. "動而愈出", 즉 "움직이면 더 많이 공기를 배출한다"라고 되어 있으나 '籥'을 피리로 보면 움직이는 것이 없으므로 '籥'은 풀무에 붙어 있는 管으로 보았다.

3. 天地之間, 其猶槖籥乎

여기서 '其'는 측량을 나타내는 부사로 '아마도', 乎는 추측을 나타내어 '…이겠지?'의 의미로, '其…乎?'는 '아마도 …이겠지?'라고 해석하였다.

4. 不如守中

"不如守中"은 "多言數窮" 하므로 취할 행동이므로 말을 많이 하지 않는 것으로 해석하였다. 성현영은[1] "中, 一道也(中이란 道이다)", 임희

---

1) 위의 책, 126쪽.

일林希逸은[2] "守中, 黙然閉其喙也(수중은 말없이 입을 다문다는 것이다)", 감산은[3] "蓋守中, 即進道之功夫也(대개 守中은 곧 도에 나아가는 수행 공부이다)"라고 풀이하였다.

---

2)   林希逸 지음, 김만겸 주역, 『임희일의 노자 풀이』, 64쪽.
3)   憨山德淸 해, 송찬우 옮김, 앞의 책, 五八쪽.

제6장

현묘한 암컷의 작용은 무한하다

곡 신 불 사 谷神, 不死¹, 시 위 현 빈 是謂玄牝。*	전 제	골짜기가 신령스럽고 기능이 다 하지 않는 것, 이를 일컬어 현묘한 암컷이라 한다.
현 빈 지 문 玄牝之門, 시 위 천 지 근 是謂天地根。	이 유	현묘한 암컷의 문, 이를 일컬어 하늘과 땅의 근원이라 한다.
면 면 약 존 緜緜若存, 용 지 불 근 用之不勤²。	주 장	끊이지 않고 이어져 겨우 존재하는 것 같지만, 그 작용은 무한하다.

1. 谷神, 不死

일반적으로 "계곡의 신은 죽지 않는다"라고 해석한다. 1장의 "玄之
又玄, 衆妙之門"에서 그 주어는 '道'이다. 그러나 "谷神, 不死, 是謂玄
牝. 玄牝之門, 是謂天地根"에서는 '谷神, 不死'의 '門'이 '天地根'이 된다.

---

* "谷神不死, 是謂玄牝, 玄牝之門, 是謂天地根。"이라고 되어 있다. "谷神不死 … 是謂玄牝"은 전제로 보
았기 때문에 마침표를 사용하였다. 감산, 진고응과 같다. "谷神不死,"에서 '谷'을 주어, 神과 不死를 연동
식 복합 술어로 보았기 때문에 '谷神, 不死,'와 같이 표기하였다.

'天地根'은 '道'이다. 따라서 '谷神, 不死'는 道의 특성을 나타내는 것이 된다. 그러므로 계곡이 영묘하고, 계곡의 기능이 다 하지 않는 것을 의미한다(神=緜緜若存, 不死=用之不勤)

60장의 "以道莅天下, 其鬼不神"에서 神은 영험하다는 의미로 사용되었다. 여기서 '谷神' 즉, '계곡이 靈妙하다'는 것은 계곡이 텅 비어 있어 무엇이든지 받아들일 수 있으므로 새로운 생명을 잉태시킬 수 있다는 것이지, 어떤 계곡이든지 '현묘한 암컷(玄牝)'이 될 수 있다는 것은 아니다. 그리고 '谷, 不死'는 그러한 기능이 다 하지 않는 것을 의미하며, 기능이 살아 있는 것이 '현묘한 암컷'이 될 수 있다는 것이다.

'谷神, 不死'를 해석하는 데는 '天地根'이 되는 '谷神, 不死의 門'이 성립해야 하는데, '門'이라는 것은 명사로서의 門이지 현상으로써 門은 아니다. 谷神을 道로 파악하면 道가 生死의 主體가 되고 '神'을 명사로 파악하면 '죽지 않는다'라는 표현이 되므로 '谷'은 주어이고 '神'은 술어로 보아야 한다.

39장의 "神得一以靈 … 將恐歇"에서와 같이 神은 주재하는 어떤 존재가 아니고 영험하다는 의미로 사용된 것이며, '谷'은 道를 형상화해서 표현한 것이다.

이에 관해 감산은[1] "谷, 虛而能應者. 以譬道體至虛, 靈妙而不可測, 亘古今而長存, 故曰 '谷神不死'(谷은 비어서 감응할 수 있는 것이다. 이로써 도 자체는 지극히 비어 있고, 영묘하여 헤아리질 못하며, 고금에 걸쳐 길이 존재하는 것을 비유한 것이니 그러므로 '谷神不死'라고 말했다)"라고 풀이하였다. 谷神(=靈妙), 不死(=長存)의 관계로 볼 수 있다.

---

1) 위의 책, 五八쪽.

2. 用之不勤

"用之不勤"은 '不勤用'에서 之가 도치된 것이다. 勤은 '근심하다'라는 의미로 "用之不勤"은 '작용을 걱정하지 않는다'라고 해석할 수 있다. 즉, 그 작용은 무한하다는 의미이다.

이렇게 파악하면 "谷神不死"는 "계곡의 기능을 다 하지 않는다"라는 것과 일관성이 있다. 여기서는 道의 생산기능을 설명하고 있는데, 이러한 기능을 玄牝으로 표현하고 있다. 이것을 다른 말로 표현하면 계곡에서 기능을 찾을 수 있는데, 그러기 위해서는 계곡이 영묘하고 기능은 무한하여야 한다는 것이다.

제7장

성인은 자신을 뒤에 둔다

천 장 지 구 **天長地久。**	근 거	하늘은 길게 가고 땅은 오래간다.

천 지 소 이 능 장 차 구 자 **天地所以能長且久者¹,**		하늘과 땅이 길고 오래 갈 수 있는 까닭은
이 기 부 자 생 **以其不自生²,**	이 유	자신을 살리지 않기 때문이다.
고 능 장 생 **故能長生。**		그래서 오래 살 수 있다.

시 이 성 인 **是以聖人**		이 때문에 성인은
후 기 신 이 신 선 **後其身而身先³,**	주 장	자기 몸을 뒤에 두지만 몸은 앞서게 되고,
외 기 신 이 신 존 **外其身而身存。**		자기 몸을 밖에 두지만 몸은 잘 보존된다.

비 이 기 무 사 야 **非以其無私邪?**	전 제	이것은 사사로움이 없기 때문이 아니겠는가?
고 능 성 기 사 **故能成其私。**		그러므로 자기의 사사로움을 이룰 수 있다.

1. 天地所以能長且久者

"天地所以能長且久者"에서 '者'는 어조사로서 원인과 결과를 나타내
는 문장이나 조건문에 쓰여 다음의 문장과 연결됨을 나타낸다. '所以

… 者'에서 '著'는 '…하는 것'으로 풀이한다.

2. 以其不自生, 故能長生

"以其不自生"에서 '以'는 접속사로 '…때문에'로 풀이하고 '其'는 天地
를 가리킨다. 天地가 長久하는 것은 "以其不自生" 하기 때문이다. '不
自生'의 일례로 聖人은 後其身, 外其身한다는 것이다.

여기서 '不自生'은 부정을 나타내는 不가 동사 앞에 쓰여 목적어와
동사가 도치된 것으로 '不生自'이다. 따라서 "不自生"은 "자신을 살리
지 않는다"이다. 즉, "以其不自生"은 "그 이유는 자신을 살리지 않기 때
문이다"가 되는데, 이렇게 해석해야 뒤에 나오는 "자기 몸을 밖에 두
지만 몸은 잘 보존된다"와 연결이 된다.

'…以其…, 故…'의 문장은 '以其'가 '天地所以能長且久者'의 이유가 되
며, 또한 '故能長生'의 원인이 된다. '…다. 그것은 …인데, 그러므로 …
하다'로 해석할 수 있다.

3. 後其身而身先

'身(몸 신)'은 '心'과 상대되는 '몸', 또는 '몸'과 '마음'을 포함하는 '자신'
의 의미가 있다. 일반적으로 '자신'으로 풀이하는데 여기서는 '자기 몸'
으로 풀이하였다. 왜냐하면, '身'이 '자신'을 뜻한다면 굳이 관형어 '其'
를 사용하지 않았을 것이라는 생각 때문이다.

제8장
바람직한 머무름은 땅처럼 하는 것이다

상 선 약 수 上善若水[1]。	근 거	최상의 선은 물과 같다.

수 선 水善		물의 선함은
이 만 물 이 부 쟁 利萬物而不爭[2],	이 유	만물을 이롭게 하고 다투지 않으며,
처 중 인 지 소 오 處衆人之所惡[3],		많은 사람이 싫어하는 곳에 머무르니,
고 기 어 도 故幾於道[4]。		그래서 도에 거의 가깝다.

거 선 지 居善地[5],		바람직한 머무름은 땅처럼 낮게 하는 것이고,
심 선 연 心善淵,		마음 씀은 연못처럼 깊게 하는 것이다.
여 선 인 與善仁,		함께함은 어질게 하는 것이고,
언 선 신 言善信,	주 장	말을 함은 믿음 있게 하는 것이다.
정 선 치 正善治,		다스림은 바르게 하는 것이고,
사 선 능 事善能,		일을 함은 능숙하게 하는 것이며,
동 선 시 動善時。		움직임은 때를 맞추는 것이다.

부 유 부 쟁 夫唯不爭,	전 제	무릇 다투지 않아야
고 무 우 故無尤[6]。		허물이 없다.

1. 上善若水

'上善'은 여러 가지 좋은 특성이 있는데, 그중에서 물(水)과 유사한 특성이 많이 있다. 물론 '上善'을 설명하기 위하여 물이 아닌 다른 물질을 사용할 수도 있다. 또한 물의 특성 중에 '善' 하지 않은 '不善'의 특성도 있는데, '水善'은 물이 가지고 있는 여러 가지 특성 중 인간에게 선한 특성을 의미하는 것으로 해석하였다.

2. 水善利萬物

일반적으로 "水+善利萬物"로 "물은 만물을 잘 이롭게 한다"라고 해석하여 '善'은 '利'를 수식하는 부사로 풀이한다. 그러나 물은 선하지 않은 측면(水惡)이 있으므로 언제나 만물을 이롭게만 하는 것은 아니다. 따라서 여기서는 물의 특성 중에서 '善'을 닮은 물의 좋은 성질을 '水善'이라고 표현한 것이다. 또한 "上善若水"라고 하여 물은 '上善'과 같다고 하였는데, 물이 '서투르게' 이롭게 하는 예는 없으므로 물이 '잘' 이롭게 한다는 표현은 맞지 않는다. 그래서 "水善+利萬物"로 끊어 읽어 "물의 선함은 만물을 이롭게 한다"라고 해석하였다. 감산은[1] "水之善, 妙在利萬物而不爭(물의 선함은 그 오묘함이 만물을 이롭게 하면서도 만물과 다투지 않는 데 있다)"라고 풀이하고 있어 '水善'을 '水之善'으로 해

---

1) 앞의 책, 60쪽.

석하였다[2].

이 장에서 '善'은 '上善', '水善' '居善'과 같이 3가지로 사용되고 있는데, '上善'에서의 善은 명사로서 '좋음'의 의미로 풀이하였고, 上은 善의 수준으로 풀이하였다. '水善'에서의 善은 '좋은 측면'의 의미로 물의 성질 중 선한 측면이고, '居善'에서의 善은 '잘하는 것'의 의미로 '머무름을 잘하는 것' 즉, '잘 머무는 것'으로 풀이하였다.

3. 人之所惡

'所…'는 12장에 걸쳐 19번 출현하는데[3] 수식어가 뒤에 와서 所를 수식하여 '…하는 것', '…인 것'으로 풀이하였다.

4. 故幾於道

앞에서 '幾於道'의 주어는 '上善若水'라 하였다. 또한 道는 상선보다는 높은 단계에 있으므로 '水'는 될 수 없고 '水善' 즉, 물의 좋은 성질은 될 수 있다. '水善利'에서 利의 주어는 水가 아니고 水善이므로 善은 부사가 아니고 水善이 하나의 명사로서 주어라는 것을 의미한다.

---

2) 이에 관해서 원조각성, 『도덕경과 감산해』, 573쪽, "물의 가장 착한 것은", 오진탁, 『감산의 노자 풀이』, 37쪽, "물이 훌륭한 것은", 송찬우, 『老子 - 그 불교적 이해』, 51쪽, "물이 최상으로 훌륭한 점은" 등으로 번역하였다.

3) 08. 人之所惡, 20. 人之所畏, 20. 若無所歸, 30. 師之所處, 42. 人之所惡, 42. 人之所敎, 50. 兕無所投其角, 50. 虎無所措其爪, 50. 兵無所容其刃, 58. 福之所倚, 58. 禍之所伏, 61. 夫兩者各得其所欲, 되어 있다. 不善人之所保, 64. 復衆人之所過, 72. 無狎其所居, 72. 無厭其所生, 73. 天之所惡, 80. 無所乘之, 80. 無所陳之

5. 居善地

"居善 … 動善時"는 上善에 포함되는 하부의 善으로 보고, "居善地"는 '居善若地. 地善…'에서 '若'과 '地善…'이 생략된 것으로 해석하였다. 이 경우 '居善'은 '바람직한 머무름은' 또는 '거처함의 선은'이라는 의미로 풀이하였다. 여기서는 특정한 사람이 어떻게 행동하느냐에 관한 문장이다.

6. 夫唯不爭, 故無尤

이 문장은 이유와 주장을 이어주는 보편적인 원칙에 해당하는 문장이다. 따라서 바람직하게 행동하고 처신하기 위해서는 물처럼 각 상황에 맞추어 처신한다. 그러므로 다투지 않아야 허물이 없다는 것이다.

제9장

공이 이루어지면 물러나는 것이 하늘의 도이다

지 이 영 지 持而盈之,		집어넣어 가득 채우는 것은
불 여 기 이 不如其已[1]。		그것을 멈추는 것만 못하다.
추 이 예 지 揣而梲之,	전제	두드려서 날카롭게 하는 것은
불 가 장 보 不可長保[2]。		오래 보존할 수 없다.
금 옥 만 당 金玉滿堂,		금과 옥이 가득 찬 집은
막 지 능 수 莫之能守[3]。		지킬 수 없다.

부 귀 이 교 富貴而驕,	이유	재산이 많고 지위가 높아서 잘난 체하면
자 유 기 구 自遺其咎。		스스로 허물을 남긴다.

공 수 신 퇴 功遂身退,	주장	공이 이루어지면 자신은 물러나는 것이
천 지 도 天之道。		하늘의 도이다.

1. 持而盈之, 不如其已. 揣而梲之, 不可長保

일반적으로 "持而盈之"는 '가지고 있으면서 가득 채우는 것은'으로 해석하는데, 뒤에 나오는 "揣而梲之"에서는 앞에 나오는 동사 '揣'는 뒤에 나오는 동사 '梲'의 수단으로 풀이한다. 이처럼 "持而盈之"에서 '持'가 '盈'의 수단이 되기 위해서는 '持'를 '가지다'의 의미가 아니라 '손에 쥐다'로 풀이해야 한다. 즉, '손에 쥐어 가득 채우다'는 것이다.

이 두 문장에서 '盈'과 '梲'는 바람직하지 않다는 것이다. 그러면 뒤에 나오는 "揣而梲之" 문장에서 '梲' 하지 않게 하기 위해서는 '揣' 하는 것을 중지하여야 하는데, "持而盈之"에서 '盈' 하지 않게 하기 위해서는 '持' 하지 않아야 한다. 그러므로 '집어 넣어 가득 채우는 것은'으로 풀이하였다.

이에 관해 진고응[1]은 "集持盈滿(집어 지니며 가득 채우는 것)", 박세당[2]은 "持, 手執物也(持는 손으로 물건을 움켜잡는다는 뜻이다)"라고 하여 '손으로 집어'라는 의미로 풀이하였다.

2. 不如其已

'不如已其'인데, 不이라는 부정사가 있으므로 已와 其가 도치된 것이다. 여기서 其는 '持而盈之'를 의미한다.

---

1) 陳鼓應, 앞의 책, 89쪽.
2) 박세당 지음, 김학목 옮김, 『박세당의 노자』, 97쪽.

3. 莫之能守

　‘莫能守之’인데, ‘莫’이라는 부정사가 있으므로 能守와 之가 도치된 것이다. ‘莫’이 주어로 쓰인 부정문에서 목적어가 대사이면 목적어는 일반적으로 술어 앞에 놓인다.

제10장

낳아도 소유하지 않는다

재 영 백 포 일 載營魄抱一[1,2]	전제	혼을 백에 싣고 하나로 끌어안아,
능 무 리 호 能無離乎[3]*		서로 떨어지지 않게 할 수 있구나!
전 기 치 유 專氣致柔,		기운을 한곳으로 모아 부드럽게 하여,
능 영 아 호 能嬰兒乎[4]!		갓난아이처럼 될 수 있구나!
척 제 현 람 滌除玄覽,		현묘함을 바라본 것을 씻어 내어,
능 무 자 호 能無疵乎!		허물없게 할 수 있구나!
애 민 치 국 愛民治國,		백성을 사랑하고 나라를 잘 다스려,
능 무 지 호 能無知乎[5]!		백성이 모르게 할 수 있구나!
천 문 개 합 天門開闔,		하늘의 문을 여닫아서,
능 무 자 호 能無雌乎[6]!		암컷과 같게 할 수 있구나!
명 백 사 달 明白四達,		명백하게 사방에 통달하여,
능 무 위 호 能無爲乎!		무위할 수 있구나!
생 지 휵 지 生之, 畜之。[7]**	주장	낳고, 기른다.
생 이 불 유 生而不有,		길러도 소유하지 않고,

---

* "!"는 모두 '?'라고 되어 있다. 고형과 같다.
** "生之, 畜之,"라고 되어 있다. 진고응과 같다.

위 이 불 시 爲而不恃,		이롭게 하여도 내세우지 않으며,
장 이 부 재 長而不宰,	주 장	자라게 하여도 다스리지 않는데,
시 위 현 덕 是謂玄德。		이를 일러 현묘한 덕이라 한다.

1. 載營魄抱一 ⋯ 能無爲乎

"載營魄抱一 ⋯ 能無爲乎"까지 6개의 문장은 백성들이 도를 체득한 성인의 행동을 찬양하는 것으로 해석하였다.

2. 載營魄抱一

'載'는 동사로서 '싣다' 또는 어조사로서 문장의 첫머리에 쓰여 어감을 강화하는 의미로 쓰인다. 여기서는 '싣다'의 의미로 풀이하였다. 싣는 목적물을 '營魄'으로 보면 싣는 장소가 제시되지 않게 되어 단지 '載'가 뒤에 나오는 '抱'의 의미와 같아지게 된다. 뒤에 나오는 5개의 문장이 모두 두 개의 구로 구성되어 있는데, '載營魄'에서 '載'를 '싣다'의 의미로 '載營魄'을 하나의 구, '抱一'을 또 하나의 구로 보았다.

營魄에 관해 하상공주에는[1][2] "營魄, 魂魄也(영백은 혼백이다)"라고 풀이되어 있다. 여기서는 '營'은 '정신', '魄'은 '육체'를 관장하는 靈으로

---

[1] 河上公 저, 이석명 옮김, 『노자도덕경하상공장구』, 91쪽.
[2] '하상공주'는 河上公 저, 이석명 옮김, 『노자도덕경하상공장구』에 실려 있는 주를 의미한다.

논증으로 풀이한 도덕경

보고, '營'을 '魄'에 싣는 것으로 해석하였다.

많은 경우 '抱一'의 '一'은 道를 의미하는 '하나'로 풀이하는데, 뒤에 "能無離乎"가 나오기 때문에 '抱'의 목적어는 '營과 魄'으로 보았다. 만약에 '一'을 도를 의미하는 뜻으로 보면 '離'의 목적어는 '道와 사람'으로 보아야 하나, '사람이 도를 떠나는 것'을 '離'로 표현하는 것은 자연스럽지 못하다.

3. 載營魄抱一, 能無離乎!

'乎'는 어조사로서 문장 끝에 쓰여 '의문(…는가?)' 또는 '감탄(…구나!)'을 나타낸다. 먼저 "生之畜之. 生而不有, 爲而不恃, 長而不宰"에서는 직접적으로 주어에 관한 언급이 없으나, 2장의 "是以聖人 … 生而不有, 爲而不恃…"에서 주어는 聖人이고, 또한 51장에서 "故道生之 德畜之 … 生而不有, 爲而不恃, 長而不宰"의 주어는 '道'와 '德'이다. 그러나 "營魄抱一 … 能無爲乎"에서는 '道'와 '德'의 행위가 아니기 때문에 '聖人'이라고 보았다.

'載營魄抱 … 能無爲乎'에서 나오는 6개의 '能 … 乎'는 성인이 취하는 행동을 일반 백성이 보고 감탄하는 것으로 해석하였다. 만약 '乎'를 '의문(…는가?)'으로 해석하는 경우에는 묻는 자와 물음을 받는 자가 명확하지 않다.

"載營魄抱 … 能無爲乎"의 6개의 문장은 "載營魄抱一, 能無離乎"과 같이 쉼표로 나누어진 구조로 되어 있다. 따라서 쉼표 앞의 "載營魄抱一"은 쉼표 뒤의 "營魄抱一"의 수단으로 보고 해석하였다. 즉, "성인은 혼을 백에 싣고 하나로 끌어안아, 서로 떨어지지 않게 할 수 있구나!"와 같이 6개의 문장을 동일하게 해석하였다.

4. 專氣致柔, 能嬰兒乎

다른 문장에서는 모두 '能無' 뒤에 동사가 오는데, 이 문장에서만 능력을 나타내는 조동사 '能' 뒤에 嬰兒가 있다. 따라서 嬰을 동사로 보거나 28장의 "復歸於嬰兒"에서와 같이 嬰兒를 명사로 보면 嬰兒의 앞에 동사 爲가 있어야 한다. 하상공본[3][4]에는 "能如嬰兒乎(영아와 같게 할 수 있구나)"라고 기술되어 있다. 때문에 嬰兒를 명사로 보았다.

5. 愛民治國, 能無知乎

백서을본[5]에는 "能毋以知乎"라고 '以'가 추가되어 왕필본의 "能無以智乎"와 별 차이가 없다. 그러면 '能無知乎'에서 以가 있는 경우에는 '알지 못하게 할 수 있구나!' 以가 없는 경우에는 '알지 못하게 하는구나!'가 되어 의미상으로 크게 차이가 없다고 볼 수 있다.

하상공본[6]에는 "愛民治國, 能無爲乎"라고 되어 있다. 이에 관해서 "治國者拘施惠德, 無令下知也(나라를 다스리는 자는 은혜와 덕을 베풀 때 백성이 알지 못하게 한다)"라고 풀이했다.

---

3) 河上公 저, 이석명 옮김, 앞의 책, 93쪽.
4) '하상공본'은 河上公 저, 이석명 옮김, 『노자도덕경하상공장구』에 실려 있는 『도덕경』의 원문을 의미한다.
5) 國家文物局, 앞의 책, 95쪽.
6) 河上公 저, 이석명 옮김, 앞의 책, 94쪽.

왕필은[7] "任術以求成, 運數以求匿者, 智也. 玄覽無疵, 猶絶聖也. 治國無以智, 猶棄智也. 能無以智乎![8] 則民不辟而國治之也"라고 제19장의 "絶聖棄智 民利百倍"와 유사한 내용으로 풀이하였다. 이 풀이에서는 '治國無以智'가 '治國, 能無知乎'에 해당하는데, 일반적으로 '나라를 다스리는 데 지혜를 사용하지 않는 것'이라고 해석하는데, 이렇게 해석하기 위해서는 '治國以無智, 猶棄智也'로 되어야 할 것이다. 필자는 이 부분에 관해서 '나라를 잘 다스려 백성이 모르게 할 수 있구나!'라고 해석했다.

Arther Waley[9]는 "愛民治國, 能無知乎"를 "Can you love the people and rule the land, yet remain unknown?(백성을 사랑하고 나라를 다스리면서도 여전히 알려지지 않은 채로 있을 수 있겠는가?)"라고 해석하여 '能無知'를 '백성들이 알지 못하는 것'으로 풀이하였다.

6. 天門開闔, 能無雌乎

백서을본[10], 하상공본[11]과 왕필은[12] '能無雌乎'가 '能爲雌乎'로 기술되어 있다. 여기서는 '能爲雌乎'로 보고 해석하였다. 일반적으로 天門은 '감각기관', '모든 변화가 나오는 곳' 등 여러 가지로 해석한다. "天門開闔, 能爲無(雌)乎"를 '天門開闔하여 암컷같이 될 수 있구나'로

---

7) 樓宇烈, 앞의 책, 6쪽.
8) 위의 책, 6쪽, '!' 대신에 '?'로 되어 있다.
9) Arthur Waley, 『THE WAY AND ITS POWER』, p.153.
10) 國家文物局, 앞의 책, 95쪽.
11) 河上公 저, 이석명 옮김, 앞의 책, 95쪽.
12) 樓宇烈, 앞의 책, 23쪽.

해석하면 여기서 암컷은 만물을 출현하게 하는 생산의 주체를 의미한다.

왕필은[13] "天門, 謂天下之所由從也(천문은 천하가 말미암아 나오는 곳을 말한다)"라고 풀이하였다. 여기서 天門은 모든 만물이 나오는 문이고, 開闔은 열고 닫아 생산기능을 의미하는 것으로 보았다. 따라서 '만물이 나오는 천문을 여닫아서 암컷과 같이 생산할 수 있구나!'라는 의미로 해석하였다.

7. 生之, 畜之 … 長而不宰

"生之, 畜之"의 주어는 도道와 덕德으로 보았으며[14], "生而不有, 爲而不恃[15], 長而不宰"의 주어는 성인으로 이는 성인이 도와 덕을 보고 따라하는 것을 묘사한 것으로 보았다.

---

13) 위의 책, 23쪽.
14) 제51장에 "道生之, 德畜之"가 나온다.
15) "生而不有, 爲而不恃"는 제2장에도 나온다.

논증으로 풀이한 도덕경

제11장

없음이 쓰임새를 만든다

^{삼 십 복 공 일 곡} 三十輻共一轂¹,		서른 개의 바큇살이 하나의 바퀴통으로 모이는데,
^{당 기 무 유 거 지 용} 當其無, 有車之用²。		그 속이 비어야, 수레의 쓰임새가 있다.
^{선 식 이 위 기} 埏埴以爲器,	근 거	찰흙을 이겨 그릇을 만드는데,
^{당 기 무 유 기 지 용} 當其無, 有器之用。		그 속이 비어야, 그릇의 쓰임새가 있다.
^{착 호 유 이 위 실} 鑿戶牖以爲室,		문과 창을 내어 방을 만드는데,
^{당 기 무 유 실 지 용} 當其無, 有室之用。		그 속이 비어야, 방의 쓰임새가 있다.

^{고 유 지 이 위 리} 故有之以爲利,	이 유	그러므로 있음이 이롭게 되는 것은
^{무 지 이 위 용} 無之以爲用³。		없음이 쓰임새가 되기 때문이다.

1. 三十輻共一轂

"三十輻共一轂" 다음에 "以爲車"가 생략되었을 것이다. 이는 "서른 개의 바큇살을 하나의 바퀴 통과 함께 연결하여 수레를 만든다"고 해석할 수 있다.

2. 當其無, 有車之用

'當'은 접속사로 가정을 나타내며 '…하면'으로 해석한다. "三十輻共
一轂"과 '當其無'는 서로 연관관계로 두 가지 조건이 충족되어야 '有車
之用(수레의 쓰임새가 있다)' 하는 것이다. 따라서 "三十輻共一轂, 當其
無"는 "서른 개의 바큇살이 하나의 바퀴통으로 모이는데, 그 속이 비
어야,"라고 해석할 수 있다.

3. 故有之以爲利, 無之以爲用

"有는 이로움을 내주고, 無는 기능을 하게 한다"라고 두 개의 구句
를 병렬관계로 해석하는 예도 있는데, 이 문장은 인과관계를 나타내
는 것이다. 두 개의 구가 병렬관계로 되기 위해서는 "有之以爲利"와
"無之以爲用"이 독립적으로 성립해야 하며, 인과관계가 되기 위해서
는 "無之以爲用"의 전제로 "有之以爲利"가 성립하여야 한다. 無는 자
신의 존재를 구체적으로 가지고 있지 않으면서 존재하는 다른 것들
을 그것이 지향하는 어떤 방향으로 기능을 할 수 있게 해주는 것이
므로 없음(無)이 있어야 이로움(利)이 있다는 것이다.

"故有之以爲利, 無之以爲用"은 '故以有爲利, 以無爲用'의 '之'가 도치
된 문장이다. 즉 '故以有爲利(=埏埴以爲器)' 하는 것은 '以無爲用(當其無,
有器之用)' 하기 때문이다.

제12장

성인은 배를 위하고 눈을 위하지 않는다

오 색 령 인 목 맹 **五色令人目盲,**	전 제	다섯 가지 색은 사람의 눈을 멀게 하고,
오 음 령 인 이 롱 **五音令人耳聾,**		다섯 가지 소리는 사람의 귀를 먹게 하며,
오 미 령 인 구 상 **五味令人口爽¹ᐟ***		다섯 가지 맛은 사람의 입을 버리게 한다.
치 빙 전 렵 령 인 심 발 광 **馳騁畋獵令人心發狂,**		말을 타고 사냥하는 것은 사람의 마음을 미치게 하고,
난 득 지 화 령 인 행 방 **難得之貨令人行妨。**		얻기 어려운 재화는 사람의 행동을 어지럽게 한다.

시 이 성 인 **是以聖人²**	주 장	그러므로 성인은
위 복 불 위 목 **爲腹不爲目。**		배를 위하고 눈을 위하지 않는다.
고 거 피 취 차 **故去彼取此³****		그래서 저것을 버리고 이것을 취하여야 한다.

1. 五味令人口爽

"五味"는 '다섯 가지 맛'이고, "令人口爽"은 "사람의 입을 상하게 하다"

---

*   "五味令人口爽,"이라고 되어 있다. 기술하는 내용이 달라서 마침표 ' . '를 사용하였다. 고형과 같다.

**   "人爲腹不爲目, 故去彼取此"라고 되어 있다. "故去彼取此"는 38장과 72장에는 "故去彼取此" 앞에 마침
표 ' . '로 되어 있다. 고형과 같다.

라는 의미인데, 이 표현은 잘 사용하지 않기 때문에 "사람의 입을 버리게 한다"라고 풀이하였다.

2. 是以聖人

백서본[1]에는 "是以聖人之治也,(그러므로 성인의 다스림은,)"라고 기술되어 있다.

3. 故去彼取此

"故去彼取此"는 12장 이외에 38장, 72장에서도 나오는데, 일반적으로 "그러므로 저것(눈을 즐겁게 하는 것)을 버리고 이것(배부름)을 취한다"라고 해석한다. 그런데 "去彼取此"의 주어가 聖人이라면 '爲腹(배를 위하는 것)'과 '取此(배를 위하는 것을 취하는 것)'는 같은 의미의 문장이 중복된다. 따라서 "去彼取此"의 주어는 노자가 설득하려고 했던 대상(통치자)이 되어야 한다. 따라서 "故去彼取此"는 명령문으로 성인은 배를 위하고 눈을 위하지 않으므로 설득하려는 통치자도 그렇게 따라야 한다고 주장하는 것이다.

이에 관해 김학주[2]는 "그러므로 그러한 욕망은 버리고 본성을 따라야만 하는 것이다"라고 번역하였다.

---

1) 國家文物局, 앞의 책, 11, 96쪽.
2) 老子 지음, 김학주 옮김, 『노자』, 153쪽.

논증으로 풀이한 도덕경

제13장
천하를 몸으로 위하는 자에게 맡길 수 있다

총 욕 약 경 寵辱, 若驚;	전제	총애는 욕됨으로 놀람과 같고,
귀 대 환 약 신 貴大患, 若身1.*		귀함은 큰 근심으로 몸과 같다.

하 위 총 욕 약 경 何謂寵辱若驚?		왜 총애는 욕됨으로 놀람과 같다고 하는가?
총 위 하 寵爲下2,		총애는 하찮은 것으로 변하므로
득 지 약 경 실 지 약 경 得之若驚**, 失之若驚,		얻음은 놀람과 같고 잃음도 놀람과 같은데,
시 위 총 욕 약 경 是謂寵辱若驚。	이유	이를 총애는 욕됨으로 놀람과 같다고 하는 것이다.
하 위 귀 대 환 약 신 何謂貴大患若身?		왜 귀함은 큰 근심으로 몸과 같다고 하는가?
오 소 이 유 대 환 자 吾所以有大患者,		우리에게 큰 근심이 있는 것은
위 오 유 신 爲吾有身3,		우리가 몸을 갖고 있기 때문인데,
급 오 무 신 오 유 하 환 及吾無身4, 吾有何患!		우리가 몸이 없다면 어찌 근심이 있겠는가!

고 귀 이 신 위 천 하 故貴以身爲天下,	주장	그러므로 몸으로 천하를 위하는 것을 귀하게 여기면
약 가 기 천 하 若可寄天下;		천하를 잠시 부탁할 수 있고,

---

* "寵辱若驚, 貴大患若身。"이라고 되어 있다. 문장부호에 관해서는 본문에서 설명하였다.
** '寵, 爲下得之若驚'이라고 되어 있다. 진고응과 같다.

애 이 신 위 천 하 愛以身爲天下,	주 장	몸으로 천하를 위하는 것을 사랑하면
약 가 탁 천 하 若可託天下⁵。		천하를 맡길 수 있다.

1. 寵辱, 若驚; 貴大患, 若身

이 문장에 관한 해석은 매우 다양한데, 일반적으로 "총애나 욕됨이나 깜짝 놀란 듯이 대하고, 큰 근심을 자기 몸처럼 귀하게 여기라"라고 해석한다. 그러나 '寵辱, 若驚'과 '貴大患, 若身'의 주어는 각각 '寵'과 '貴'이다. 즉, '寵'은 '辱'이고, '貴'는 '大患'으로, '寵'은 '驚'과 같고, '貴'는 '身'과 같다'라는 것이다. 따라서 이 문장은 "총애는 욕됨으로 놀람과 같고, 귀함은 큰 근심으로 몸과 같다"라고 해석하여야 한다. 왜 이렇게 해석해야 하는가는 뒤에 나오는 물음에서 답을 찾을 수 있다. 즉, '寵'은 '辱'으로 변화되기 때문에 '辱'만 놀람과 같은 것이 아니라 '寵'도 놀람과 같다는 것이다. '貴'는 '大患'과 같은 것인데, 그 이유는 '身'이 있어서 '大患'이 있듯이 '貴' 한 것이 있어서 '大患'이 있다는 것이다. 이런 의미에서 '貴'는 '大患'이고 '身'과 같다는 것이다. 이에 관해서 왕필은[1] "寵必有辱, 榮必有患, 驚[寵]辱等, 榮患同也(총애에는 반드시 욕됨이 있고, 영예에는 반드시 걱정거리가 있으니, 총애는 욕됨과 같고, 영예는 걱정거리와 같다)"라고 풀이하였다. 또한 감산은[2] "寵辱若驚者, 望外之榮曰寵. 謂世人皆以寵爲榮, 却不知寵乃是辱, 以其若驚. 驚心不安貌(寵은 辱으로

---

1) 위의 책, 29쪽.
2) 憨山德淸 해, 송찬우 옮김, 앞의 책, 六五쪽.

논증으로 풀이한 도덕경

놀람과 같다는 것은 기대 밖의 영광을 받는 것은 寵이라 한다. 오히려 세상 사람들이 모두가 다 총애를 영광으로 삼고, 총애를 받는 것이 욕이 되는 줄을 알지 못하여 그러므로 놀라는 것과 같다고 하는 것이다. 놀란다고 하는 것은 마음이 불안한 것이다)"라고 풀이하였다.

문장부호에 관해서 언급하면 '寵'은 주어고, '辱'과 '若驚'은 연동식 복합서술어로 '寵辱'과 '若驚' 사이는 쉼표(,)를 사용해야 한다. 마찬가지로 '貴'는 주어고, '大患', '若身'은 연동식 복합서술어로 '大患'과 '若身' 사이는 쉼표(,)를 사용해야 한다.[3] 또한 '寵辱, 若驚'과 '貴大患, 若身'의 문장에서 쉼표가 사용되었기 때문에 두 문장 사이는 세미콜론(;)을 사용해야 한다.[4]

2. 何謂寵辱若驚? 寵爲下

"寵爲下"는 "何謂寵辱若驚" 즉, "우리가 일반적으로 '寵'을 받을 때는 즐거워하고, '辱'을 받을 때는 놀라는데, 왜 총애는 모욕으로 놀랄 것과 같다고 하는가?"의 물음에 대한 답변이다. 이에 관해서는 "得之若驚, 失之若驚"에서 해답을 찾아야 하는데, '之'가 가리키는 것은 둘 다 '寵'으로 "得之若驚"은 寵을 받는 것이 모욕으로 변화하므로 놀라는 것이고, "失之若驚"은 좋다고 기대했던 '寵'을 잃기 때문에 놀라는 것이다. 이것을 풀어쓰면, ① 辱은 놀람과 같다. ② 寵은 辱으로 변화한다. 따라서 ③ 寵은 놀람과 같은 것이다.

---

3) 管敏義 지음, 서울대 동양사학연구실 옮김, 『高級漢文解釋法』, 68쪽.
4) 위의 책, 98쪽.

3. 何謂貴大患若身? 吾所以有大患者, 爲吾有身

"吾所以有大患者, 爲吾有身(우리에게 큰 근심이 있는 것은 우리가 몸을 갖고 있기 때문인데)"은 "何謂貴大患若身?(왜 貴함은 큰 근심으로 몸과 같다고 하는가?)"에 관한 답변이다. "寵辱"의 경우에서의 답변은 "寵爲下"였으나, 여기에서 답변은 '몸이 있으므로 大患이 있듯이, 귀함이 있으므로 大患이 있다'는 것이다. 이처럼 물음의 형태는 "寵辱"과 "貴大患"이 같지만, 그 답변 방식은 전혀 다르다.

4. 及吾無身

일부는 '及'을 '이르다'라는 의미의 동사로 '내가 몸이 없는데 이르면'이라고 해석하는 예도 있다. 여기서는 '及'은 가정을 나타내어 '만약 …하면'의 의미로 "우리가 몸이 없다면 어찌 근심이 있겠는가!"라고 해석해야 한다.

5. 故貴以身爲天下, 若可寄天下; 愛以身爲天下, 若可託天下

"故貴以身爲天下"는 판본에 따라서 글자의 출입이 있어 해석이 다양하다. '① 천하보다 자신을 더 귀하게 여기는 자, ② 자신보다 천하를 더 귀하게 여기는 자, ③ 자신을 천하와 같이 귀하게 여기는 자'와 같이 서로 다르게 해석한다.

그런데 이 문장에서 '故'는 "吾所以有大患者, 爲吾有身, 及吾無身, 吾

有何患"을 받는데 이는 '자신의 몸(身)이 세상의 그 무엇보다 귀하다는 것'을 의미한다. 따라서 뒤에 "若可寄天下"와 같이 긍정적인 문장이 연결되면 "자기의 몸(身)으로 천하를 위하는 자"라고 해석된다.

"그러므로(故) 자기의 몸으로(以身) 천하(天下)를 위하는 것(爲)을 귀하게(貴) 여기면 천하를 잠시 부탁할 수 있고, 자기의 몸으로 천하를 위하는 것을 사랑하면 천하를 맡길 수 있다"라고 해석하였다. 여기서 '貴와 愛', '寄와 託'의 의미가 유사한데, '貴'보다는 '愛'가 천하를 위하는 강도가 세며, '寄'는 '잠시 맡기는 것', '託'은 '지속해서 맡기는 것'으로 구별하여 해석하였다.

백서갑본[5]에는 "故貴爲身於爲天下, 若可以託天下矣, 愛以身爲天下, 女(如)何以寄天下?(그러므로 천하를 위하는 것 보다 자기의 몸을 위하는 것을 더 귀하게 여기면 천하를 맡길 수 있고, 자신의 몸으로 천하를 위하는 것을 사랑하면 어찌 천하를 부탁할 수 있겠는가?[6])"라고 기술되어 있다. 그러나 "吾所以有大患者, 爲吾有身, 及吾無身, 吾有何患!"에 '누구나 무엇보다도 자신의 몸을 귀하게 여긴다는 것'을 제시하고 있다. 따라서 "천하를 위하는 것보다 자기 몸을 위하는 것을 더 귀하게 여기면, 천하를 의탁할 수 있다"라는 것은 모든 사람이 자기 몸을 천하보다 더 귀하게 여기기 때문에 이치에 맞지 않는다.

하상공은[7] "故貴以身爲天下者, 則可以寄於天下. 愛以身爲天下者, 乃可以託於天下(그러므로 자기 몸으로 천하를 위하는 것을 귀하게 여기는 자에게는 잠시 천하를 부탁할 수 있고, 자신의 몸으로 천하를 위하는 것을 사랑하

---

5) 國家文物局, 앞의 책, 11쪽.
6) 이석명(2020), 『노자』, 위의 책, 136-137쪽에는 "그러므로 천하를 위하는 것보다 제 몸을 더 위한다면 그대에게 천하를 맡길 수 있다. 그러나 제 몸을 바쳐 천하 위하기를 좋아한다면 어찌 천하를 맡길 수 있겠는가?"라고 번역하였다.
7) 河上公 저, 이석명 옮김, 앞의 책, 110쪽.

는 자에게는 비로소 천하를 맡길 수 있다[8])"라고 풀이하여 왕필본과 유사하다.

---

8) 위의 책, 110쪽에서 "그러므로 자기 몸을 천하보다 더 귀하게 여기는 사람은, 천하를 잠시 맡게 할 수 있을 뿐이고 자기 몸을 아끼는 태도로 천하를 위하는 사람이라야, 천하를 맡길 수 있다"라고 번역하였다.

제14장
옛날의 도를 가지고 현실을 다스린다

시 지 불 견 명 왈 이 視之不見¹名²曰夷,	전 제	보여도 그것을 볼 수 없는 것을 형태가 없다고 하고,
청 지 불 문 명 왈 회 聽之不聞名曰希,		들려도 그것을 들을 수 없는 것을 소리가 없다고 하며,
박 지 부 득 명 왈 미 搏之不得名曰微。		부딪쳐도 그것을 잡을 수 없는 것을 미세하다고 한다.
차 삼 자 불 가 치 힐 此三者不可致詰,		이 셋은 끝까지 따질 수가 없는데
고 혼 이 위 일 故混而爲一³。		왜냐하면, 합쳐서 하나를 이루기 때문이다.

기 상 불 교 其上不皦,	이 유	그 위는 밝지 않고,
기 하 불 매 其下不昧,		그 아래는 어둡지 않으며,
승 승 불 가 명 繩繩不可名,		끊임없이 이어지고 이어져 이름을 붙일 수 없고,
복 귀 어 무 물 復歸於無物。*		아무것도 없는 것으로 돌아간다.
시 위 무 상 지 상 是謂無狀之狀,		이를 일러 모양이 없는 모양이라 하고,
무 물 지 상 無物之象,⁴**		물체가 없는 모습이라 한다.
시 위 홀 황 是謂惚恍⁵。		이를 일러 있는 듯 없는 듯하다고 한다.
영 지 불 견 기 수 迎之不見其首⁶,		그것을 맞이하고 있어도 머리를 볼 수 없고,
수 지 불 견 기 후 隨之不見其後。		그것을 따라가도 뒷모습을 볼 수 없다.

---

*   "復歸於無物,"이라고 되어 있다. 고형, 진고응과 같다.
**   "無物之象。"이라고 되어 있다. 고형, 진고응과 같다.
***   "執古之道, 以御今之有, 能知古始, 是謂道紀。"라고 되어 있다. 고형, 진고응과 같다.

_{집 고 지 도 이 어 금 지 유} 執古之道, 以御今之有。	옛날의 도를 가지고 현재의 일을 다스린다.
_{능 지 고 시 시 위 도 기} 能知古始, 是謂道紀? ***	옛날의 시작을 알 수 있어, 이를 일러 도의 실마리라고 한다.

(주장)

1. 視之不見

일반적으로 "그것을 보려고 해도(보아도) 볼 수 없다"로 해석하는데, "視之不見"은 "視不見之"로 부정어 '不'이 나와 목적어가 대명사가 되기 때문에 '不見'과 '之'가 도치된 것이다. 따라서 "視+不見之"로 "보여도 그것을 볼 수 없다"라고 해석된다.

'視'는 목적어가 없고, '見'은 '之'라는 목적어가 있으므로 視는 감각동사(자동사, 무의지 동사)로 '…보이다', '見'은 지각 동사(타동사, 의지 동사)로 '…을 보다'라는 뜻이다. 또한 "視之不見"에서 '行, 欲, 願, 請' 등과 같은 원망願望을 나타내는 보조사가 들어 있지 않기 때문에 '視'가 자동사이면 '보이다', 타동사이면 '보다'로 해석할 수 있을 뿐 '보려고 하다'로 해석할 수 없다. 따라서 道라는 것은 '보려고 해도 볼 수 없는 것'이 아니라 '보여도 볼 수 없는 것'이다. 즉 뭔가 보이기는 하는데 그 실체를 알 수 없다는 것이다.

47장의 "其出彌遠其知彌少"에 관해서 왕필은[1] "道視之不可見,聽之不可聞,搏之不可得(도는 보여도 볼 수가 없고, 들려도 들을 수 없으며, 닿아도 잡을 수 없다)"이라고 풀이하여 '視'의 주어 '道'가 생략되지 않고 제시되어 있으며, '… 할 수 있다'와 같이 가능을 나타내는 조동사 '可'가 주

---

1) 樓宇烈, 앞의 책, 126쪽.

어와 동사 사이에 들어 있다. 일반적으로 이에 관해서 "도는 보아도 볼 수 없고[2]" 또는 "도는 보려 해도 보이지 않고[3]", "도는 보려 해도 볼 수가 없고[4]" 등으로 해석한다. 위 문장은 도치된 것으로 생략된 見의 주어를 보충하고 원래의 문장을 두 개로 나누어 다시 쓰면 "道視, 吾不可見之"가 된다.

'道視'는 '道'가 주어로 '道는 보인다'라고 해석할 수 있지만, '道는 보아도' 또는 '道는 보려 해도'라고 해석하면 도가 목적어가 되므로 그렇게 해석할 수 없다.

'不可見之'는 주어 '吾'가 생략된 것으로 "道視之不可見"은 "도는 보여도 우리가 그것을 볼 수 없다"라고 해석할 수 있다.

동사 視와 見의 비교

구분		주어	자동사	타동사 (조동사)	목적어
14장 본문	視之不見 (視+不見之)	(道)	視	不見	之(=道)
		(도는) 보여도 (우리가) 도를 볼 수 없다.			
47장 왕필주	道視之不可見 (道視+不可見之)	道	視	不可見	之(=道)
		도는 보여도 (우리가) 도를 볼 수 없다.			

『大學』, 「正心章」[5]에는 다음과 같은 구절이 있는데, "心不在焉, 視而不見, 聽而不聞, 食而不知其味(마음이 있지 않으면, 보아도 보이지 않으며, 들어도 들리지 않으며, 먹어도 그 맛을 알지 못한다)"라고 풀이한다. 그러나

2) 김시천, 앞의 책, 244쪽, 김학목, 앞의 책, 191쪽.
3) 임채우, 앞의 책, 209쪽, 조현규, 앞의 책, 178쪽.
4) 추만호, 앞의 책, 183쪽.
5) 성백효, 『大學·中庸集註』, 49쪽.

마음이 없으면 사물을 보려고 하거나 소리를 들으려고 하지 않기 때문에 단지 무의식적으로 보이거나 들리는 것이다. 따라서 이에 관해서는 "마음이 있지 않으면, 보여도 볼 수가 없고, 들려도 들을 수 없으며, 먹어도 그 맛을 알 수 없다"라고 번역해야 한다. 視와 聽은 주어의 의지가 작동하지 않은 감각 동사, 見과 聞은 주어의 의지가 개입된 지각 동사로 사용된 것이다.

『莊子』「天運」에 "聽之不聞其聲, 視之不見其形(들려도 그 소리를 들을 수 없고, 보여도 그 형태를 볼 수 없네)"라고 나오는데, '聞'과 '見'의 목적어로 '聲'과 '形'이 제시되어 '之'를 '聽'과 '視'의 목적어로 보면, '聽, 聞, 視, 見' 모두가 타동사가 된다. 따라서 여기서 '聞'과 '見'은 타동사, '聽'과 '視'는 자동사 이며, '之'는 목적어가 아니고 자동사에 쓰여 잠시 쉬어가는 어기이다. 김학주[6]는 "그것을 들어 보아도 그 소리는 들리지 않고, 그것을 보아도 그 형상은 보이지 않는다", 안동림[7]은 "들으려 해도 그 소리 들리지 않고, 보려 해도 그 못 보이지 않네"라고 번역하였다.

Arthur Waley[8]는 "視之不見", "聽之不聞", "搏之不得"에 관해, 각각 "Because the eye gazes but can catch no glimpse of it,", "Because the ear listens but cannot hear it,", "Because the hand feels for it but cannot find it,"라고 번역하여, '視, 聽, 搏'은 감각동사(자동사), '見, 聞, 得'은 지각동사(타동사)로 보고 번역하였다.

---

6) 莊子 지음, 김학주 옮김, 『장자』, 353쪽
7) 안동림, 『장자』, 377쪽.
8) Arthur Waley, op. cit., p. 159.

논증으로 풀이한 도덕경

2. 名曰…夷, 希, 微

'…名曰…'은 '…한 것을 …하다고 한다'라고 해석할 수 있다. 즉, "視之不見, 名曰夷"는 '보여도 그것을 볼 수 없는 것을 夷하다고 한다'라고 해석하였다. 백서본[9]에는 '微'와 '夷'가 바뀌어 있다.

'夷, 希, 微'는 도가 감각기관으로 파악할 수 없음을 나타내는데, 하상공의 풀이는[10] "無色曰夷, 無聲曰希, 無形曰微(색이 없는 것을 夷라고 하며, 소리가 없음을 希라고 하고, 형체가 없음을 微라고 하다)"라고 했다. 왕필본을 기준으로 보면 '不見-夷', '不聞-希', '不得-微'의 관계가 있으므로 '夷'는 형태가 없는 것, '希'는 소리가 없는 것, '微'는 미세한 것으로 번역하였다.

3. 此三者不可致詰, 故混而爲一

"此三者"는 앞 문장의 '볼 수 없고', '들을 수 없고', '잡을 수 없는' 것 등을 의미하며, '不可致詰'은 하나하나 나누어서 그 이유를 캘 수 없다는 것이다. '故'는 "이 셋은 끝까지 따질 수가 없다"라는 것과 "합쳐서 하나를 이룬다"라고 연결한다. '不可致詰'의 주어는 사람이고 '混而爲一'의 주어는 道의 오묘함이다. 따라서 하나하나 따질 수가 없으므로 합쳐서 하나를 이루는 것이 아니고, 합쳐서 하나를 이루기 때문에 하나하나 따질 수 없다는 것이다. 따라서 '故'는 '그러므로'가 아니고

---

9) 國家文物局, 앞의 책, 11, 96쪽.
10) 河上公 저, 이석명 옮김, 앞의 책, 113쪽.

'왜냐하면'으로 풀이해야 한다. 일반적으로 '故'는 '그러므로'라고 해석하는데, 최진석[11]은 "왜냐하면 원래부터 섞여 하나이기 때문이다"라고 하여 '왜냐하면'으로 해석하였다.

4. 無狀之狀, 無物之象

'狀'과 '象'에 관해서 소철蘇轍[12]은 "狀其著也. 象其微也(狀은 드러난 모습이요. 象은 숨어 있는 모습이다)"라고 풀이하였다. 여기서는 '無狀'은 物은 있으나 狀이 없고, '無物'은 物은 없으나 象이 있는 것으로 해석하였다.

5. 惚恍

21장의 "道之爲物, 惟恍惟惚. 惚兮恍兮, 其中有象; 恍兮惚兮, 其中有物"에 관해서 판단할 때 '恍'은 '象'이 있고 '物'은 없는 것이며, '惚'은 '物'이 있고 '象'이 없는 것이다. 하상공은[13] "言一忽忽恍恍, 若存若亡, 不可得見(일은 忽하고 恍하며, 있는 듯 없는 듯하여 볼 수 없다는 말이다)"라고 하여 '惚'은 '있는 듯', '恍'은 '없는 듯'으로 풀이하였다.

---

11) 최진석, 『노자의 목소리로 듣는 도덕경』, 119쪽.
12) 焦竑, 『老子翼』, 24쪽.
13) 河上公 저, 이석명 옮김, 앞의 책, 116쪽.

6. 迎之不見其首

"視之不見"과 "迎之不見"에 나오는 '之'는 둘 다 목적어인데, "視之不見"의 '之'는 '不見'의 목적어이지만, "迎之不見"의 '之'는 '迎'의 목적어이다.

이를 비교하면 다음과 같다.

동사 視와 迎의 비교

구분	동사	목적어	타동사	목적어
視之不見	視(자동사)	-	不見	之(=道)
迎之不見其首	迎(타동사)	之(=其首)	不見	其首

7. 執古之道, 以御今之有, 能知古始, 是謂道紀

이 문장은 "以執古之道, 御今之有, 能知古始, 是謂道紀"로 전치사 以의 목적어 '執古之道'가 앞으로 도치된 것이다.

제15장

도를 지닌 자는 낡은 것을 참아내고
새롭게 하지 않는다

고 지 선 위 사 자 古之善爲士者[1],	근 거	옛날에 도를 잘 수행한 사람은
미 묘 현 통 심 불 가 식 微妙玄通, 深不可識[2]。		미묘하고 심오하게 통달하여, 그 깊이를 알 수 없었다.

부 유 불 가 식 夫唯不可識,		무릇 알 수 없으므로
고 강 위 지 용 故强爲之容[3]。		억지로 그 행위를 묘사해본다.
예 언 약 동 섭 천 豫焉, 若冬涉川;*		머뭇거리는구나, 겨울에 내를 건너는 것처럼.
유 혜 약 외 사 린 猶兮, 若畏四鄰;		망설이는구나, 사방을 두려워하는 것처럼.
엄 혜 기 약 용 儼兮, 其若容[4];	이 유	공손하구나, 손님처럼.
환 혜 약 빙 지 장 석 渙兮, 若冰之將釋;		흩어지는구나, 얼음이 머지않아 녹을 것처럼.
돈 혜 기 약 박 敦兮, 其若樸;		순박하구나, 통나무처럼.
광 혜 기 약 곡 曠兮, 其若谷;		비어 있구나, 계곡처럼.
혼 혜 기 약 탁 混兮, 其若濁。		흐릿하구나, 흙탕물처럼.

숙 능 탁 이 정 지 孰能濁以靜之	누가 고요하게 하여 혼탁한 것을
서 청 徐淸?	서서히 맑게 할 수 있겠는가?

---

* "豫焉若冬涉川,"이라고 되어 있다. 진고응과 같다.

논증으로 풀이한 도덕경

<ruby>孰能安以久動之<rt>숙 능 안 이 구 동 지</rt></ruby>		누가 오랫동안 움직여 가만히 안정된 것을
<ruby>徐生<rt>서 생</rt></ruby>**5**?	주장	서서히 생동하게 할 수 있겠는가?
<ruby>保此道者不欲盈<rt>보 차 도 자 불 욕 영</rt></ruby>**6**.**		도를 지닌 자는 내세우려 하지 않는다.
<ruby>夫唯不盈,<rt>부 유 불 영</rt></ruby>		무릇 내세우려 하지 않기 때문에
<ruby>故能蔽,<rt>고 능 폐</rt></ruby>*** <ruby>不新成<rt>불 신 성</rt></ruby>**7**。		낡은 것을 참아내고 새롭게 하지 않는다.

1. 古之善爲士者

'之'는 관형격조사로 '古之'는 '옛날의'가 되며, 주어는 '善爲士者(도를 잘 수행한 사람은)'이다.

2. 古之善爲士者, 微妙玄通, 深不可識

"古之善爲士者, 微妙玄通"은 '深不可識'의 이유에 해당하며, '深不可識'의 주어는 일반적인 사람이며, 부정어 '不'이 있어 '不可識深'이 도치된 것이다.

** "保此道者不欲盈,"이라고 되어 있다. 『도덕경』에서 '夫唯…是以(故, 且, 是)…' 형태의 문장은 11개 장에 12회가 나오는데, 15장을 제외하고, '夫唯'에 마침표 "가 있다. '保此道者'는 앞에 나오는 두 개의 의문문의 대답이 됨과 동시에 '不欲盈'하다는 것으로 해석하였다. 진고응과 같다.
*** "故能蔽"라고 되어 있다.

3. 强爲之容

'强'은 '억지로', '爲之容'은 '容爲'가 도치된 것으로 '爲'는 목적어로 '도를 잘 수행한 자의 행위'를 강조한 문장으로 '强容爲'이다. "억지로 그 행위를 묘사(형용)해본다"라고 해석할 수 있다.

4. 其若容

'容'은 죽간갑본[1], 백서본[2], 하상공본[3] 등에는 '客'이라고 기술되어 있다. 여기서는 '客'으로 풀이하였다.

5. 孰能濁以靜之徐淸? 孰能安以久動之徐生

"孰能濁以靜之徐淸?"의 문장은 "孰能以靜徐淸濁?"으로 목적어와 동사가 도치된 것이며, 이를 나타내기 위해서 '之'가 삽입되었다. 따라서 "누가 고요하게 하여 혼탁한 것을 서서히 맑게 할 수 있는가?"라고 해석된다. 마찬가지로 "孰能安以久動之徐生"의 문장도 "孰能以久動徐生安?"이 도치된 것이다.

---

1) 최재목, 앞의 책, 105쪽.
2) 國家文物局, 앞의 책, 11, 96쪽.
3) 河上公 저, 이석명 옮김, 앞의 책, 121쪽.

논증으로 풀이한 도덕경

6. 保此道者不欲盈

盈(찰 영)을 '채운다'는 의미로 해석하면 이 장의 내용과 어울리지 않으므로 '교만하다'라는 뜻으로 해석해야 한다. 또한 죽간갑본[4]에도 "不欲尙呈(드러내려 하지 않는다)"이라고 기술되어 있다. 이에 관해서 진고응[5]은 "保持這些道理的人, 不肯自滿(이러한 도리를 지켜가는 사람은 자만하려 하지 않는다)"라고 번역하였다.

7. 故能蔽不新成

여기서 '能'은 능력이나 조건을 나타내는 조동사가 아니라, 동사로 '참아내다', '蔽'는 명사로 '낡은 것'으로 "故能蔽"는 "그러므로 낡은 것을 참아내다"라고 해석할 수 있다.

'누가 안정된 것을 계속 흔들어 서서히 살아나게 할 수 있겠는가?'라고 한 것과 같이 있는 것을 가지고 사용할 뿐 새롭게 만들지 않는다는 뜻이다. 이에 관해 박세당은[6] "能, 耐也. 蔽(蔽)久也(能은 '견디다'. 蔽는 '오래 되다'의 뜻이다)"라고 풀이하여 "오래된 것을 견딜 수 있어, 새롭게 하지 않는다"라고 해석할 수 있다.

백서을본[7]에는 "是以能蔽而不成"이라고 기술되어 있다. "그래서 낡은 것을 참아내고 이루지 않는다"라고 해석할 수 있어 왕필본과 큰

---

4) 최재목, 앞의 책, 106쪽.
5) 陳鼓應, 앞의 책, 171쪽.
6) 박세당 지음, 김학목 옮김, 『박세당의 노자』, 110쪽.
7) 國家文物局, 앞의 책, 96쪽.

차이가 없다. 그러나 이석명[8]은 "다 없어져도 새롭게 채우지 않네", 김홍경[9]은 "자신을 가리고 완전히 이루어지지 않는다"라고 번역하였다.

8)　이석명, 『백서 노자』, 484쪽.
9)　김홍경, 앞의 책, 672쪽. 왕필본의 '蔽'는 '弊'로 되어 있다.

제16장
도를 얻으면 몸이 다할 때까지 위태롭지 않다

치허극 수정독 致虛極, 守靜篤,	근 거	비움을 극에 이르게 하고 고요함을 돈독히 지켜,
만물병작 오이관복 萬物竝作, 吾以觀復**¹**.		만물이 함께 생겨났다가 나는 돌아가는 것을 본다.

부물운운 夫物芸芸,		만물은 무성하게 생겨났다가
각복귀기근 各復歸其根。		각자 그 근원으로 돌아간다.
귀근왈정 歸根曰靜,		근원으로 돌아가는 것을 고요하다고 하고,
시위복명 是謂復命。	이 유	이를 일러 자연의 원리를 회복한다고 한다.
복명왈상 復命曰常,		자연의 원리를 회복하는 것을 한결같음이라고 하고,
지상왈명 知常曰明。*		한결같음을 아는 것을 밝음이라 한다.
부지상 不知常,		한결같음을 모르면
망작 흉 妄作, 凶**²**.		함부로 행동하여 흉하게 된다.

지상용 知常容,		한결같음을 알면 포용할 수 있고,
용내공 容乃公,		포용하면 공정할 수 있으며,
공내왕 公乃王**³**,	주 장	공정하면 왕이 될 수 있고,
왕내천 王乃天,		왕이 되면 하늘과 같아질 수 있고,
천내도 天乃道,		하늘과 같아지면 도를 얻을 수 있고,

---

* "復命曰常, 知常曰明."이라고 되어 있다. 진고응과 같다.

| 도 내 구
道乃久。 | 주
장 | 도를 얻으면 오래갈 수 있다. |
| 몰 신 불 태
沒身不殆⁴. | | 몸이 다할 때까지 위태롭지 않다. |

1. 致虛極, 守靜篤, 萬物竝作, 吾以觀復

일반적으로 "致虛極, 守靜篤"을 '…하라'와 같이 명령문으로 해석하는데, 이런 경우에는 '吾以觀復'의 '以'를 해석하기 어렵다. 이에 관해서 고형의 풀이[1]는 '吾以觀復'은 의심스럽다면서 '吾觀其復'으로 바꾸는 의견을 제시하였다.

이 문장은 "吾致虛極, 守靜篤, 以觀萬物竝作而復"이다. 즉 '以'는 전치사로 '…하는 까닭에'의 뜻으로 '吾'가 '致虛極, 守靜篤' 하는 까닭에 '觀復' 한다는 것이다. 따라서 "致虛極, 守靜篤"은 명령문이 아니고 '吾'가 취하는 행동으로 보아야 한다.

이에 관해서 죽간갑본[2]은 "至虛恒(極)也, 守中篤也(비움에 이르는 것이 한결같음이고, 중을 지키는 것이 돈독함이다)", 백서을본[3]에는 "致虛極也, 守靜督也(비움에 이르기를 지극히 하고, 고요함을 지키기를 돈독히 한다)"와 같이 문장의 진술문의 끝에 긍정의 어기를 나타내는 '也'가 들어 있어 명령문이 아님을 알 수 있다.

---

1) 高亨, 『老子正詁』, 38쪽.
2) 최재목, 앞의 책, 166쪽.
3) 國家文物局, 앞의 책, 96쪽.

논증으로 풀이한 도덕경

2. 不知常, 妄作, 凶

크게 두 가지 해석 방법이 있는데, 첫째는 '妄, 作凶'으로 '忘'을 부사 '망령되게', '作凶'을 '흉을 짓는다'로, "망령되게 흉을 짓게 된다", 둘째는 '妄作, 凶'으로 '妄'을 부사 '함부로', '妄作'을 '함부로 움직여', '凶'을 '흉하게 된다', "망령되게 움직여 흉하게 된다"이다. 여기서는 '妄作, 凶'으로 보고 해석하였다.

3. 公乃王

'公'은 '王'이 되기 위한 충분조건이 아니고 필요조건이다. 따라서 '공정하면 왕이 되고'가 아니고 '공정하면 왕이 될 수 있고'라고 해석하였다.

4. 沒身不殆

"沒身不殆"는 52장에서 "終身不勤", "終身不救"와 함께 나온다. 이때 "終身"은 '죽을 때까지'의 의미인데 "沒身"도 같은 의미로 해석하였다.

훌륭한 통치자는 느긋하고 말을 아낀다

태 상 하 지 유 지 太上, 下知有之。	전 제	가장 훌륭한 통치자는 백성이 그가 있다는 것만을 안다.
기 차 친 이 예 지 其次, 親而譽之[1]。		그다음은 그를 가까이하고 기린다.
기 차 외 지 其次, 畏之。		그다음은 그를 두려워한다.
기 차 모 지 其次, 侮之。		그다음은 그를 업신여긴다.
신 부 족 信不足,	이 유	믿음이 부족하면
언 유 불 신 언 焉有不信焉[2]。		그래서 불신이 생긴다.
유 혜 기 귀 언 悠兮其貴言。	주 장	느긋하구나, 그는 말을 아낀다.
공 성 사 수 功成事遂,		공이 이루어지고 일이 마무리되면
백 성 개 위 아 자 연 百姓皆謂我自然[3]。		백성은 모두 "내가 스스로 그렇게 하였다"라고 말한다.

1. 太上, 下知有之. 其次, 親而譽之

일부는 '太上'을 '상고 시대', '최고의 정치' 등으로 해석하는데, '가장 좋은 통치자'로 해석해야 그 뒤에 나오는 '其次' 등과 연결할 수 있다.

'下知有之'와 '親而譽之'에서 '之'는 모두 통치자를 가리키는데, '下知

有之'에서 '之'는 대사로 통치자를 가리키며 '有'의 주어이고, '親而譽之'에서 '之'는 대사로 '親'과 '譽'의 목적어이다. '下知有之'가 '不知有之'라고 되어 있는 판본도 있다.[1][2] 이렇게 보면 "太上, 下知有之. … 其次, 侮之"의 문장에서 주어가 없게 된다.

2. 信不足, 焉有不信焉

이 문장은 "信不足焉, 有不信焉"이라고 되어 있는 판본도 있는데, 이때 '焉'은 종결의 의미를 나타내는 것으로 볼 수 있다. 그러면, "믿음이 부족하고, 불신이 있다"와 같이 해석할 수 있어 앞뒤 문장의 연결이 되지 않는다. 이에 관해 왕필은[3] "信不足焉, 則有不信"이라고 풀이하여, '則'을 사용하여 앞뒤의 문장을 연결하고 있다.

왕필[4]은 "信不足, 焉有不信焉"과 같이 표기하였는데, 이러면 앞의 '焉'은 접속사로 앞뒤의 내용을 이어주며, '그래서', '비로소' 등으로 해석하였다. 뒤의 '焉'은 어조사로서 진술문의 끝에 쓰여 종결의 의미를 나타낸다고 볼 수 있다.

또한 이 문장을 해석할 때 문제가 되는 것은 '누가 누구에 대한 믿음이 부족하고, 누가 누구에 대한 불신이 생기는가'이다. 이 장에서 '누가'와 '누구'에 해당하는 것은 통치자와 백성일 것이며, '信'과 '不信'의 주어가 같다면 의미가 중복되므로 '信'과 '不信'의 주어는 달라야

---

1) 余培林 주해, 박종혁 역, 『新譯老子讀本』, 115쪽.
2) 陳鼓應, 앞의 책, 129쪽.
3) 樓宇烈 앞의 책, 41쪽.
4) 위의 책, 41쪽.

한다.

그러면 먼저 '信不足焉'의 주어를 알기 위해서 뒤에 나오는 '悠兮其貴言'을 살펴보면, 이 문장의 주어는 최상의 통치자일 것이다. '한가하구나! 그 말을 아낀다'라는 것은 통치자가 백성을 믿으므로 구체적인 통치행위를 하지 않는다는 것이다. '悠兮其貴言'은 통치자가 백성에 대한 철저한 믿음이 있으므로 하는 행동이고, '功成事遂, 百姓皆謂我自然'은 백성이 통치자를 믿으므로 발생하는 것이다. 즉, 백성은 통치자가 있다는 사실만을 알기 때문에 '我自然'이라고 할 수 있는 것이다.

3. 功成事遂, 百姓皆謂我自然

'功成事遂'에서 '공이 이루어지고 일이 마무리 되는 것'은 '太上'의 도움을 받아서 이루어진 것이다. 그런데도 백성은 모두 '내가 스스로 그렇게 하였다'라고 말한다는 것이다. '我自然'을 '우리는 원래 이렇다', '저절로 그렇게 되었다' 등으로 번역하는데, '然'은 '그렇게 하다'라는 뜻이 있으므로 "백성이 자신의 힘으로 공을 이루고, 일을 완수하였다"라는 의미이다.

논증으로 풀이한 도덕경

제18장

큰 도가 무너지자 어짊과 의로움이 생겼다

대 도 폐 大道廢,			큰 도가 무너지자
유 인 의 有仁義';			어짊과 의로움이 드러났다.
혜 지 출 慧智出,			지혜가 나타나자
유 대 위 有大僞;	전 제		큰 거짓이 드러났다.
육 친 불 화 六親不和,			육친이 화목하지 않게 되자
유 효 자 有孝慈;			효성과 자애로움이 드러났다.
국 가 혼 란 國家昏亂,			나라가 혼란스러워지자
유 충 신 有忠臣²。			충신이 드러났다.

1. 大道廢, 有仁義

　'大道廢'는 '有仁義'의 충분조건이지 필요조건이 아니다. 그리고 과거의 특정 시점을 의미하는 것이 아니고 언제라도 '大道廢' 하면 '有仁義' 할 수 있다는 것을 의미한다. 따라서 '仁義'라는 것은 본질에서 필요한 것이 아니라 단지 '道'가 없어졌으므로 그 폐해를 줄이기 위하여 드러나는 것으로 우리가 떠받들 대상이 되지 못한다는 것이다. "大道廢, 有仁義" 다음에 나오는 문장에서 '大僞', '孝慈', '忠臣' 등도 '仁義'와 같이 근본적으로 바람직한 것이 아니라는 것이다.

2. 有仁義, 有大僞, 有孝慈, 有忠臣

'有'에 관해서는 대부분 '생겨나다'라고 풀이하는데, 이는 '없던 것이 있게 되다'라는 의미이다. '仁義, 大僞, 孝慈, 忠臣'은 예로부터 있었던 것으로 정상적인 경우에는 그 역할이 크지 않았으나, '大道廢'와 같이 비정상적인 경우에는 그것이 겉으로 드러난다는 것이다.

제19장

소속이 있게 하고 욕심을 줄이게 한다

절 성 기 지 **絶聖棄智[1]**,		총명함을 끊고 지혜로움을 버리면
민 리 백 배 **民利百倍;**		백성의 이로움이 백배가 된다.
절 인 기 의 **絶仁棄義,**	전 제	어짊을 끊고 의로움을 버리면
민 복 효 자 **民復孝慈;**		백성이 효성과 자애로움을 회복한다.
절 교 기 리 **絶巧棄利,**		기교를 끊고 이로움을 버리면
도 적 무 유 **盜賊無有。**		도적이 없게 된다.

차 삼 자 **此三者,**	이 유	이 세 가지는
이 위 문 부 족 **以爲文不足[2]。**		법도로 삼기에 부족하다.

고 령 유 소 속 **故令有所屬[3],**	주 장	그러므로 소속이 있게 하고,
견 소 포 박 **見素抱樸[4],**		소박한 것을 보게 하고 순박한 것을 품게 하며,
소 사 과 욕 **少私寡欲[5]。**		사사로움을 적게 하고 욕심을 줄이게 하여야 한다.

1. 絶聖棄智

"絶聖棄智"의 주어는 통치자이며, 그 결과 백성의 이로움이 백배가 된다는 것이다. 또한 이는 법도로 삼기에는 부족하므로 보다 근본적으로 백성이 '令有所屬(소속이 있게 하고)' 하게 하여야 한다는 것이다.

이렇게 해석하면 통치하는 데 있어서 통치자의 '聖'과 '智'는 부정적인 의미가 있다는 것이다. '聖(성인 성)'은 '성스럽다'라는 좋은 의미뿐만 아니라 부정적인 의미로 썩 영리하고 재주가 있는 것을 의미하는 '총명하다'라는 뜻도 가지고 있다. 32장에서 '侯王'이 '無名 樸'을 지킬 수 있으면 '萬物將自賓' 한다고 하였고, 37장에서 '侯王'이 '無爲'를 지킬 수 있으면 "萬物將自化" 한다고 하였다. 따라서 侯王이 총명함과 지혜로움으로 백성을 다스리지 않고 無爲로 다스려야 한다는 것이다.

죽간갑본[1]에는 "絶智棄辯"이라고 기술되어 있는데, 이는 "백성을 현혹하는 계략을 버리고 번드레한 말을 하지 않으면"으로 해석할 수 있다.

2. 此三者, 以爲文不足

'爲文'을 '꾸밈'으로 풀이하는 예도 있는데, 위 세 가지는 근본적인 해결책 중의 일부이기 때문에 '聖智, 仁義, 巧利'를 버리는 것을 꾸밈으로 볼 수 없다. 이때 '以'는 전치사로 '…때문에', '爲'는 '거짓으로 꾸미다', '文'은 '문장'으로 '이 세 가지는 꾸민 글이기 때문에'로 해석하는데, 그 뒤에 나오는 '不足'의 대상이 없다. 때문에 '文'은 꾸밈이 아닌 '법도'로 해석하였다.

---

1) 최재목, 앞의 책, 76쪽

'以…爲', '…以爲'는 '…을 …으로 여긴다'의 의미이다. 5장에서 "以萬物爲芻狗"는 "만물을 풀 강아지로 여긴다"라고 해석하는데, 이 장에서도 "以此三者爲文不足"이 도치된 것으로 "이 세 가지를 법도로 삼기에는 부족하다"와 같이 해석하였다. 즉, 이 세 가지(聖智, 仁義, 巧利)를 버리는 것만으로는 法道로 삼기에 부족하다는 것이다.

왜냐하면, 그 세 가지를 하지 않기 위해서는 그것보다 더 근본적인 "令有所屬, 見素抱樸, 少私寡欲" 하게 하여야 한다는 것이다. 즉, "絶聖棄智, 絶仁棄義, 絶巧棄利"는 우리가 사는 천하(국가, 가정, 사회)를 "民利百倍, 民復孝慈, 盜賊無有" 하게 하여 좋게 만들지만, 그것은 '末'에 해당하며, 보다 '本'이 되는 것은 "令有所屬, 見素抱樸, 少私寡欲" 하게 하여야 한다는 것이다. 따라서 "이 세 가지(聖智, 仁義, 巧利)를 버리는 것만으로는 법도로 삼기에 부족하다"라고 해석하였다.

죽간병본[2]에는 "三言以爲辨[3]不足"라고 기술되어 있는데 위와 같은 맥락으로 보면 '세 가지 말은 바른 판단이 되기에 부족하다'라고 해석할 수 있고, 백서본[4]에는 "此三言也, 以爲文未足"라고 기술되어 있다. '이 세 가지 말은 법도가 되기에 충분치 못하다'라고 해석할 수 있다.

3. 故令有所屬

이것은 '故令'이 '有所屬'에만 국한되는지, 아니면 뒤에 나오는 '見素

2) 위의 책, 76쪽
3) 학자에 따라서 事, 使로 파악하기도 한다.
4) 國家文物局, 앞의 책, 11, 96쪽.

抱樸, 少私寡欲'까지 해당하느냐의 문제이다. '有所屬'에만 국한하는 것으로 보면 "故令有所屬"은 '見素抱樸, 少私寡欲'을 설명하는 기능이지 백성이 해야 하는 것으로 해석하지 않는다. 이렇게 해석하면 앞에 제시한 것은 세 가지이고, 뒤에 제시한 것은 두 가지이기 때문에 일치하지 않는다. 그러므로 '令有所屬'도 백성이 무엇인가를 하여야 한다는 것을 나타내야 한다.

즉, '聖智, 仁義, 巧利'를 버리는 것만으로는 法道로 삼기에 부족하므로 사람들이 따라야 하는 보다 근본적인 법도가 필요하다. 그것이 바로 "令有所屬, 令見素抱樸, 令少私寡欲"이다. 여기서 '令有所屬'은 통치자가 재능과 지혜를 가지고 백성을 다스리게 되면 통치자를 따를 수 없어 통치자와 백성이 겉돌 수 있다는 것이다. 따라서 통치자가 '絶聖棄智'함으로써 사람들이 스스로 통치자를 따를 수 있게 하여야 한다는 것이다.

죽간갑본에는 "或令之, 或乎屬"[5][6][7][8]이라고 기술되어 있다. 위와 같은 맥락으로 보면, "때로는 그것(見素抱樸, 少私寡欲)을 명령하고, 때로는 소속하게 한다"라고 해석할 수 있고, 백서본[9]에는 "故令之有所屬"이라고 기술되어 있다. "그러므로 백성이 소속하게 한다"라고 해석할 수 있다[10][11].

이강수[12]는 "此三者以爲文不足. 令有所屬."에 관해서 "이 세 가지는

---

5) 최재목, 앞의 책, 82쪽. "或命之, 或乎績(혹시 아래의 내용을 덧붙이면 어떨까 한다"
6) 이석명(2020), 앞의 책, 212쪽. "或令之或呼屬(혹 그들에게 명령하고, 혹 소속되게 한다)"
7) 김충열(2004), 『노자 강의』, 38쪽. "或令之, 或乎屬(그러므로 때로는 명령으로 규제하고 혹은 살피고 헤아려서)"
8) 양방웅, 『초간 노자』, 84-85쪽. "或命之, 或乎屬(명제로 정하거나 원칙으로 삼아야 합니다)"
9) 國家文物局, 앞의 책, 11, 96쪽.
10) 이석명(2020), 위의 책, 204쪽. "그러므로 백성에게 명령하여 다음과 같이 하게 한다"
11) 김홍경, 앞의 책, 706쪽. "그 때문에 붙이는 말이 있게 하니"
12) 老子 지음, 이강수 옮김, 위의 책, 95쪽.

본보기로 삼기에 부족한지라(이 세 가지 말로써는 판별하기에 부족한지라),
그러므로 속한 바가 있게끔 하여"라고 번역하였다.

4. 見素抱樸

일반적으로 '見'을 '뵈올 현'으로 해석하여 "백성이 素(소박한 것)를 드러내게 하고 樸(순박한 것)한 것을 지니게 하며"라고 해석한다. "見素抱樸"은 앞의 '슈'과 연결되어 '슈見素抱樸'이 되는데, 행동을 변화시키기 위해서 사람들의 내면에 있는 소박함을 드러내게 해서는 안 되고 외부로부터 자극을 받아야 하므로 소박한 것을 보게 해야 한다.

따라서 見은 '볼 견'으로 해석하여 "백성이 素(소박한 것)를 보게 하고"라고 해석하였다. 이렇게 해석하면 家庭에서 '絶仁棄義' 하면 '民復孝慈' 할 수 있는데, 이것으로는 법도로 삼기에 부족하므로 보다 근본적으로 '見素抱樸' 하게 해야 한다는 것이다.

5. 此三者以爲文不足. 故令有所屬, 見素抱樸, 少私寡欲

왕필은[13] "文甚不足, 不令之有所屬, 無以見其指. 故曰此三者以爲文而未足, 故令人有所屬, 屬之於素樸寡欲(법도로 삼기에는 매우 부족하여, 사람들에게 소속을 같게 하지 않으면, 그 가르침을 볼 수가 없다. 그러므로 이 세 가지는 법도로 삼기에 부족하다고 말하는 것으로 사람들이 소속을 갖게 하고,

---

13) 樓宇烈, 앞의 책, 45쪽.

소박함과 욕심을 줄이는 것을 따르게 해야 한다)"라고 풀이하여 필자의 해석과 일치한다.

제20장
나만 홀로 먹여주는 어미를 귀하게 여긴다

절 학 무 우 絶學無憂。		배우기를 그치면 근심이 없다.
유 지 여 아　상 거 기 하 唯之與阿, 相去幾何!?	전 제	예와 응이라고 답하는 것은 서로 얼마나 다른가?
선 지 여 악　상 거 약 하 善之與惡, 相去若何²?		선과 악은 서로 어떻게 다른가?
인 지 소 외　불 가 불 외 人之所畏, 不可不畏³。		다른 사람들이 두려워하는 것을 두려워하지 않을 수 없다.

황 혜 기 미 앙 재 荒兮其未央哉⁴!		문란함이여 아마도 그치지 않을 것 같구나!
중 인 회 회 衆人熙熙,		많은 사람이 즐거워하는 것이
여 향 태 뢰 如享太牢,		쇠고기 연회를 즐기는 것 같고
여 춘 등 대 如春登臺。		봄에 누대에 오르는 것 같구나.
아 독 박 혜 我獨泊兮		나 홀로 욕심이 없고 깨끗하여
기 미 조 其未兆,		아무것도 드러나지 않는 것이
여 영 아 지 미 해 如嬰兒之未孩。	이 유	갓난아이가 아직 웃지도 못하는 것과 같구나.
루 루 혜 약 무 소 귀 儽儽兮若無所歸。		고달프고 고달프구나, 돌아갈 곳이 없는 것 같구나.
중 인 개 유 여 衆人皆有餘,		많은 사람이 모두 여유가 있는데,
이 아 독 약 유 而我獨若遺。		나 홀로 버려진 것 같구나.
아 우 인 지 심 야 재 我愚人之心也哉!		나는 어리석은 사람의 마음이구나!
돈 돈 혜 沌沌兮!		어리석고 어리석구나!

속인소소 아독혼혼 俗人昭昭, 我獨昏昏;		일반 사람들은 사리에 밝은데, 나 홀로 어둡구나.
속인찰찰 아독민민 俗人察察, 我獨悶悶.	이 유	일반 사람들은 잘 살피는데, 나 홀로 흐릿하구나.
담혜기약해 澹兮其若海[5],		조용함이여, 그것은 바다와 같구나,
료혜약무지 飂兮若無止.		높이 부는 바람이여, 그치지 않을 것 같구나.

중인개유이 衆人皆有以[6],		많은 사람은 모두 살아가는 이유가 있지만
이아독완사비 而我獨頑似鄙.	주 장	나만 홀로 완고하고, 비천하구나.
아독이어인 我獨異於人,		나만 홀로 다른 사람들과 달라
이귀사모 而貴食母[7].		먹여 주는 어미를 귀하게 여긴다.

1. 唯之與阿, 相去幾何

'與'는 접속사로 병렬관계를 나타내며 간혹 조사 '之'를 보태기도 하며, '…와(과)'로 해석한다. 따라서 여기서는 "唯之與阿"는 "唯(예)라는 대답과 阿(응)이라는 대답 사이는 서로 얼마나 다른가?"라고 해석할 수 있다.

2. 絶學無憂. 唯之與阿, 相去幾何? 善之與惡, 相去若何

'唯'와 '阿', '善'과 '惡'의 차이는 별로 없는데, 이러한 것에 대하여 배우기 때문에 그 시대와 장소에 따라서 사람들이 다르게 대응하게 된다는 것이다. 그러한 것은 道의 입장에서는 사소한 것이다. 그래서

논증으로 풀이한 도덕경

배움을 그치면 근심이 없다는 것이다.

3. 人之所畏, 不可不畏

이 장은 노자가 속세에서 살아가는 모습을 백성(衆人)과 대비시키는 내용으로 '唯와 阿', '善과 惡'을 사람들이 구별하지 않는 것을 두려워하므로 노자도 구별하지 않을 수 없다는 것이다. 이때 '畏'의 대상은 '唯와 阿', '善과 惡'을 구별하는 것이고, '不可不畏'의 주어는 '노자'이다.

4. 荒兮其未央哉

"荒兮其未央哉"는 "衆人熙熙, 如享太牢, 如春登臺" 하는 모습을 보고 "我獨泊兮其未兆, 如嬰兒之未孩"와 대비시키는 문장이다. 따라서 '荒'은 '泊'과 반대되는 개념이며, 백성이 살아가는 모습이기 때문에 노자의 입장에서 바람직하지 않은 것이다.

'荒兮'는 백성이 문란하게 살아가는 모습을 표현한 것이고, 其는 '아마도', '央'은 '그치다'로 풀이할 수 있다. 따라서 "문란함이여! 아마도 그치질 않을 것 같구나"로 해석하여 "衆人熙熙, 如享太牢, 如春登臺"와 연결하였다.

5. 澹兮其若海, 飂兮若無止

노자와 백성 간의 살아가는 모습의 차이를 묘사한 문장이다. 즉, '澹兮其若海'의 주어는 노자(我)이고, '飂兮若無止'의 주어는 백성(衆人)이다. 따라서 이 문장은 "(나의) 조용함이여! 그것은 바다와 같구나(백성의) 높이 부는 바람이여! 그치지 않을 것 같구나"라고 해석하였다.

그래서 나 홀로 사람들과 달라, 먹여 주는 어미(食母)를 소중히 여긴다는 것이다.

이와 같이 해석한 예는 양회석의[1] "(나는) 차분하구나, 아 바다처럼 (남은) 휙휙 부는구나, 그치지 않을 듯"에서 찾아 볼 수 있다.

6. 衆人皆有以

이 장에서 '人'은 '다른 사람', '衆人'은 '많은 사람', '俗人'은 '일반 사람들'로 번역하였다. 이 장은 노자와 '人, 衆人, 俗人'들의 행동을 대비시키고 있으며, 여기서는 '衆人'과 대비시키고 있다. 따라서 '衆人皆有以'와 '我獨頑似鄙'는 서로 대조적이어야 한다.

여기서 '頑似鄙'는 노자가 살아가면서 '완고하고, 꾸밈이 없는 것'을 취하는 것을 의미하므로 이와 대조적인 의미로 여기서 以는 '살아가는 이유, 까닭'이다. '사람들은 그것(=살아가는 이유)을 가진다'라고 해석하였다.

---

1)   노자 저, 양회석 주해, 『노자 도덕경』, 108쪽.

"衆人皆有以"에서 '以'에 관해서 왕필은[2] "以, 用也. 皆欲有所施用也(以는 쓰이다. 모두 쓰임이 있기를 바란다)", 하상공은[3] "以, 有爲(以, 행함이 있다)"라고 풀이하였다.

7. 貴食母

'食母'는 '먹여 주는 어미'로 천지 생명의 근원이며 만물을 키워주는 '道'를 지칭하는 것으로 보았다. 왕필은[4] "食母, 生之本也(사모食母는 삶의 근본이다)"라고 풀이하였다.

2) 樓宇烈, 앞의 책, 48쪽
3) 河上公 저, 이석명 옮김, 앞의 책, 153쪽.
4) 樓宇烈, 앞의 책, 49쪽

제21장
도로 인하여 만물의 처음을 본다

공덕지용 유도시종 孔德之容[1], 惟道是從[2]。	전 제	큰 덕의 모습은 오로지 도를 따른다.
도지위물 유황유홀 道之爲物[3], 惟恍惟惚[4]。		도가 물체가 되는 것은 없는 듯 있는 듯하다.
홀혜황혜 기중유상 惚兮恍兮, 其中有象;		있는 듯 없는 듯하구나, 그 가운데 모습이 있다.
황혜홀혜 기중유물 恍兮惚兮, 其中有物[5]。		없는 듯 있는 듯하구나, 그 가운데 물체가 있다.
요혜명혜 기중유정 窈兮冥兮, 其中有精;		고요하고 아득하구나, 그 가운데 정기가 있다.
기정심신 기중유신 其精甚眞, 其中有信。		그 정기는 매우 진실하고 그 속에 믿음이 있다.

자고급금 自古及今,	주 장	옛날부터 오늘날까지
기명불거 이열중보 其名不去, 以閱衆甫。		그 이름이 사라지지 않아 그것을 통해 만물의 처음을 본다.

오 하 이 지 중 보 지 상 재 吾何以知衆甫之狀哉?	이 유	내가 어떻게 만물의 처음 모습을 알 수 있겠는가?
이 차 以此[6]。		이것 때문이다.

1. 孔德之容

'孔'의 의미는 '크다', '비다'라는 뜻이 있는데, 하상공은[1] "孔, 大也(공은 크다는 뜻이다)", 왕필은[2] "孔, 空也(공은 비우는 것이다)", 성현영은[3] "孔, 甚也, 大也(공은 매우, 크다는 뜻이다)", 임희일은[4] "孔, 盛也(공은 왕성하다는 뜻이다)", 감산은[5] "孔, 猶盛也(공은 성대하다는 뜻이다)"라고 풀이하였다. 필자는 '큰 덕'이라고 풀이하였다.

2. 惟道是從

'是'는 문장의 가운데에 쓰여 목적어가 도치된 것을 나타내며, 일반적으로 범위를 나타내는 부사인 '唯', '惟' 등과 호응한다. 따라서 "惟道是從"은 '惟從道'가 도치된 문장으로 '惟+目的語+是+동사'는 '오직 목적어를 동사한다'라고 해석된다. 따라서 "孔德之容, 惟道是從"에서 '容'은 주어, '從'은 동사, '道'는 목적어로 "큰 덕의 모습은 오로지 도를 따른다"라고 해석하였다.

그러면 '道'와 '德'의 관계를 살펴보면 김학주[6]는 "덕이란 도의 작용 또는 도의 효용이 발휘는 것을 가리킨다"라고 하였고, 이석명[7]은 "도가 하나의 추상적인 가능태라면, 덕은 그러한 추상적인 도가 세상에

---

1) 河上公 저, 이석명 옮김, 앞의 책, 156쪽.
2) 樓宇烈, 앞의 책, 52쪽.
3) 成玄英 지음, 최진석·정지욱 옮김, 앞의 책, 250쪽.
4) 林希逸 지음, 김만겸 주역, 앞의 책, 250쪽.
5) 德清 解, 송찬우 옮김, 앞의 책, 七七쪽.
6) 노자 지음, 김학주 옮김, 앞의 책, 209쪽.
7) 이석명(2020), 앞의 책, 368쪽.

드러나고 실현되는 현실태라고 말할 수 있다"라고 하여 도가 작용하는 경우에는 직접 하지 않고 덕을 통해서 한다고 하였다. 이때 덕은 오로지 도를 따라서 행한다는 것이다.

3. 道之爲物

일반적으로 "도의 물 됨은", "道라는 물건은", "道라는 것은" 등으로 해석한다. "道之爲物"에서 '道'는 주어, 之는 어조사로 '…는', '爲'는 동사로 '되다, 이루어지다', '物'은 목적어로 '만물'이다. 25장에 나오는 "有物混成, 先天地生"의 주석에서 하상공[8]은 "道無形混沌, 而成萬物,(도는 형체가 없는 혼돈과 같은 것으로 만물을 이루어내니,)", 왕필[9]은 "混然不可得而知,而萬物由之以成,(혼돈하여 알 수 없지만, 만물이 그것으로 말미암아 이루어지므로,)"라고 주석하여 도가 만물을 이루는 것으로 풀이하고 있다. 그러면 "도가 만물이 되는 것은"이 되며 명사절로서 "惟恍惟惚"의 주어가 된다. 즉, '道生之'에서 일어나는 과정을 묘사한 것으로 "도가 만물이 되는 것"은 "惟恍惟惚(없는 듯 있는 듯)" 하다는 것이다. 계속해서 이어지는 "惚兮恍兮 … 其中有信"에서 '象', '物', '精', '信'이 도가 만물이 되는 과정에서 생성되는 것을 묘사한 것이다.

백서[10]에는 '道之物'이라고 기술되어 있다. 『설문해자』에서 '之, 出也(之는 出이다)'라고 했다. 따라서 "道出物"을 "도가 만물을 생성한다"라고 해석하면 "道之爲物"과 유사한 뜻을 갖는다.

---

8) 河上公 저, 이석명 옮김, 위의 책, 176쪽.
9) 樓宇烈, 앞의 책, 63쪽.
10) 國家文物局, 앞의 책, 11, 96쪽.

소자유[11]는 "道無形也. 及其運而爲德. 則有容矣. 故德者道之見也. 自是推之. 則衆有之容. 皆道之見于物者也(도는 모양이 없다. 그것이 움직여 덕으로 되면 모양새를 갖춘다. 그러므로 덕이라는 것은 도가 드러난 것이다. 이것으로 헤아려 보면, 온갖 생김새를 갖는 것은 모두 道가 物로 나타난 것이다)"라고 하여 '도가 물체로 되는 것'으로 해석하였다.

"道之爲物, 惟恍惟惚"은 "도가 만물이 되는 것은 오직 없는 듯, 있는 듯하다"라는 것이다. 또한 "惚兮恍兮, 恍兮惚兮, 窈兮冥兮"의 세 문장은 "惟恍惟惚"을 더욱 세부적으로 묘사한 것으로 보았다.

4. 惟恍惟惚

14장에서 "其上不皦, 其下不昧, 繩繩不可名, 復歸於無物, 是謂無狀之狀, 無物之象. 是謂惚恍"이 제시되어 있는데, '無狀之狀'은 '惚', '無物之象'은 '恍'으로 보았다.

5. 惚兮恍兮, 其中有象; 恍兮惚兮, 其中有物

'恍'은 '없어서 희미한 것', '惚'은 '있으나 희미한 것'으로 보았고, '恍兮'에는 '象'이 있고, '惚兮'에는 '物'이 있다. 따라서 '惚兮恍兮'은 '있는 듯 없는 듯', '恍兮惚兮'는 '없는 듯 있는 듯'으로 해석하였다.

---

11) 焦竑, 앞의 책, 2권, 9쪽.

6. 吾何以知衆甫之狀哉

哉는 어조사로서 의문을 나타내며, 何와 어울려 가리키는 대상을
명확히 하여 '…하겠는가?'라고 해석하였다.

제22장
스스로 내보이지 않아야 뚜렷하게 드러난다

곡 즉 전 왕 즉 직 曲則全¹, 枉則直,	전 제	굽혀지면 온전해질 수 있고, 휘어지면 펴질 수 있으며,
와 즉 영 폐 즉 신 窪則盈, 弊則新,		오목해지면 채워질 수 있고, 낡아지면 새로워질 수 있으며,
소 즉 득 다 즉 혹 少則得, 多則惑。		적어지면 얻어질 수 있고, 많아지면 미혹될 수 있다.

시 이 성 인 是以聖人	주 장	이 때문에 성인은
포 일 위 천 하 식 抱一, 爲天下式²。		하나로 끌어안아 천하의 본보기로 삼는다.
부 자 현 고 명 不自見故明³,		스스로 내보이지 않아서 뚜렷하게 드러나고,
부 자 시 고 창 不自是故彰,		스스로 옳다고 하지 않아서 확실하게 드러나며,
부 자 벌 고 유 공 不自伐故有功,		스스로 내세우지 않아서 공적이 있고,
부 자 긍 고 장 不自矜故長⁴。		스스로 자랑하지 않아서 오래간다.

부 유 부 쟁 夫唯不爭,	이 유	무릇 다투지 않아
고 천 하 막 능 여 지 쟁 故天下莫能與之爭⁵。		그러므로 세상 사람들이 그와 다툴 수 없다.
고 지 소 위 古之所謂		옛날의 이른바
곡 즉 전 자 曲則全者,		"굽혀지면 온전해 질 수 있다"라는 것이
기 허 언 재 豈虛言哉!		어찌 헛된 말이겠는가!
성 전 이 귀 지 誠全而歸之⁶。		참으로 온전하고 그곳으로 돌아간다.

1. 曲則全, 枉則直

'則'은 주절을 유도하는 조사로 조건을 표시하고 있는데, '曲'은 '全'이 되기 위한 필요조건이지, 충분조건이 아니다. 따라서 "굽으면 온전하다"라고 하는 것은 맞지 않고 "굽혀지면 온전할 수 있다"라고 해석하였다.

일반적으로 '曲則全'은 주어를 사람으로 생각하여 '굽히면'으로 해석하는데, 그 뒤에 나오는 '窪', '少'의 주어가 사람이 아니고 사물이기 때문에 '굽혀지면'으로 해석하였다.

2. 是以聖人抱一, 爲天下式

일반적으로 "抱一"에서 '一'을 '道'를 의미하는 '하나'로 풀이하여 '道를 안아'라고 풀이하는데, 이렇게 해석하면 "聖人抱一" 하는 이유를 찾을 수 없다. 또한 『도덕경』 전체의 내용이 도를 품고 닦는 내용으로 되어 있으므로 또다시 도를 품는다는 것은 이치에 맞지 않는다. 위에 제시한 "曲則全 … 多則惑"의 6가지는 인간의 삶에 있어서 보탬이 되는 서로 다른 차원의 준칙이므로 이것을 하나로 잡아서 본보기로 삼는다는 것이다.

백서본[1]에는 "是以聖人執一, 以爲天下牧(그래서 성인은 하나로 잡아 천하의 법도로 삼는다)"라고 기술되어 있다. 진고응[2]은 "所以有道的人堅守

---

1)   國家文物局, 앞의 책, 12, 97쪽.
2)   陳鼓應, 앞의 책, 151쪽.

這一原則作爲天下事理的範式(그래서 도를 지닌 사람은 이 원칙을 굳게 지켜 세상 사리의 모범으로 삼는다)"이라고 번역하였다.

3. 不自見故明

이 문장의 주어는 일반적인 사람들이 '不自見' 하는 것이 아니라 聖人이 '抱一爲天下式'한 결과로 취하는 행동이다. 따라서 주어는 '聖人'이다. '不自見'은 '自'가 부정문에 쓰인 대명사로 동사 앞으로 이동한 것으로 '不見自', 또는 '自見'을 부정한 것으로 볼 수 있다. 여기서는 '자신을 내보이는 것' 또는 '스스로 내보이는 것'을 뜻하기 때문에 '自見'을 부정한 것으로 풀이하였다.

4. 不自矜故長

'長'은 '길 장', '어른 장'이고, '故長'을 '으뜸', '지도자'로 풀이하는 예도 있는데, 유사한 표현이 24장에서 "自矜者不長"이 나온다. 앞에 '不'은 부정부사로 형용사를 부정하는 것으로 보아야 할 것이다. 만약 명사를 부정하는 부정부사로 보면 '우두머리가 아니다'가 되는데 이는 자연스럽지 못한 표현이다. 따라서 '長'은 22장이나 24장과 마찬가지로 '길다'로 풀이해야 한다. 또한 백서을본[3]에는 "弗矜故能長"이라고 기술되어 있다. '能長'을 '우두머리가 될 수 있다'라기 보다는 '오래갈 수

---

3) 國家文物局, 앞의 책, 97쪽.

있다'라고 해석하였다.

5. 夫唯不爭, 故天下莫能與之爭.

"故天下莫能與之爭"은 '故天下莫能爭與'가 도치된 문장이며, 與는 다툼의 상대를 의미하는데 여기서는 '성인'으로 보고 풀이하였다.

6. 誠全而歸之

여기서 "誠全而歸之"의 필요조건은 '曲', 즉 '굽어지면'이다. 즉, '曲'하면 "誠全而歸之" 한다는 것이다. "曲則全"이라는 문장이 앞에 나와 있으므로 "誠全而歸之"에서 之가 의미하는 것은 全보다는 한 차원 높은 성인이 추구하는 道가 될 것이다.

제23장
세상 사람은 도를 좇아야 한다

희 언 자 연 希言自然¹。	이 유	명령을 적게 내리는 것이 자연스러운 것이다.

고 표 풍 부 종 조 故飄風不終朝,		왜냐하면, 회오리바람은 아침 내내 불 수 없고,
취 우 부 종 일 驟雨不終日²。		소낙비는 온종일 내릴 수 없기 때문이다.
숙 위 차 자 천 지 孰爲此者? 天地。	근 거	누가 이렇게 하는가? 천지다.
천 지 상 불 능 구 天地尙不能久,		천지조차도 오래 지속시킬 수 없는데,
이 황 어 인 호 而况於人乎³?		하물며 사람이 그렇게 할 수 있겠는가?

고 종 사 어 도 자 故從事於道者,		그러므로 도를 좇는 자는
도 자 동 어 도 道者同於道,*		도와 같아지고
덕 자 동 어 덕 德者同於德⁴,		덕을 좇는 자는 덕과 같아지고,
실 자 동 어 실 失者同於失。	주 장	잃음을 좇는 자는 잃음과 같아진다.
동 어 도 자 同於道者,		도와 같아진 자,
도 역 락 득 지 道亦樂得之;		또한 그를 얻어 즐거워하고,
동 어 덕 자 同於德者,		덕과 같아진 자,

---

* '從事於道者, 同於道'로 보고 해석하였다.

덕 역 락 득 지 德亦樂得之;		덕 또한 그를 얻어 즐거워하고,
동 어 실 자 同於失者,	주 장	잃음과 같아진 자,
실 역 락 득 지 失亦樂得之。		잃음 또한 그를 얻어 즐거워한다.

신 부 족 信不足,	전 제	믿음이 부족하면,
언 유 불 신 언 焉有不信焉⁵。		그래서 불신이 생긴다.

1. 希言自然

대부분 '希言'은 '말이 적은 것'이라고 하는데, 이렇게 풀이하면 말이
적은 것이 자연스러운 것인가에 의문이 든다. 또한 그 뒤에 나오는
"故飄風不終朝, 驟雨不終日"과 연결이 되지 않는다. 그러므로 여기서
'言'은 '일반적인 말'이 아니고 통치자가 백성들에게 내리는 '명령'으로
해석하였다.

이에 관해 진고응[1]은 "少發敎令是合於自然的(적게 명령을 내리는 것이
자연에 부합한다)"라고 번역하여 '言'을 '敎令(임금이 내리는 명령)'으로 풀이
하였다.

---

1)   陳鼓應, 앞의 책, 155쪽.

2. 希言自然. 故飄風不終朝, 驟雨不終日

일반적으로 '故'를 '그러므로'라고 풀이하는데, "希言自然" 하므로 "飄風不終朝" 하는 것이 아니고, 자연 현상인 "飄風不終朝"를 보고 "希言自然"이라는 것을 머릿속에서 생각해 낸 것이다. 따라서 故는 '왜냐하면'으로 풀이해야 한다. 김상철[2]도 "왜냐하면 강풍은 아침나절을 넘기지 못하고,"라고 하여 '故'를 '왜냐하면'으로 번역하였다.

3. 天地尙不能久, 而況於人乎

"天地(천지)+尙(조차도)+不能(불가능한)+久(오래 지속하다)+而(데)+況(하물며)+於(에게)+人(사람)+乎(랴?)". "천지조차도 오래 지속시킬 수 없는데, 하물며 사람이 그렇게 할 수 있겠는가?"라고 해석할 수 있다.

4. 故從事於道者, 道者同於道, 德者同於德

"故從事於道者, 同於道,"로 보고 해석하였다. 백서본[3]에도 "故從事而道者同於道,(그러므로 도에 힘쓰는 사람은 도와 같아지며,)"라고 기술되어 있다.

'故'가 지칭하는 것은 "希言自然"이기 때문에 통치자가 어떻게 국가를 통

---

2) 김상철, 『노자 제대로 읽기』, 281쪽.
3) 國家文物局, 앞의 책, 12, 97쪽.

치해야 하며, 그렇게 할 때 그 결과는 무엇인가를 제시한 문장이다.

5. 信不足, 焉有不信焉

　　이 문장은 17장에도 나오는데, 핵심은 통치자가 인위적으로 다스리지 않는다는 것을 담고 있으므로 명령이 많아서 "백성의 통치자에 대한 믿음이 부족하면 통치자에 대한 백성의 불신이 생긴다"라는 의미이다.

제24장

도를 지닌 사람은 스스로 내세우지 않는다

기 자 불 립 企者不立,		발돋움을 한 사람은 서지 못하고,
과 자 불 행 跨者不行。*		가랑이를 벌린 사람은 걷지 못한다.
자 현 자 불 명 自見者不明¹,	전 제	스스로 내보이는 사람은 뚜렷하게 드러나지 않고,
자 시 자 불 창 自是者不彰,		스스로 옳다고 하는 사람은 확실하게 드러나지 않으며,
자 벌 자 무 공 自伐者無功,		스스로 뽐내는 사람은 공적이 없고,
자 긍 자 부 장 自矜者不長²。		스스로 자랑하는 사람은 오래가지 못한다.

기 재 도 야 其在道也³,	이 유	그것들은 도에 있어서
왈 여 식 췌 행 曰餘食贅行。		찌꺼기 음식이요, 쓸데없는 행동이라 한다.

물 혹 오 지 物或惡之⁴,	주 장	만물은 대개 싫어할 것이므로
고 유 도 자 불 처 故有道者不處。		그래서 도를 지닌 사람은 그렇게 처신하지 않는다.

---

* "企者不立, 跨者不行,"이라고 되어 있다. 앞과 뒤의 문장 내용이 달라서 '。'을 사용하였다.

1. 自見者不明 … 自矜者不長

'自'는 '스스로'의 의미인 부사와 '자신'의 의미인 대명사가 될 수 있다. '스스로'라고 해석하면 '스스로 내보이는 자'가 되며, '자신'이라고 해석하면 '자신을 내보이는 자'가 된다. 여기서는 '見'을 자동사로 보아 다른 사람이 추켜세워서 내보이는 것이 아니고 자기 스스로 '이런 사람이다'라고 내보이는 사람이라는 의미에서 '自'를 부사인 '스스로'라고 풀이하였다.

2. 自矜者不長

'不長'을 일부는 '우두머리가 되지 못한다'로 풀이하는 예도 있다. 그러나 앞의 문장에서 '不明', '不彰' 등은 '부정어+형용사'라고 되어 있으므로 이와 일치시키기 위해서는 '不長'가 '부정어+형용사'가 되어야 한다. 따라서 '不長'은 '오래가지 못한다'라고 풀이하였다.

'우두머리가 되지 못한다'로 풀이되기 위해서는 '長'이 '우두머리가 되다'는 의미의 동사가 되어야 하는데, 자전字典에 그런 의미는 없다.

3. 其在道也

'在'는 전치사로서 사물의 성질과 관련되는 면을 나타낼 때는 '…에 있어서'라고 해석한다. 따라서 '其(自見, 自是, 自伐, 自矜)+在(…에 있어서)+道也'인데, 이를 해석하면 '그것은 道에 있어서'가 된다.

4. 物或惡之

"物或惡之. 故有道者不處"에서 '或'을 '모두'로 풀이하면 "세상 사람들 모두가(세상의 모든 것이) 그것을 싫어한다(할 것이다)"가 되는데, '有道者' 도 세상 사람들 모두에 포함되기 때문에 "故有道者不處"는 필요 없는 문장이 된다. 따라서 '或' 자는 추측이나 완곡한 긍정을 나타내는 '아 마도', '대개'라고 풀이하여, "만물은 대개 싫어할 것이다"라고 해석하 였다.

제25장

사람은 자연을 본받아야 한다

유 물 혼 성 有物混成,		혼돈 속에서 이루어진 것이
선 천 지 생 先天地生1.*		천지가 생겨난 것보다 앞선다.
적 혜 료 혜 寂兮寥兮2,		소리가 없고 형체도 없지만
독 립 불 개 獨立不改3,		홀로 서고 변하지 않으며,
주 행 이 불 태 周行而不殆,	전 제	두루 돌아다니지만 지치지 않아
가 이 위 천 하 모 可以爲天下母。		세상의 어미가 될 수 있다.
오 부 지 기 명 吾不知其名,		나는 그 이름을 알지 못해서
자 지 왈 도 字之曰道,		글자로 '도'라고 하고,
강 위 지 명 왈 대 强爲之名曰大4。		억지로 그 행위를 '크다'고 한다.

대 왈 서 大曰逝,		큰 것은 가고,
서 왈 원 逝曰遠,	이 유	간 것은 멀어지고,
원 왈 반 遠曰反。		멀어진 것은 되돌아온다.
고 도 대 천 대 故道大, 天大,		그러므로 도는 크고, 하늘도 크며,

---

* "先天地生。"이라고 되어 있다. 진고응과 같다.

논증으로 풀이한 도덕경

지 대 왕 역 대 地大, 王亦大。	이 유	땅도 크고, 왕도 역시 크다.
역 중 유 사 대 域中有四大[5],		우주 가운데에는 네 개의 큰 것이 있는데,
이 왕 거 기 일 언 而王居其一焉。		왕이 그중 하나를 차지한다.

인 법 지 人法地,	주 장	사람은 땅을 본받고,
지 법 천 地法天,		땅은 하늘을 본받으며,
천 법 도 天法道,		하늘은 도를 본받고,
도 법 자 연 道法自然。		도는 스스로 그러함을 본받는다.

1. 有物混成, 先天地生

"有物混成"에서 '有'가 '있다'라는 의미로 사용되는 경우, '有+주어'의 형태이므로 이 문장은 '物混成有'로 볼 수 있다. 또한 '混成'은 '物'의 수식어인데, '混成'은 '서로 섞여서 이루어진다' 또는 '혼돈 속에서 이루어진다'라고 해석할 수 있다. 이때 '混成'을 어떻게 해석하더라도 '成'은 '이루어진 것'을 뜻하며, '混'은 "先天地生(천지가 생기기 이전)"을 의미한다. 따라서 '서로 섞여서 이루어진다'와 천지가 생기기 이전과는 아무런 연관성이 없다. 천지가 생기기 이전은 아무것도 없는데 서로 섞였다는 것은 의미가 없으며, 천지가 생기기 이전의 혼돈상태를 의미한다. 따라서 '混'은 '成'하는 방법을 의미하는 것이 아니라 시기를 의미한다. 따라서 '혼'은 '혼돈'으로 해석하였다.

'有物混成'에서 주어는 '物'이며 동사는 '有', '先天地生'에서 '先'은 '먼저, 이전'을 의미하므로 '천지가 생기기 이전에'로 풀이할 수 있다. 따라서 物이 지칭하는 道가 天地를 포함하여 모든 사물에 대해 시간적으로나 논리적으로 우선한다는 것을 의미한다.

이에 관해 하상공본[1]에는 "謂道也. 道無形混沌, 而成萬物, 乃在天地之前(도를 가리킨다. 도는 형체가 없는 혼돈과 같은 것으로 만물을 이루어내니, 곧 천지 이전에 존재하였다)"라고 하여 '混'을 '섞다'라는 의미보다는 '混沌'으로 풀이하였다. 왕필은[2] "混然不可得而知, 而萬物由之以成, 故曰混成也。(혼돈하여[3] 알 수 없지만, 만물이 그것으로 말미암아 이루어지므로 혼성이라고 했다)"라고 풀이하였다.

2. 寂兮寥兮

하상공은[4] "寂者, 無音聲; 寥者, 空無形(寂은 소리가 없다, 寥는 텅 비어 형태가 없다)"라고 했다. 만물의 근원이 되는 '혼돈 속에서 이루어진 物'은 그 소리를 들을 수도 없고, 그 형체를 볼 수 없듯이 우리의 오관으로는 느낄 수 없는 존재라는 것이다.

---

1) 河上公 저, 이석명 옮김, 위의 책, 176쪽.
2) 樓宇烈, 앞의 책, 63쪽.
3) 일반적으로 '뒤섞여 있어서'라고 번역한다.
4) 위의 책, 176-177쪽.

3. 獨立不改, 周行而不殆

이 문장은 "物獨立而物不改, 物周行而物不殆"로 앞 문장에도 '而'가 들어가야 일관성이 있다. 그러나 죽간갑본과 백서본[5]에는 "周行而不殆"가 나오지 않기 때문에 뒤 문장은 앞 문장을 설명하거나 만물의 운동에 관해서 설명하는 것으로 볼 수 있다. "獨立不改"는 '物'이 다른 것에 의해서 파생적으로 존재하는 것이 아니고 독자적으로 존재하는 것을 말하고, "周行而不殆"는 物의 운동에 관한 설명이다. 여기서 '谷(=物), 神(=獨立不改), 不死(=周行而不殆)'를 연상하게 한다.

4. 字之曰道, 强爲之名曰大

天下母를 나타내는 '道'라는 글자의 의미가 명확히 일반화되지 않아서 그것을 단어로 표기하면 그 진위를 전달할 수 없으므로 '吾不知其名(나는 그 이름을 모르는데)'이라 하였을 것이다.

'字之曰道'는 '曰字道'가 도치된 것으로 '그것을 글자로 道라고 한다'이다. '强爲之名曰大'는 '强名爲曰大'가 도치된 것으로 '억지로 그 행위의 이름을 大라고 한다'이다.

여기서 '字之曰道'는 天下母에 대한 우리가 일반적으로 사용하는 '名'에 해당하고, '强爲之名曰大'는 天下母의 특징에 해당한다.

---

5) 國家文物局, 앞의 책, 12, 97쪽.

5. 域中有四大

'域中'은 '일정한 경계에 속하는' 뜻으로 '천하' 또는 '우주' 등으로 풀이한다. 그러나 '천하'는 '생명체가 사는 지구' 또는 '천상에 대하여 지상을 이르는 말'이기 때문에 '하늘'이 포함되지 않아서 적절한 용어가 아니다. 여기서는 일정한 경계 속에 '道, 天, 地, 王'이 모두 포함하여야 하므로 '우주 가운데'로 풀이하였다.

제26장

가벼우면 근본을 잃는다

중 위 경 근 重爲輕根,	전 제	무거움은 가벼움의 근본이 되고,
정 위 조 군 靜爲躁君。		고요함은 조급함의 임금이 된다.

시 이 성 인 是以聖人		이 때문에 성인은
종 일 행 終日行,		온종일 다녀도
불 리 치 중 不離輜重1。*		짐수레를 떠나지 않는다.
수 유 영 관 雖有榮觀2,	이 유	비록 화려한 구경거리가 있어도
연 처 초 연 燕處超然。**		한가로이 머물며 태연하고 느긋하다.
내 하 만 승 지 주 奈何萬乘之主,		어찌 만승의 천자가
이 이 신 경 천 하 而以身輕天下3?		천하에서 가볍게 처신 할 수 있겠는가?

경 즉 실 본 輕則失本,	주 장	가벼우면 근본을 잃고,
조 즉 실 군 躁則失君。		조급하면 임금의 자리를 잃는다.

---

*   "重爲輕根, 靜爲躁君, 是以聖人終日行不離輜重。"이라고 되어 있다. "重爲輕根, 靜爲躁君"은 전제, "是以聖人終日行不離輜重。"는 주장에 해당하므로 '躁君' 뒤에 ' 。'를 사용하였다. 고형과 같다.
**   "燕處超然。"이라고 되어 있다. 진고응과 같다.

1. 不離輜重

'輜重'은 말이나 수레에 실은 짐, 또는 양식과 군용물자를 실은 수레를 뜻하는데, 여기서 "不離輜重"은 가볍게 행동하지 않는 것을 의미하므로 離의 주어는 '聖人', 목적어는 '輜重'이다. 이를 해석하면 "성인은 짐을 실은 수레를 떠나지 않는다"가 된다.

2. 雖有榮觀

일반적으로 '榮觀'은 '화려한 생활'이라고 해석하는데, 성인이 경우에 따라서는 화려한 생활을 영위하는가에 관해서는 의문이 든다. 또한 앞에 나오는 "是以聖人終日行, 不離輜重"은 화려한 생활과 같이 지속적으로 이루어지는 것이 아니고 제한된 시간 속에서 이루어지는 것이다. 따라서 이와 일치시키기 위해서 '榮觀'은 '화려한 구경거리'라고 해석하였다.

3. 奈何萬乘之主, 而以身輕天下

'以身'은 '자신의 몸으로', '輕'은 '가벼이 여기다'라는 뜻의 동사, '天下'는 목적어가 되어 '자신의 몸으로 천하를 가벼이 여기다'로 풀이하는 예도 있다. 그러나 세상 누구도 천하를 가벼이 여길 수 있는 사람은 없다.

따라서 '萬乘之主'는 주어, '輕'은 동사, '以'는 동작의 대상을 나타내는 전치사로 '…을', '身'은 '輕'의 목적어로 '몸', '天下'는 장소를 나타내는 부사이다. 따라서 "萬乘의 君主가 어찌 天下에서 몸을 가벼이 할 수 있겠는가?"로 풀이할 수 있다. 이렇게 풀이해야 '輕則失本(가벼우면 뿌리를 잃고)'과 연결이 된다.

제27장

성인은 사람을 잘 구제하여 버리지 않는다

선행무철적 善行[1]無轍迹,	전 제	잘 다니면 흔적을 남기지 않고,
선언무하적 善言無瑕讁,		잘 말을 하면 흠집을 남기지 않으며,
선수불용주책 善數不用籌策,		잘 계산을 하면 산가지를 사용하지 않고,
선폐무관건 善閉無關楗		잘 닫으면 빗장 없이 닫아도
이불가개 而不可開,		열지 못하며,
선결무승약 善結無繩約		잘 묶으면 밧줄 없이 묶어도
이불가해 而不可解。		풀지 못한다.

시이성인 是以聖人[2]	주 장	이 때문에 성인은
상선구인 常善救人,		사람을 언제나 잘 구제하여
고무기인 故無棄人;		버리는 사람이 없고,
상선구물 常善救物,		물건을 언제나 잘 구제하여
고무기물 故無棄物,		버리는 물건이 없는데,
시위습명 是謂襲明。		이를 일러 밝음을 이어받는다고 한다.

고 선 인 자 故善人者**3**,		왜냐하면, 선한 사람은
불 선 인 지 사 不善人之師;		선하지 않은 사람의 스승이고,
불 선 인 자 不善人者,		선하지 않은 사람은
선 인 지 자 善人之資**4**.	이 유	선한 사람의 거울이기 때문이다.
불 귀 기 사 不貴其師,		스승을 귀하게 여기지 않고,
불 애 기 자 不愛其資,		그 거울을 아끼지 않으면
수 지 대 미 雖智大迷,		비록 지혜가 있다고 하더라도 크게 어리석은 것이며,
시 위 요 묘 是謂要妙**5**.		이를 일러 중요하고 오묘한 이치라고 한다.

1. 善行

백서본[1]에는 '善行'이 '善行者'로 5개의 절에 모두 '者'가 들어 있다.

2. 聖人과 善人者

"是以聖人常善救人"에서 '善'은 '잘'을 의미하는 부사이고, "故善人者 不善人之師"에서 '善'은 '착한'을 의미하는 형용사이다. 앞의 문장에서

---

[1] 國家文物局, 앞의 책, 12, 97쪽.

나온 '善行', '善言' 등은 '聖人'이 할 수 있는 행동으로 '善人'은 '聖人'이 되기 위한 필요조건이며, '聖人'은 '善人'이 되기 위한 충분조건이다.

3. 故善人者

일반적으로 '故'는 '그러므로'라고 해석하는데, 이렇게 해석하기 위해서는 "是以聖人 … 是謂襲明"이 '이유'이고 "善人者 … 是謂要妙"가 '주장'이어야 한다. 그러나 "善人者 … 是謂要妙"는 '주장'이고 "是以聖人…是謂襲明"은 '이유'에 해당하므로 "故善人"은 '왜냐하면, 선한 사람은'으로 해석하였다.

4. 不善人者, 善人之資

不善人이 善人者의 가르침의 대상이라고 파악하면, 앞에서 "故善人者不善人之師"라고 했기 때문에 중복된다. '資'는 '돕다, 취하다, 조력하다'의 의미가 있으므로 '善人者'가 '不善人者'를 보고서 얻을 수 있는 그 무엇, 즉 '본보기' 또는 '귀감'이 될 것이다. 따라서 '資'는 선인이 더 높은 단계에 도달하는 데 있어서 '不善人者'의 행동, 말, 습관 등을 보면서 자기를 수행하는데 거울의 역할을 한다는 것이다.

여기서는 '善人者'는 '不善人者'의 스승(師)이며, '不善人者'가 '善人者'를 귀하게 대하여야 한다는 것이다. 또한 '不善人者'는 '善人者'의 귀감(資)이며, '善人者'는 '不善人者'를 사랑으로 대하여야 한다는 것이다. 이 문장은 '善人'이 수행하는 데 있어서 '不善人'을 통하여 더 높은 경

논증으로 풀이한 도덕경

지에 도달한다는 의미이다.

5. 是謂要妙

'要妙'에 관해서는 여러 가지로 풀이하는데, 여기서는 '중요하고 오묘한 이치'라고 하였다. 하상공은[2] "能通此道, 是謂知微妙要道也(이런 도에 통달할 수 있으면, 미묘한 이치와 핵심의 도를 안다고 한다)"라고 풀이하였다.

---

2) 위의 책, 191쪽.

제28장

큰 다스림은 자르지 않는다

지기웅 수기자 知其雄, 守其雌,		수컷을 알고 암컷을 지키면
위천하계 爲天下谿[1]		천하의 시내가 된다.
위천하계 상덕불리 爲天下谿, 常德不離[2],		천하의 시내가 되면 언제나 덕이 떠나지 않아
복귀어영아 復歸於嬰兒。		갓난아이로 돌아간다.
지기백 수기흑 知其白, 守其黑,		흰 것을 알고 검은 것을 지키면
위천하식 爲天下式。	전제	천하의 본보기가 된다.
위천하식 상덕불특 爲天下式, 常德不忒,		천하의 본보기가 되면 언제나 덕이 어긋나지 않아서
복귀어무극 復歸於無極[3]。		다함이 없는 것으로 되돌아간다.
지기영 수기욕 知其榮, 守其辱,		영예를 알고 치욕을 지키면
위천하곡 爲天下谷。		천하의 골짜기가 된다.
위천하곡 상덕내족 爲天下谷, 常德乃足,		천하의 골짜기가 되면 언제나 덕이 넉넉하여
복귀어박 復歸於樸。		통나무로 돌아간다.

박산즉위기 樸散則爲器,	이유	통나무가 쪼개지면 그릇이 되니,
성인용지즉위관장 聖人用之則爲官長。		성인이 이를 사용하면 모든 관리의 우두머리가 된다.

고대제불할 故大制不割[4]。	주장	그러므로 큰 다스림은 자르지 않는다.

126   논증으로 풀이한 도덕경

1. 知其雄, 守其雌, 爲天下谿

'谿'를 계곡으로 풀이하면 뒤에 '爲天下谷'의 '谷'과 중복된다. 32장에 "川谷之於江海"라는 구절이 나오는데, 이로 미루어 볼 때 '谿'는 '川'과 같은 의미이다. '谿'와 '谷'은 크기로 구분하는 것이 아니고 '谿'는 위에서 아래로 흐른다는 것을 의미하고, '谷'은 움푹 파여서 무엇이든지 수용할 수 있다는 것을 의미한다. "知其雄, 守其雌" 하면 시내가 위에서 아래로 흐르는 것 같아 "常德不離, 復歸於嬰兒"와 같이 언제나 덕이 떠나지 않기 때문에 갓난아이와 같이 순리를 따르게 된다. 여기서 '其'는 어조사로 강조하는 역할을 하는 것으로 보았다.

2. 常德不離

임희일은[1] "'常德', 即首章所謂'常道'也('常德'은 곧 제1장에서 말한 '常道'이다)"라고 풀이한 이래 많은 번역에서 '常德'은 '항상스런 덕', '영원히 존재하는 덕', '늘 그러한 덕', '변함없는 덕' 등으로 '常'을 '德'을 수식하는 형용사로 풀이한다. '常德'은 이 장에서만 3회 나오는데, 이 장에서 '常德', '非常德'의 구분 자체가 의미가 없으므로 '常'이 덕을 수식하는 형용사로 쓰인 것으로 볼 수 없다. 따라서 '常'은 '不離'를 수식하는 부사로 '常德不離'는 '언제나 德이 떠나지 않는 것'으로 해석하였다.

---

1)   林希逸 저, 김만겸 주역, 앞의 책, 146쪽.

3. 復歸於無極

'無極'은 동양 철학에서 '태극의 처음 상태'를 일컫는 말로 '끝이 없음'을 뜻한다.

4. 故大制不割

일반적으로 '大制'는 '큰 다스림', '큰 절단' 등으로 풀이하는데 여기서는 '큰 다스림'으로 풀이하였다. 백서본[2)]에는 '不'이 '无'라고 되어 있다. 왕필본[3)]에는 "不"이라고 되어 있는데, "大制者, 以天下之心爲心, 故無割也(크게 짓는다는 것은 천하의 마음으로 자신의 마음을 삼는 것이므로 자름이 없다)"라고 풀이하였다.

'不割'은 '雄과 雌', '白과 黑', '榮과 辱'으로 나누지 않는 것으로 해석하였다.

2) 國家文物局, 앞의 책, 12, 97쪽.
3) 樓宇烈, 앞의 책, 75쪽.

제29장

성인은 지나침, 거만함, 교만함을 버린다

장 욕 취 천 하 이 위 지 將欲取天下而爲之[1],		만일 천하를 얻으려고 억지로 하고자 하면
오 견 기 부 득 이 吾見其不得已[2]。		나는 그것을 얻을 수 없다고 본다.
천 하 신 기 불 가 위 야 天下神器, 不可爲也。	이유	천하는 신비한 그릇이므로 하고자 할 수 없다.
위 자 패 지 爲者敗之,		하고자 하는 사람은 실패할 것이고,
집 자 실 지 執者失之。		잡고자 하는 사람은 잃을 것이다.

고 물 故物		왜냐하면 만물은
혹 행 혹 수 或行或隨[3],		앞서가기도 하고 뒤따라가기도 하며,
혹 허 혹 취 或歔或吹[4],	근거	두려워하기도 하고 부추기기도 하며,
혹 강 혹 리 或强或羸,		강하기도 하고 약하기도 하며,
혹 좌 혹 휴 或挫或隳[5]。		무너지기도 하고 무너뜨리기도 하기 때문이다.

시 이 성 인 是以聖人	주장	이 때문에 성인은
거 심 거 사 거 태 去甚, 去奢, 去泰[6]。		지나침, 거만함, 교만함을 버린다.

1. 將欲取天下而爲之

'將'은 조동사로 '장차 … 하려고 한다' 또는 접속사로 '만일 …하면'의 뜻이 있다. "將欲取天下而爲之(만일 천하를 얻으려고 하고자 하면)" 할 때 "吾見其不得已(나는 그것을 얻을 수 없다고 본다)" 하는 것은 미래에만 그런 것이 아니고 언제나 그렇다는 것이므로 '만일 …하면'으로 풀이하였다.

"將欲取天下而爲之"에서 '將'이 미치는 범위는 '爲之'까지로 "將欲取天下而將爲之"가 된다. 따라서 '爲之'는 천하를 얻은 후에 하는 것이 아니고, 얻기 위해서 인위적으로 하는 것이다. 그러므로 "吾見其不得已" 하다는 것이다.

2. 吾見其不得已

여기서는 부정문에서 대명사가 목적어로 쓰였기 때문에 "吾見不得其已"가 도치되었다. '其'는 '取天下'를 의미하고, '不得已'에서 '得'은 '할 수 있다'라는 의미의 조동사이며 '已'는 종결의 어기를 나타낸다. 따라서 이 문장은 "吾見不得其已" 또는 "吾見不得取天下已"로 "나는 그것을 얻을 수 없다고 본다"라고 해석하였다.

3. 故物或行或隨

'故'는 "爲者敗之, 執者失之(억지로 … 잃을 것이다)"의 근거로 "物或行

논증으로 풀이한 도덕경

或 … 或隳(만물은 앞서가기도 … 무너뜨리기도 하기 때문이다)”를 제시하고 있으므로 ‘그러므로’가 아니고 ‘왜냐하면’이다. 여기서 주어는 ‘物’인데, ‘行’과 ‘隨’를 하는 것이 같은 ‘物’인지, 또는 ‘行’ 하는 ‘物’이 있고, ‘隨’ 하는 ‘物’이 있는가를 명확히 하여야 한다. ‘故物 … 或隳’의 역할은 ‘將欲…失之’의 근거가 되며, 직접적으로는 ‘天下神器 不可爲也’의 근거가 된다. 그러면 “天下神器 不可爲也”가 의미하는 것은 무엇인가? 이것은 인간이 天下神器를 마음대로 통제할 수 없다는 것이다. 이런 의미에서 ‘物(=神器)’은 ‘行’ 하기도 하고 ‘隨’ 하기도 하므로 인위적으로 ‘行’, 또는 ‘隨’ 하게 할 수 없다는 것이다. 따라서 ‘行’과 ‘隨’의 주어는 같은 ‘物’로 보아야 할 것이다. 만약 ‘行’과 ‘隨’의 주어를 다른 ‘物’로 본다면 ‘行’ 하는 것은 ‘行’ 하게 하고 ‘隨’ 하는 것은 ‘隨’ 하게 인위적으로 할 수 있다.

여기서 ‘或’은 접속사로서 선택을 나타내어 ‘때로는’, ‘더러는’, ‘…하거나’라고 풀이한다. “或行或隨”를 ‘或’의 의미를 살려 풀이하면 “앞서가기도 하거나 뒤따라가기도 한다”가 된다.

“天下神器”이기 때문에 만물은 양면적인 성질을 지니고 있다는 것이다. 따라서 만물의 양면적인 성질은 서로 반대되는 개념으로 나타내어야 하므로 모든 문장을 대조적으로 해석하여야 한다. 즉, ‘行(앞서간다) ↔ 隨(뒤따라간다)’, ‘歔(두려워하다) ↔ 吹(부추기다)’, ‘强(강하다) ↔ 羸(약하다)’, ‘挫(무너진다) ↔ 隳(무너뜨린다)’와 같이 상반되는 관계가 성립하여야 한다.

4. 或歔或吹

　하상공본에는[1] '或呴或吹'라고 되어 있어 이석명은 '따뜻한 것이 있으면, 차가운 것이 있으며'라고 했고, 최상용[2]은 '따스한 온기를 내뿜는 자가 있는가 하면 거칠게 찬바람을 내쉬는 자도 있고' 등으로 해석한다. 그러나 '歔 ↔ 吹'의 관계가 성립하기 위해서는 자전의 의미대로 '歔(흐느낄 허)'는 '두려워하다', '吹(불 취)'는 '부추기다'로, "만물은 혹 두려워하기도 하고 혹 부추기기도 한다"라고 해석하였다.

5. 或挫或隳

　"或挫或隳"에서 '挫(꺾을 좌)'는 '무너진다(꺾인다)', '隳(무너뜨릴 휴)'는 '무너뜨린다(꺾다)'는 의미로 해석하였다. '挫'는 백서본[3]에서 '培(북을 돋울 배)'라고 기술되어 있는데, 이는 "북을 돋기도 하고 무너뜨리기도 한다"로 해석할 수 있어 서로 상대적인 개념으로 받아들일 수 있다. 이렇게 해석하면 '或歔或吹'와 유사한 의미를 가지게 되어 앞의 해석이 더욱 적당할 것이다. 또한 하상공본에는[4] '挫'가 '載'라고 기술되어 있는데, "載, 安也. 隳, 危也(재載는 안정되다. 휴隳는 위태하다)"라고 풀이하면 안정과 위태로 대응하는 것으로 볼 수 있다.

---

1)　河上公 저, 이석명 옮김, 앞의 책, 199쪽.
2)　최상용, 『내 안의 나를 키우는 도덕경』, 138쪽.
3)　國家文物局, 앞의 책, 12쪽.
4)　이석명(2020), 앞의 책, 199쪽.

6. 去甚, 去奢, 去泰

'去奢'는 일반적으로 '사치함을 버린다'라고 해석하는데, 이 장의 어느 부분도 사치와 관련되는 문장은 없다. 이에 관해서 하상공은[5] "奢, 服飾飲食(사치함은, 의복과 음식의 사치를 가리킨다)"이라고 풀이하였으나, 이 문장의 이유에 해당하는 "將欲取天下 … 執者失之"에는 이러한 사치의 내용은 없고, 無爲하여야 한다는 내용을 담고 있다. 따라서 '奢'는 '자랑하다', '뽐내다' 등의 뜻이 있는데, '甚'과 '泰'와 유사한 의미가 있는 '거만함'으로 해석하였다.

---

5) 위의 책, 200쪽.

제30장
임금을 잘 보좌하는 사람은 성과를 얻을 뿐이다

이 도 좌 인 주 자 以道佐人主者,	이 유	도로써 임금을 보좌하는 사람은
불 이 병 강 천 하 不以兵强天下,		무력으로 천하를 강제로 억압하지 않는데,
기 사 호 환 其事好還。		그 대가가 곧잘 되돌아오기 때문이다.

사 지 소 처 형 극 생 언 師之所處, 荊棘生焉。	근 거	군사가 머문 자리는 가시덤불이 자란다.
대 군 지 후 필 유 흉 년 大軍之後, 必有凶年[1]。		큰 전쟁을 치른 뒤에는 반드시 흉년이 든다.

선 유 과 이 이 善有果而已,	주 장	잘 보좌하는 사람은 성과를 얻을 뿐
불 감 이 취 강 不敢以取强[2]。		감히 강함을 드러내지 않는다.
과 이 물 긍 果而勿矜,		성과를 얻고 자랑하지 않고,
과 이 물 벌 果而勿伐,		성과를 얻고 내세우지 않으며,
과 이 물 교 果而勿驕[3],		성과를 얻고 교만하지 않고,
과 이 부 득 이 果而不得已,		성과를 얻고 부득이 한 것으로 생각하며,
과 이 물 강 果而勿强。		성과를 얻고 강함을 내세우지 않는다.

물 장 즉 로 物壯則老,	전 제	사물이 굳세면 곧 늙어 약해지는데

시 위 부 도 是謂不道,	전 제	이를 일러 도가 아니라 하며,
부 도 조 이 不道早已。		도가 아닌 것은 일찍 그친다.

1. 善有果而已, 不敢以取强

'善有'는 죽간갑본[1]과 백서본[2]에 모두 '善者'라고 기술되어 있다. 여기서는 '善者'로 보고 해석하였다. '而已'는 두 가지로 해석할 수 있는데, '而'는 '…하고'를 뜻하는 접속사, '已'는 '그친다'를 뜻하는 동사로 '…하고 그친다'이다. 또한 '而已'는 어조사로서 의미를 제한하고, '…할 뿐이다'라고 해석할 수 있다.

이 문장은 "不敢以取强"이 연결되기 때문에 '…하고 그치다'로 해석하면 같은 의미가 번복됨으로 '잘 …성과를 얻을 뿐'이라고 해석하였다.

'善者'는 '군주를 잘 보좌하는 자'로, '果'는 '이루다'는 의미의 동사로 '군주를 잘 보좌하는 사람은 성과를 얻을 뿐'이라고 해석하였다. 여기서는 이 문장 뒤에 '果而…'가 번복되기 때문에 "善有果而已"보다는 "善者果而已"로 보고 해석하였다.

---

1) 최재목, 앞의 책, 99쪽, "善者果而已, 不以取强(일을 잘 수행하는 사람은 성과를 얻을 뿐이며 강함을 취하지 않는다)"
2) 國家文物局, 앞의 책, 12, 97쪽. (일을 잘 수행하는 사람은 성과를 얻을 뿐 군대에 의해 강함을 취하지 않는다)"

2. 大軍之後, 必有凶年

"大軍之後"를 "대군이 휩쓸고 간 뒤"로 하면 "師之所處"의 의미와 같
으므로 "큰 전쟁을 치른 뒤에는"로 해석하였다.

3. 矜, 伐, 驕

'矜, 伐, 驕'의 뜻은 모두 '자랑한다'인데 『도덕경』에서 그 원인을 다
르게 사용하고 있다. '矜'은 22장 "不自矜故長"에서 '자기 스스로 잘났
다'라고 자랑하는 것, '伐'은 22장 "不自伐故有功", 24장 "自伐者無功"에
서 '자기의 업적'을 자랑하는 것, '驕'는 9장 "富貴而驕, 自遺其咎"에서
'돈, 지위'를 자랑하는 것으로 구분하여 사용하고 있다.

논중으로 풀이한 도덕경

제31장

성능이 뛰어난 병기는 군자의 도구가 아니다

부 가 병 자 夫佳兵者,		성능이 뛰어난 병기는
불 상 지 기 不祥之器¹。	근 거	상서롭지 못한 도구이다.
물 혹 오 지 物或惡之,		만물은 대개 그것을 싫어할 것이므로
고 유 도 자 불 처 故有道者不處²。		도를 지닌 사람은 가까이 두지 않는다.

군 자 거 즉 귀 좌 君子居則貴左³,		군자는 보통 때는 왼쪽을 귀하게 여기고,
용 병 즉 귀 우 用兵則貴右。		전쟁할 때는 오른쪽을 귀하게 여긴다.
병 자 불 상 지 기 兵者, 不祥之器,		병기는 상서롭지 못한 것이니
비 군 자 지 기 非君子之器。		군자의 도구가 아니다.
부 득 이 이 용 지 不得已而用之,	주 장	부득이 병기를 사용할 때는
염 담 위 상 恬淡爲上,		평온하고 욕심이 없는 것이 제일 좋고
승 이 불 미 勝而不美。		승리해도 기뻐하지 않아야 한다.
이 미 지 자 而美之者,		승리에 기뻐하는 자는
시 락 살 인 是樂殺人。		사람 죽이는 것을 즐기는 자다.

부 락 살 인 자 夫樂殺人者,	주 장	사람 죽이는 것을 즐기는 자는
즉 불 가 이 득 지 어 천 하 의 則不可以得志於天下矣。		천하에서 뜻을 이룰 수 없다.

길 사 상 좌 吉事尚左,	이 유	좋은 일에는 왼쪽을 높이 여기고,
흉 사 상 우 凶事尚右。		나쁜 일에는 오른쪽을 높이 여긴다.
편 장 군 거 좌 偏將軍居左,		부장군은 왼쪽에 진을 치고,
상 장 군 거 우 上將軍居右,		대장군이 오른쪽에 진을 친다는 것은
언 이 상 례 처 지 言以喪禮處之⁴。		상례에 따라 전쟁에 임한다는 것을 말한다.

살 인 지 중 이 애 비 읍 지 殺人之衆, 以哀悲泣之。	전 제	많은 사람을 죽였으니 슬프게 눈물을 흘린다.
전 승 이 상 례 처 지 戰勝, 以喪禮處之。		전쟁의 승리는 상례에 따라 대처한다.

1. 夫佳兵者, 不祥之器

　백서을본[1]에는 "夫兵者, 不祥之器也"로 기술되어 있다.이석명[2]은 "무릇 병기는 상서롭지 않은 물건이다", 김홍경[3]은 "무릇 무기는 상서롭지 못한 기물이니"라고 번역하였다. 여기서는 '佳'를 '성능이 뛰어난'으로 풀이하여 '성능이 뛰어난 병기는 좋은 도구가 아니다'라고 해석

---

1)　國家文物局, 앞의 책, 97쪽.
2)　이석명 역주, 앞의 책, 311쪽.
3)　김홍경, 앞의 책, 816쪽.

하였다.

2. 夫佳兵者, 不祥之器. 物或惡之, 故有道者不處

"夫佳兵者"에서 '夫'는 문장의 첫머리에 쓰여 어떤 문제를 논의하려 함을 나타내므로 해석할 필요는 없다.

"物或惡之"는 "有道者不處"의 원인이다. '或'을 '항상'으로 풀이하면 "만물은 항상 성능이 좋은 병기를 싫어한다"가 되어 "有道者不處"는 필요 없는 문장이 된다. 또한 성능이 좋은 병기를 만물이 항상 싫어한다면 만들지 않을 것이다. 따라서 '或'은 부사로서 완곡한 긍정을 나타내어 '아마도'로 풀이하여 "만물은 아마도 싫어할 것이므로,"라고 풀이하였다.

3. 君子居則貴左

'則'은 접속사로 단문을 연결시켜 주는 역할을 하며 '…라면', '만약' 등으로 해석한다. 따라서 "군자는 평상시 살 때는 왼쪽을 귀하게 여긴다"라고 풀이하였다.

4. 偏將軍居左, 上將軍居右, 言以喪禮處之

"偏將軍居左, 上將軍居右, 言以喪禮處之"의 문장에서 주어는 '偏將軍

居左, 上將軍居右'이고, 동사는 '言', 목적어는 '處之'이다. '以喪禮'는 '處'를 수식하는 부사구이다. 따라서 "부장군은 왼쪽에 포진하고, 상장군이 오른쪽에 포진한다는 것은 상례에 따라서 대처하는 것을 말한다"라고 해석하였다.

논증으로 풀이한 도덕경

제32장
임금이 도를 지키면
만물은 스스로 복종한다

도 상 무 명 박 道常無名, 樸**1**.	전제	도는 언제나 이름이 없고, 순박하다.
수 소 천 하 막 능 신 야 雖小, 天下莫能臣也。*		비록 작지만, 세상 어느 것도 신하로 삼을 수 없다.

후 왕 약 능 수 지 侯王若能守之,		임금이 만약 이것을 지킬 수 있다면
만 물 장 자 빈 萬物將自賓**2**。	주장	만물은 스스로 복종할 것이다.
천 지 상 합 이 강 감 로 天地相合以降甘露,		하늘과 땅이 서로 화합하여 단 이슬이 내리고,
민 막 지 령 이 자 연 民莫之令**3**而自均**4**。		백성에게 명령하지 않아도 스스로 따를 것이다.

시 제 유 명 始制有名**5**,		비로소 제도가 이름을 갖게 되고,
명 역 기 유 名亦旣有,		이미 이름이 있으면
부 역 장 지 지 夫亦將知止**6**。	이유	역시 그치리라는 것을 마땅히 알아야 한다.
지 지 가 이 불 태 知止可以不殆**7**。		그치리라는 것을 알면 위태롭지 않다.
비 도 지 재 천 하 譬道之在天下,		비유하자면 도가 천하에 있는 것은
유 천 곡 지 어 강 해 猶川谷之於江海**8**。		마치 시내와 계곡의 물이 강과 바다로 흘러가는 것과 같다.

---

* "道常無名, 樸雖小, 天下莫能臣也."라고 되어 있다. 진고응과 같다.

1. 道常無名, 樸

이 문장은 일반적으로 "도는 언제나 이름이 없다. 통나무는 비록 작지만"으로 해석한다. 그러나 이렇게 해석하면 아무런 언급이 없이 "天下莫能臣也"의 주어는 '道'에서 '樸'으로 바뀌게 된다.

이와 관련해서 41장의 "道隱無名", 37장의 "無名之樸"에서 道는 '無名, 樸'이라는 표현이 있다. 따라서 '道常無名, 樸'으로 끊어 읽고, '道雖小…'로 풀이하여야 한다. 따라서 "도는 언제나 이름이 없고 순박하다. 비록 작지만 …"으로 해석하였다.

2. 侯王若能守之, 萬物將自賓

'賓(손 빈)'을 '찾아오다'로 해석하는 예도 있는데, 임금이 도를 지키는 것과 만물이 찾아오는 것과는 의미가 잘 통하지 않는다. 여기서는 '복종하다', '따르다'라고 해석하였다.

3. 天地相合以降甘露, 民莫之令而自均

'均'을 '고를 균'으로 풀이할 때는 공정보다는 평등의 개념으로 사용되었을 것이다. 그러나 고대 중국은 하늘 아래 모든 땅은 왕의 땅이라는 왕토 사상이 형성되어 토지 사유를 배제한 가운데 백성에게는

논증으로 풀이한 도덕경

평등하게 토지 경작권을 주기 위한 공전제 사상이 전개되었다[1]. 이러한 상황에서 백성이 고르게 되기 위해서 후왕의 별도의 명령이 필요하지 않으며, 이 당시 후왕의 관심은 이 문구의 앞뒤 문장으로 판단할 때 백성이 고르게 되는 것이 아니라 백성이 복종하는 것이다. 따라서 여기서 '均'은 '따를 연'으로 풀이하여야 한다. 이렇게 풀이하면 앞에 있는 '將自賓'과 의미가 통하게 된다.

4. 民莫之令

"民莫之令"의 주어는 '侯王'이다. 따라서 "民莫之令"은 '侯王莫令民'인데, 목적어 '民'이 앞으로 나와 도치되면서 '之'가 들어간 것이다.

5. 始制有名

앞의 문장에서 "侯王이 道를 지킬 수 있으면 萬物은 장차 스스로 복종하게 된다. 하늘과 땅이 서로 만나서 甘露가 내리고, 百姓에게 令을 내리지 않아도 스스로 따르게 된다"라고 하여 道에 맞는 다스림을 강조하였다.

여기서는 제도로써 백성을 다스리는 것을 의미하므로 제도는 道와 관계없이 만들어진 것으로써 이름이 붙여지고, 이름이 있는 것은 언젠가는 끝이 있다는 것이다. 따라서 '始制有名'은 '비로소 제도가 이

---

1) 이한유, 「소득분배상의 공정과 평등 개념의 고대 그리스·중국 경제사상사적 기원」, 145쪽.

름을 갖게 되는 것'으로 풀이하였다. 즉, 도에 맞게 다스리면 백성들이 스스로 따르게 된다 - 그런데도 후왕이 새로운 제도를 만든다 - 그 제도는 이름을 갖게 된다 - 이름이 있는 것은 언젠가는 그친다 - 후왕은 새롭게 만든 제도는 언젠가는 그친다는 것을 알고, 도에 맞게 백성을 다스려야 한다는 것이다.

6. 名亦既有, 夫亦將知止

"名亦既有"와 "夫亦將知止"와의 관계는 "名亦既有" 하므로 "夫亦將知止" 하여야 한다는 것이다. '將'은 '장차'로 풀이하는 경우가 많이 있는데, '將'은 '知'를 수식하며, 만약 '止'를 수식하려면 '知將止'가 되어야 한다. 따라서 '將'은 '마땅히 …하여야 한다'로 풀이하여야 한다.

"夫亦將知止"는 일반적으로 주어는 '侯王'이며, '知止'는 '그칠 줄을 알다'라고 해석한다. 그러면 "후왕은 제도가 이름이 있으므로 그 제도를 그칠 줄을 마땅히 알아야 한다"가 된다. 이렇게 해석하면 이름이 있는 것과 후왕이 그칠 줄을 아는 것과는 아무런 관계가 없고, 또한 이와 같은 의미라면 "후왕이 제도를 그치는 것을 마땅히 알아야 한다"가 아니고 "후왕이 이 제도를 마땅히 그쳐야 한다"라고 표현해야 한다.

1장에서 "名可名, 非常名"에서 "이름이 있는 것은 한결같은 이름이 아니다"라고 하였으므로 이름이 있는 것은 그친다는 것이다. 따라서 "名亦既有, 夫亦止"에서 '亦'은 부사로 쓰여 연속을 나타내어 "이름이 있으면, 또한 그친다"와 같이 해석할 수 있다. 여기서 '止'는 자동사이고 주어는 '制'이다. 즉, "(制度)名亦既有, (侯王)夫亦將知(制度)止"는 "제도가 이름이 이미 있으면 후왕은 역시 제도가 그친다는 것을 마땅히 알아야 한다"라고 해석해야 한다.

7. 知止可以不殆

일반적으로 '知止'는 '侯王이 그칠 줄을 알면'으로 해석하는데, 무엇을 그친다는 것이 없다. 여기서 '知'의 주어는 '侯王'이고, '止'의 주어는 '制度'이므로 "侯王이 制度가 그친다는 것을 알면"으로 해석하였다.

8. 譬道之在天下, 猶川谷之於江海

'譬 … 猶'는 '비유하면 …과 같다'인데, "川谷之於江海"의 의미는 '川'과 '谷'이 강과 바다보다 위에 있으므로 자연적으로 강과 바다로 흘러 들어 올 수 있다는 것이다. 따라서 '道'가 '天下'에 있음으로써 모든 천하가 자연스럽게 움직인다는 것이다.

제33장
자기를 아는 사람은 사리에 밝다

지 인 자 지 知人者智,		남을 아는 사람은 지혜롭고,
자 지 자 명 自知者明¹。		자기를 아는 사람은 사리에 밝다.
승 인 자 유 력 勝人者有力,		남을 이기는 사람은 힘이 있고,
자 승 자 강 自勝者强。	전 제	자기를 이기는 사람은 강하다.
지 족 자 부 知足者富,		만족함을 아는 사람은 부유하고,
강 행 자 유 지 强行者有志²。		힘써 행하는 사람은 뜻을 이룬다.
부 실 기 소 자 구 不失其所者久,		그 자리를 잃지 않는 사람은 오래가는 것이고,
사 이 불 망 자 수 死而不亡者壽。*		죽어서도 잊히지 않는 사람은 오래 사는 것이다.

1. 知人者智, 自知者明

　"自知者明"은 목적어를 강조하기 위해서 동사와 목적어가 도치된 문장으로 도치 이전의 문장은 "知自者明"이며, "자기를 아는 사람은 사리에 밝다"라고 해석할 수 있다. 또한 뒤에 나오는 "自勝者强"에서도

---

* "知足者富, 强行者有志, 不失其所者久, 死而不亡者壽。"라고 되어 있다.

목적어와 동사가 도치되었다.

2. 知足者富, 强行者有志

　"强行者有志"는 일반적으로 "힘써 행하는 사람은 뜻을 가진다"라고 하는데, '有志'를 '뜻을 이룬다'라고 해석하였다. 이 장은 대구 형태로 4개의 단락으로 되어 있는데, 첫째와 두 번째 단락은 '智'와 '明', '有力' 과 '强', 셋째와 네 번째 단락은 '富'와 '有志', '久'와 '壽'라고 되어 있다. 이때 각 단락의 사용된 단어는 앞부분보다 뒷부분이 더욱 바람직하며, 뒷부분은 앞부분의 의미를 포함하는 용어로 구성되어 있다.

　세 번째 단락을 이처럼 해석하면 '富'와 '有志'는 둘 다 바람직한 것이 되어야 하며 '知足者'와 '强行者'는 서로 대비되는 행동을 하는 자를 가리켜야 한다. 따라서 '知足者'는 '만족을 아는 사람'이고, '强行者'는 만족하면서 무엇인가를 얻기 위해서 힘써 행하는 자가 되어야 한다. 그리고 '智-明', '有力-强', '久-壽'는 각각 사람들이 이룩한 상태이지 하고자 함이 아니다. 따라서 '志'는 '하고자 하는 뜻이 있다'가 아니고 '하고자 하는 뜻을 이룬다'로 해석해야 한다. 그러므로 "힘써 행하는 사람은 뜻을 이루다"라고 번역하였다.

　왕필은[1] "强行者有志"에 관해서 "勤能行之, 其志必獲, 故曰强行者有志矣(부지런히 행할 수 있다면 반드시 그 뜻을 실현시키므로, '힘써 행하는 사람은 뜻을 이룬다'고 했다)"라고 풀이하였다.

---

1)　樓宇烈, 앞의 책, 85쪽.

제34장

끝까지 크다고 하지 않아야 크게 이룰 수 있다

	전제	
대 도 범 혜 大道氾兮,		큰 도는 넘쳐흘러
기 가 좌 우 其可左右。		왼쪽으로도 오른쪽으로도 갈 수 있다.

	이유	
만 물 시 지 萬物恃之		만물이 그것에 의지하여
이 생 이 불 사 而生而不辭[1],		살아가도 거절하지 않고,
공 성 불 명 유 功成不名有,		공을 이루고도 공적을 차지하지 않으며,
의 양 만 물 이 불 위 주 衣養萬物而不爲主。		만물을 감싸 길러도 주인이 되지 않는다.
상 무 욕　가 명 어 소 常無欲, 可名於小;		언제나 욕심이 없으므로 작다고 이름 붙일 만하지만,
만 물 귀 언 이 불 위 주 萬物歸焉而不爲主,		만물이 돌아와 의지하여도 주인이 되지 않으니
가 명 위 대 可名爲大。		크다고 이름 붙일 만하다.

	주장	
이 기 종 부 자 위 대 以其終不自爲大[2],		끝까지 자신이 크다고 하지 않아
고 능 성 기 대 故能成其大。		그래서 그 큼을 이룰 수 있다.

1. 萬物恃之而生而不辭

'生'은 '살아가다' 또는 '태어나다'로 풀이할 수 있는데 "功成不名有, 衣養萬物而不爲主(공을 이루고도 공적을 차지하지 않으며, 만물을 감싸 길러도 주인이 되지 않는다)" 등은 살아가는데 일어나는 현상이기 때문에 '살아가다'로 풀이하였다. 또한 '不辭' 앞에 "만물이 道에 의지하고 살아가다"라는 절이 있으므로 '辭'는 '사양하다'라고 풀이하여, "萬物恃之而生+而+(大道)不辭"는 "만물이 道에 의지하여 살아가도, (큰 도는)거절하지 않는다"가 된다.

2. 以其終不自爲大

부정어 '不'이 있어 "以其終不爲自大"가 도치된 것으로 '以'는 '… 때문에' '其'는 주어, '終'은 부사 '끝까지'의 의미로 "그것은 끝까지 스스로 크다고 하지 않기 때문에"라고 풀이하였다. 이렇게 풀이하면 이 문장의 주어는 '大道'가 되는데, 백서본[1]이나 하상공본[2] 등은 '聖人'이라고 되어 있다. 성인을 온전한 도를 터득한 이상적인 인격자라고 보면 '能成其大'라는 표현에 '大道'보다는 '聖人'이 더 적합할 것이다. 이에 관해 왕필은[3] 63장에 나오는 "圖難於其易, 爲大於其細(어려운 일은 쉬울 때 꾀하고, 큰일은 작을 때 처리한다)"를 사용하여 풀이하였는데, 이 문장 이후에 "是以聖人終不爲大, 故能成其大"와 연결되어 있다.

---

1) 國家文物局, 앞의 책, 13, 98쪽.
2) 河上公 저, 이석명 옮김, 앞의 책, 225쪽.
3) 樓宇烈, 앞의 책, 86쪽.

백서갑본[4]에는 "是以聖人之能成大也, 以其不爲大也, 故能成大(그러므로 성인이 위대할 수 있는데, 그것은 성인은 위대하다고 하지 않기 때문이다. 그래서 위대함을 이룰 수 있는 것이다)"라고 기술되어 있다.

또한 하상공본[5]에는 "是以聖人終不爲大. 故能成其大(그래서 성인은 끝까지 위대하다고 하지 않으므로 위대함을 이룰 수 있다)"라고 기술되어 있다.

이와 유사한 문장이 63장에서 "是以聖人終不爲大, 故能成其大(이 때문에 성인은 커지지 않았을 때 끝마치기 때문에, 큰일을 이룰 수 있다)"가 나오는데, 문장 구조는 전혀 다르다. 이 장에서 나오는 '終'은 부사로 '끝까지'이며, 63장의 '終'은 동사로 '끝마치다'이다.

4) 國家文物局, 앞의 책, 13쪽.
5) 河上公 저, 이석명 옮김, 앞의 책, 225쪽.

논증으로 풀이한 도덕경

제35장

도를 지니고 세상에 나가야 편안함이 크다

집 대 상　천 하 왕 **執大象, 天下往¹;**	주 장	큰 도를 지니고 세상에 나간다.
왕 이 불 해　안 평 태 **往而不害, 安平太²。**		나가서 해를 입히지 않아 그래서 편안함이 크다.

악 여 이　과 객 지 **樂與餌, 過客止。**	전 제	음악과 음식은 지나가는 나그네를 멈추게 하지만,
도 지 출 구　담 호 기 무 미 **道之出口, 淡乎其無味³。***		도가 말로 표현되면 묽어 그 맛이 없다.

시 지 부 족 견 **視之不足見⁴,**	이 유	보여도 그것은 볼만하지 않고,
청 지 부 족 문 **聽之不足聞,**		들려도 그것은 들을 만하지 않지만,
용 지 부 족 기 **用之不足旣⁵。**		쓰여도 그것은 다 쓰일 수 없다.

1. 執大象, 天下往

　'大象'은 '大道'의 의미로 사용된 것으로 보고 "큰 도를 지니고(執大象) 天下에 나가면"으로 해석하였다. 하상공은¹⁾ "象, 道也(象은 道이다)" 성현

---

* '樂與餌, 過客止。淡乎其無味,'라고 되어 있다. '視之不足…之不足旣.'는 이유로 보았기 때문에 '樂與餌, 過客止, 淡乎其無味,'와 같이 마침표 대신 쉼표와 쉼표 대신에 마침표를 사용하였다. 고형과 같다.

1) 河上公 저, 이석명 옮김, 앞의 책, 227쪽.

영은[2] "大象, 猶大道之法象也(大象은 大道의 法象과 같다)", 임희일은[3] "大象者, 無象之象也(大象이란 無象의 象이다)"라고 풀이하였다.

'往'의 주어가 '天下(세상 사람)'이면 '執'의 주어는 '聖人' 또는 '體道者'가 되어야 하는데, 이렇게 보면 "성인이 큰 도를 잡고 있으면 세상 사람들이 모두 돌아온다"라고 해석할 수 있다. 그러나 이렇게 해석하면, "樂與餌過客止, 道之出口淡乎, 其無味. 視之不足見, 聽之不足聞. 用之不足旣"라고 하였는데, 세상 사람들이 성인이 도를 잡고 있어서 돌아온다는 내용과 상반된다. 따라서 '往'의 주어는 '執大象者'이어야 한다.

2. 往而不害, 安平太

'安平太'의 주어는 '天下'이다. '往而不害'와 '安平太'간의 관계는 병렬관계가 아니고 인과관계로 보아야 한다. 따라서 '不害하고, 安平太하다'가 아니고 '不害해서, 安平太하다'로 해석하였다. 또한 '安平太'는 많은 경우 '安하고, 平하고, 太하다'로 풀이하는데, 太를 독립적으로 사용할 때는 '편안하다'라는 의미는 없고 '크다'라는 의미이다. 따라서 '安平太'는 '安+平太(그래서 편안함이 크다)', 또는 '安平+太(걱정이나 탈이 없음이 크다)'라고 해석할 수 있는데, '安'과 '平'은 의미가 유사하고 앞의 문장과 연결하기 위한 접속사가 필요하므로 '安'은 그래서, '平'은 편안함', '太'는 '크다' 즉, '그래서 편안함이 크다'라고 풀이하였다.

---

2) 成玄英 지음, 최진석·정지욱 옮김, 앞의 책, 365쪽.
3) 林希逸 지음, 김만겸 주역, 앞의 책, 168쪽.

논증으로 풀이한 도덕경

3. 道之出口, 淡乎其無味

"道之出口"는 일반적으로 "道가 입에서 나온다", "道를 말로 표현한다"라고 해석한다. 그런데 '道之出口' 한 것은 묽어 맛이 없어야 하며, '視(보이다), 聽(들리다), 用(쓰이다)' 할 수 있는 것이어야 한다. '之'는 목적어가 동사의 앞에 위치하는 것을 나타낸 것으로 보고 '出口道'가 도치된 것으로 보았다. 따라서 여기서는 "말로 표현된 道"라고 풀이하였다.

백서본[4)]에는 "道之出言也曰", 왕필의 풀이는[5)] "道之出言"이라고 기술되어 있어 '出口'를 '出言'으로 보았다.

4. 視之不足見

14장에서 "視之不見"을 "보여도 볼 수 없다"라고 해석하였는데, 이 장에서는 "視之不足見"이라고 되어 있다. 이는 "視+不足見之"로 도치된 문장이다. '不足+동사'는 '동사하기에 부족하다', '동사할 게 없다'라는 의미이다. '보여도 그것을 보기에 부족하다' 또는 '보여도 볼 게 없다'라고 해석할 수 있다.

아름다운 음악은 들을 만하고, 맛있는 음식은 먹을 만하지만 "道之出口"는 보여도 볼 게 없고, 들려도 들을 게 없다는 것이다. 그렇지만 음악이나 음식은 일회성으로 그치지만 道는 아무리 써도 다 쓰일 수

---

4) 國家文物局, 앞의 책, 13, 98쪽.
5) 樓宇烈, 앞의 책, 88쪽.

없다는 것이다. 또한 뒤에 나오는 '聽'과 '用'도 자동사로 '들리다', '쓰이다'로 해석하였다.

5. 視之不足見, 聽之不足聞, 用之不足旣

"視之不足見, 聽之不足聞"과 "用之不足旣"와의 관계는 역접으로 보았다. '보여도 그것은 볼만하지 않고, 들려도 그것은 들을 만하지 않지만, 쓰여도 그것은 다 쓰일 수 없다'라고 해석하였다.

제36장
나라의 권력을
백성에게 보여 줘서는 안 된다

장 욕 흡 지 將欲歙之**1**,		만일 그것을 거두어 드리려고 하면
필 고 장 지 必固張之;		반드시 잠시 그것을 베풀어 준다.
장 욕 약 지 將欲弱之,		만일 그것을 약하게 하려고 하면
필 고 강 지 必固强之;	근 거	반드시 잠시 그것을 강하게 해준다.
장 욕 폐 지 將欲廢之,		만일 그것을 폐하려고 하면
필 고 흥 지 必固興之;		반드시 잠시 그것을 흥하게 해준다.
장 욕 탈 지 將欲奪之,		만일 그것을 빼앗으려고 하면
필 고 여 지 必固與之,		반드시 잠시 그것을 준다.
시 위 미 명 是謂微明**2**。		이를 일러 미묘한 밝은 이치라 한다.

유 약 柔弱	이 유	부드럽고 유약한 것이
승 강 강 勝剛强。		단단하고 강한 것을 이긴다.

어 불 가 탈 어 연 魚不可脫於淵,		물고기가 연못에서 벗어나면 안 되듯이,
국 지 리 기 國之利器	주 장	나라의 권력을
불 가 이 시 인 不可以示人**3**。		백성에게 보여 주어서는 안 된다.

1. 將欲歙之, 必固張之; …, 是謂微明

일반적으로 "將欲 … 與之"에 있는 4개의 문장은 "장차 …하려고 하면, 반드시 …하라"라고 해석한다. 그러나 是謂의 앞에 'A 하려면 B 하라'는 용법은 없으므로 명령어 다음에 是謂는 맞지 않는다.

'將欲'에서 '將'은 일반적으로 부사로서 '장차'라고 해석하는데, 뒤에 나오는 '欲'은 조동사로서 '…하려고 한다'라는 뜻으로 그 속에 '장차'의 의미가 내포되어 있다. 여기서 '將'은 '만일 …하면'이라는 의미의 접속사로서 뒤에 나오는 '必'과 호응하여 "만일 …하면, 반드시 …한다"라고 해석한다.

'必固'에서 '必'은 부사로서 '반드시', '固'도 부사로서 '반드시'의 의미가 있으나, '必'이 앞에 있으므로 '오히려' 또는 '잠시'로 풀이할 수 있다. 여기서는 앞에 나오는 문장과 상반되는 뜻인 '오히려'라는 의미는 오래 지속될 수 없으므로 '잠시'라고 풀이하였다. 따라서 이 문장은 사물의 고유한 이치를 기술한 것으로, "일반적인 자연 현상은 만약 …하려고 하면, 반드시 잠시 …한다"라는 것이다. "등불은 꺼지기 직전이 가장 밝다"와 같은 현상을 기술한 것으로 해석하였다.

또한 '微明'은 '은밀한 밝음', '어두운 밝음', '미묘한 이치', '직전 징조' 등으로 풀이하는데, 어떻게 풀이하든 '微明'이 될 수 있는 것은 현상을 기술한 문장이지 명령하는 문장이 아니다. "만일 오므리려고 하면 잠시 펼친다"라는 것은 '微明'이 될 수 있지만, "만일 거두려고 하면 반드시 잠시 펼쳐라"라는 것은 '微明'이 될 수 없고 술수는 될 수 있다. "만일 …하려면, 반드시 잠시 …한다"라는 세상의 이치가 그렇다는 것이다.

2. 是謂微明

"將欲歙之, 必固張之"는 "만일 그것을 거두려고 하면, 반드시 잠시 그것을 펼친다"라고 해석할 수 있다. 그러면 "必固張之" 하는 것을 보면 "將欲歙之" 한다는 것을 예측할 수 있다는 것이다. "是謂微明"은 '이것을 일컬어 '微明'이라 한다'라고 풀이할 수 있으므로 "必固張之" 하는 것은 "將欲歙之" 할 것을 예측할 수 있는 '미묘한 밝은 이치'라는 것이다.

3. 魚不可脫於淵, 國之利器不可以示人

"魚不可脫於淵"과 "國之利器不可以示人"의 연결 관계는 'A, 그리고 B'로 보게 되면 물고기(魚)는 이 장의 내용과 직접적으로 관계가 없다. 따라서 'A… 듯이 B'로 보아야 한다.

물고기가 물에서 뛰쳐나가서는 살 수 없듯이 백성이 국가를 떠나서 살 수 없다. 따라서 물고기는 물을 떠나서는 안 되듯이 백성은 국가를 떠나게 해서는 안 된다. 연못을 휘저으면 물고기가 연못을 떠나게 되듯이 국가가 강하게 통치하게 되면 백성이 국가를 떠나게 된다. 이러한 결과는 부드럽게 통치한 것만 못하다는 것이다.

일반적으로 "國之利器"를 "나라의 이기", "나라의 이로운 기물" 등으로 풀이하는데, 여기서는 '국가의 권력을 백성에게 함부로 쓰지 마라'는 의미에서 "나라의 날카로운 기물"로 풀이하였다. 여기서 '人'은 일반적으로 사람으로 풀이하는데, '國'이 나오므로 '백성'으로 풀이하였다.

제37장

도를 지키면 만물은 스스로 변화한다

도 상 무 위 **道常無爲¹**	전 제	도는 언제나 무위하지만
이 무 불 위 **而無不爲。***		행하지 못하는 것이 없다.

후 왕 약 능 수 지 **侯王若能守之,**		임금이 만약 이것을 지킬 수 있으면
만 물 장 자 화 **萬物將自化。**		만물은 저절로 변화할 것이다.
화 이 욕 작 **化而欲作²,**	주 장	변화하는데 작위하려고 하면
오 장 진 지 이 무 명 지 박 **吾將鎭之以無名之樸。**		나는 이름 없는 순박함으로 이를 진압하려고 한다.
무 명 지 박 부 역 장 무 욕 **無名之樸, 夫亦將無欲³。**		이름 없는 순박함으로 진압하면 또한 욕심이 없어질 것이다.

불 욕 이 정 **不欲以靜⁴,**	이 유	고요함으로써 욕심내지 않으면
천 하 장 자 정 **天下將自定。**		천하는 스스로 안정될 것이다.

1. 道常無爲

'無爲'는 『도덕경』에서 '스스로 그러함을 따르는 행위', '인위적이고

---

* "道常無爲而無不爲."라고 되어 있다. "侯王若能 … 亦將無欲"은 주장으로 보았으므로 앞에 마침표를 사용하였다. 고형, 진고응과 같다.

논증으로 풀이한 도덕경

억지스러움이 없는 행위'라고 풀이하는데, 여기서는 그대로 '無爲'로 번역하였다.

2. 和而欲作

'和'의 주어는 앞에서 '萬物'이라고 제시되어 있으나, '欲作'의 주어는 구체적으로 제시되어 있지 않다. 일반적으로 '만물', '인간', '위정자' 등으로 풀이하는데, '萬物將自化'의 조건은 '侯王若能守之'이고, '작위'의 주체는 '백성'이나 '만물'은 될 수 없으므로 '侯王'으로 해석하였다.

3. 無名之樸, 夫亦將無欲

이 문장은 "이름 없는 순박함(樸)은 역시 하고 싶은 욕심이 없을 것이다"로 해석하는 예도 있는데, 이렇게 해석하면 '鎭之'의 의미가 없게 된다. 그러므로 순박함이 욕심이 없으므로 억지로 하려는 주체자의 욕심이 없어지는 것이 아니라 욕심이 없는 순박함으로 진압하므로 욕심이 없게 되는 것이다.

백서을본[1]에는 "鎭之以无名之樸, 夫將不辱"이라고 기술되어 있다. 따라서 '鎭之以'가 있는 것으로 보고, "이름 없는 순박함으로 진압하면 또한 욕심이 없어질 것이다"라고 해석하였다. 왕필본에 따라서 해석하면 "이름 없는 순박함은 역시 욕심이 없을 것이다"가 된다. 이렇

---

1) 國家文物局, 앞의 책, 98쪽.

게 해석하면 '순박함이 욕심이 없다'가 되어 '욕심이 없어진다'라는 뜻
이 없게 된다.

4. 不欲以靜

　일반적으로 '不欲'이 원인, '靜'이 결과로 '不欲으로써 靜하면'으로 해
석한다. 이렇게 해석하면 '靜'의 수단으로 '不欲'이 필요한 것이고, '天
下將自定'의 전제조건이 '靜'이어야 한다. 즉, "不欲함으로써 靜하면 自
定이 된다"가 성립해야 한다. 그러나 '以'는 전치사로서 동작·행위의
수단을 이끌어 '…으로써'의 의미로 해석한다. 따라서 "고요함으로써
욕심내지 않으면"으로 해석해야 한다.

　감산은[2] "是須以靜制之, 其機自息. 機息則心定, 而天下自正矣(모름
지기 고요함으로써 억제해야만 그 욕심의 기틀이 저절로 쉬게 될 것이니)"라고
풀이하였다. 그러므로 '고요함으로 욕심을 제어하는 것'이라고 볼 수
있다.

　이와 유사한 문장은 63장에 "報怨以德"과 『논어』 「위정편」[3]에 '爲政
以德'이 나오는데, 각각 '덕으로 원한을 갚는다'라는 것과 '덕으로 정
치한다'라고 해석한다. "萬物將自化. 化而欲作(모든 만백성은 스스로 감화
될 것이다. 감화되는데 작위 하려고 하면)"에서 '將自化'가 되지 못하는 원인
은 '欲作'이지 '靜' 하지 않은 것이 아니기 때문에 '靜'은 '不欲' 하기 위
한 수단으로 보아야 할 것이다. 그 결과 "化而欲作 吾將鎭之(=欲作) 以

---

2)　憨山德淸 해, 송찬우 옮김, 앞의 책, 九六쪽.
3)　성백효, 『논어집주』, 72쪽.

無名之樸(=靜)"으로 파악하였다. 이러한 해석 방법은 장기균張起鈞[4]이
취하고 있다.

---

4) 張起鈞 지음, 권광호 옮김, 『노자의 지혜』, 221쪽.

제38장

대장부는 두터움을 지키고
얄팍함을 차지하지 않는다

상 덕 부 덕 上德不德,	상덕의 사람은
시 이 유 덕 是以有德;	덕을 덕으로 여기지 않아서 덕이 있다.
하 덕 부 실 덕 下德不失德,	하덕의 사람은
시 이 무 덕 是以無德2。	덕을 잃지 않으려고 해서 덕이 없다.
상 덕 무 위 上德無爲	상덕의 사람은 하고자 함이 없고
이 무 이 위 而無以爲3,	하고자 할 수 없으며,
하 덕 위 지 下德爲之	하덕의 사람은 하고자 함이 있고
이 유 이 위 而有以爲4。	하고자 할 수 있다.
상 인 위 지 上仁爲之	상인의 사람은 하고자 함이 있고
이 무 이 위 而無以爲5,	하고자 할 수 없으며,
상 의 위 지 上義爲之	상의의 사람은 하고자 함이 있고
이 유 이 위 而有以爲6。	하고자 할 수 있다.
상 례 위 지 上禮爲之	상례의 사람은 하고자 함이 있고
이 막 지 응 而莫之應,	이에 응하지 않으면
즉 양 비 이 잉 지 則攘臂而扔之7。	소매를 걷어붙이고 잡아당긴다.

전제

고 실 도 이 후 덕 故失道而後德,		그러므로 도를 잃은 후에 덕,
실 덕 이 후 인 失德而後仁,		덕을 잃은 후에 인,
실 인 이 후 의 失仁而後義,		인을 잃은 후에 의,
실 의 이 후 례 失義而後禮。	이 유	의를 잃은 후에 예를 내세우게 되었다.
부 례 자 夫禮者,		무릇 예라는 것은
충 신 지 박 이 란 지 수 忠信之薄而亂之首。		충성과 믿음이 옅은 것이고 어지러움의 으뜸이다.
전 식 자 前識者,		앞서 있던 지식체계는
도 지 화 이 우 지 시 道之華而愚之始[8]。		도의 겉치레이고 어리석음의 시작이다.

시 이 대 장 부 是以大丈夫[9]		이 때문에 대장부는
처 기 후 불 거 기 박 處其厚, 不居其薄;	주 장	두터움을 지키고, 얄팍함을 차지하지 않는다.
처 기 실 불 거 기 화 處其實, 不居其華。		내실을 지키고, 화려함을 차지하지 않는다.
고 거 피 취 차 故去彼取此。[*]		그래서 저것을 버리고 이것을 취하여야 한다.

1. 上德不德

'上德'은 '上德' 또는 '上德의 사람'으로 풀이한다. 그러나 '上德'부터 '上禮'는 행위의 주체이므로 '上德' 보다는 '上德의 사람'으로 해석하였다.

---

[*]   "不居其華; 故去彼取此"라고 되어 있다. 고형과 같다.

'不德'에 대한 해석은 매우 다양한데, '有德'과 '無德'은 상반되므로 '不德'과 '不失德'은 상반되는 뜻을 가져야 한다. '德'은 사전적 의미로 '(덕으로) 여기다'라는 의미가 있으므로 '상덕의 사람은 덕을 덕으로 여기지 않는다'라고 해석하였다. 이렇게 해석하면, 일반적인 해석인 '덕을 내세우지 않는다', '덕을 마음에 두지 않는다' 등과 뜻을 같이할 수 있다.

2. 上德不德, … 而有以爲

왕필본[1]의 "上德不德, 是以有德; 下德不失德, 是以無德. 上德無爲而無以爲, 下德爲之而有以爲" 부분은 『한비자』「해로」[2]에는 "上德不德, 是以有德. 上德無爲而無不爲也", 백서을본[3]에는 "上德不德, 是以有德; 下德不失德, 是以无德. 上德无爲而无以爲也"라고 기술되어 있다. 그러나 『한비자』에는 '下德不失德, 是以無德'과 '下德爲之而有以爲' 부분이, 백서을본에는 '下德爲之而有以爲' 부분이 없다.

『한비자』는 "上德無爲而無不爲"에서 '無以爲' 대신에 '無不爲'를 사용하고 있다. 또한 김충열[4]도 이에 뜻을 같이하고 있는데, 그 이유로는 '上'은 '道'와 같은 차원의 것이기 때문이라는 것이다. 만약 '上德'이 '道'와 완전히 같은 차원이면 "故失道而後德"이라고 하지 않았을 것이며, '無以爲'가 결국 '無爲'와 같은 범주라는 주장은 '無以爲'를 '어떤 결과

---

1) 樓宇烈, 앞의 책, 93쪽.
2) 김충열(1995), 『노장철학강의』, 186쪽에서 재인용.
3) 國家文物局, 앞의 책, 89쪽.
4) 김충열(1995), 앞의 책, 192쪽.

에 대해 미리 목적의식을 갖고 하지 않는다' 또는 '목적의식을 갖고 함이 없다'라고 풀이했기 때문이다. '無以爲'를 다르게 해석하면 같은 범주라고 할 수 없다. 따라서 '無以爲'는 '無爲'와 같이 성품을 구분하는 기준으로 사용되었으므로 여기서는 '無以爲'가 맞는다고 생각한다.

3. 下德爲之而有以爲

"下德爲之而有以爲"는 한비자, 백서본에는 없다. 왕필본에서 '下德爲之而有以爲'와 '上義爲之而有以爲'로 5개 성품을 구분하는 2개의 기준 無爲(爲之), 無以爲(有以爲)로 볼 때 같게 되어 있다. 그럼에도 불구하고 "失德而後仁, 失仁而後義"로 기술되어 있어 서로 상충한다.

여기서는 5개의 성품의 위계에서 '下德'이 의미를 갖기 위해서는 '下德無爲而有以爲'로 되어야 한다고 생각한다. 주겸지[5]는 경룡비본의 「下德□□而有以爲」에 나오는 해독이 불가능한 두 글자는 「無爲」라고 주장하였다.

4. 上德無爲而無以爲; 下德爲之而有以爲

여기서 無爲(爲之), 無以爲(有以爲), 莫之應은 上德, 下德, 仁, 義, 禮 등으로 5단계로 구분하는 기준으로 사용되었다. 無爲(爲之)에 관한 해석은 대체적으로 같으나, '無以爲' 또는 '有以爲'에 관한 해석은 매우

---

5) 朱謙之,『老子校釋』, 157쪽.

다르다. '無以爲' 또는 '有以爲'에 관한 해석을 어떻게 하였는가에 관해서 몇 가지를 살펴보면 다음과 같다.

『한비자』「해로」[6]에서는 "上仁爲之而無以爲"를 설명하면서 "仁者, 謂其中心欣然愛人也; 其喜人之有福, 而惡人之有禍也; 生心之所不能已也, 生心之所不能已也, 非求其報也. 故曰 上仁爲之而無以爲也(인이란 마음속으로부터 기뻐하며 사람을 사랑함을 말한다. 인자가 타인의 행복을 기뻐하며 타인의 재화를 증오하는 것은, 그 마음속에서 저절로 생겨나 멈출 수 없는 것이지 그 보답을 바라고 그러는 것이 아니다. 그리하여 노자는 말하기를 최상의 인은 그것을 행하여도 고의로 하는 것이 아니다 라고 말한 것이다)"라고 하여 '無以爲'를 '그것을 통하여 고의로 무엇인가를 하려고 하지 않는 것'이라는 의미로 풀이하였다.

임희일은[7] "'以'者, '有心'也. '無以爲', 是'無心而'爲之'也. 下德之'有以爲', 則'爲容心矣('以'는 '유심有心'이다. "무이無以로 행한다"는 '무심無心으로 행한다'는 것이다. 하덕의 '유이有以로 행한다'는 곧 어떤 마음을 품고 행한다)라고 하여, '無以爲'는 '무심으로 행한다', '有以爲'는 '어떤 마음을 품고 행한다'라고 풀이하였다.

김충렬은[8] 無以爲는 '어떤 결과에 대해 미리 목적의식을 갖고 하지 않는다'라고 해석하여 '無爲'와 유사한 의미로 해석하였다.

이렇게 한비자, 임희일, 김충렬에 따라 '無以爲'와 '有以爲'를 해석하면, '上德無爲而無以爲', '下德爲之而有以爲', '上義爲之而有以爲'에 의미의 중복은 있어 해석에는 문제가 없으나, '上仁爲之而無以爲'은 제대로 해석할 수 없다. '上仁爲之而無以爲'을 위와 같은 방식으로 해석하면,

---

6) 韓非 지음, 이운구 옮김, 『한비자Ⅰ』, 278-279쪽.
7) 林希逸 지음, 김만겸 주역, 앞의 책, 181쪽.
8) 김충렬(1995), 앞의 책, 191-192쪽.

'상인의 사람은 행하되 무심으로 행한다'가 된다. 여기서 '爲'는 無爲의 반대말로 '자연적인 상태에 맡기지 않고 인위적인 것을 더하는 것', 즉 '無爲'가 '하고자 함이 없는 것'이라면 '爲'는 '하고자 함이 있는 것'으로 해석할 수 있다. 그러면 '상인은 하고자 함이 있으면서 무심으로 행한다'는 서로 배반적이므로 '無以爲'는 '무심으로 행한다'라고 해석할 수 없다. '無爲(爲之)', '無以爲(有以爲)'가 5개의 성품을 구분하는 기준으로 사용하기 위해서는 '無爲'와 '無以爲'는 서로 중복되지 않고 독립적이어야 한다.

이에 관해 김충렬[9]은 '解老'에 제시된 '上德無爲而無不爲'가 맞다는 이유를 제시하면서 "'無爲'인데, 무슨 무이위無以爲니 유이위有以爲니 하는 말이 필요하겠는가? 넓게 보면 無以爲는 결국 無爲와 같은 범주에 속하는 말로 군더더기에 불과하다는 것이다"라고 하였다. 또한 허항생許抗生[10]은 "既讲 無为又讲无以为(无目的而为), 文义不相属, 帛书与通行本疑皆有誤(이미 무위無爲를 말하고 또 무이위無以爲를 말하는 것(목적 없이 하다)은 의미가 통하지 않는다. 백서본과 현행본은 모두 오류가 있는 것 같다"라고 하였다.

『도덕경』에서 '無以+동사'는 38장 이외에 39장에서 6회[11] 출현하고[12], 75장에 1회[13] 출현하는데, '無以'의 뒤에 동사가 나오면 '동사할 수 없다'라고 해석하며[14], '無以'의 뒤에 명사가 나오면 '명사가 없

---

9) 위의 책, 192쪽.
10) 許抗生,『帛書老子注译与研究』, 6쪽.
11) 天無以清將恐裂, 地無以寧將恐發, 神無以靈將恐歇, 谷無以盈將恐竭, 萬物無以生將恐滅, 侯王無以貴高將恐蹶。
12) 78장의 '以其無以易之'는 '以其無+以易之'로 '無以+동사'의 형태가 아니다.
13) 夫唯無以生爲者
14) 『禮記』「제4 檀弓下」: "子路曰: 傷哉貧也! 生無以爲養死無以爲禮也.(부모님이 살아 계실 때에는 봉양을 할 수 없었고, 돌아가신 뒤에는 예를 행할 수가 없구나)(예기 단궁하편)

다'라고 해석한다.[15]

여기서는 '有以+동사'와 '無以+동사'는 '동사 할 수 있다', '동사 할 수 없다'로 해석하였다. 그러면서 "상덕의 사람은 하고자 함이 없고 하고자 할 수 없으며,"라고 해석했는데, '사람은 하고자 함이 없고'는 현재 상태를 나타내고, '하고자 할 수 없으며,'는 환경이나 시기가 변화한 때에도 그 상태를 유지한다는 의미로 보았다.

5. 無爲(爲之), 無以爲(有以爲), 莫之應

노자는 무위에 의해 자연적이고 자발적으로 실천되는 '上德'에서부터 '下德', '仁', '義'까지로 구분하는 기준을 無爲(爲之), 無以爲(有以爲)이라고 하였으나, '禮'를 구분하기 위해서는 백성의 '對應' 여부를 또 하나의 축으로 사용하였다.

'仁'과 '義'의 사람은 백성들이 대응하는 것에 관심이 없거나, 백성이 항상 대응하는 것으로 해석할 수 있다. 그러나 禮의 사람은 백성들의 대응 여부에 상당한 관심이 있었던 것으로 보아야 한다.

6. 上禮爲之而莫之應, 則攘臂而扔之

"上禮爲之而莫之應, 則攘臂而扔之" 문장에서 생략된 단어를 보충하

---

15) 『孟子』「梁惠王 章句上-4장」: "孟子對曰: 殺人以挺與刃有以異乎? 曰: 無以異也(몽둥이로 사람을 죽이거나 칼로 사람을 죽인다면 다른 점이 있습니까? 다를 것이 없습니다)"

면, "上禮爲之而(爲之)莫之應, 則(上禮)攘臂而扔之(=백성)"가 된다. 즉, '應'의 목적어는 爲之이며, '攘'과 '扔'의 주어는 '上禮'가 되며, '之'는 백성을 가리킨다. 그러면, "상례의 사람은 하고자 함이 있고, 이에 응하지 않으면 소매를 걷어붙이고 잡아당긴다"라고 해석할 수 있다.

7. 上仁爲之而無以爲

"상인은 인을 행한다"라고 해석하는 예도 있는데, 상인은 '仁'을 행하고, 상의는 '義'를 행하며, 상례는 '禮'를 행한다면 '無爲', '無以爲', 그리고 '莫之應'과 같은 기준이 필요 없게 된다.

8. 前識者, 道之華而愚之始

'前識者'를 '~사람'으로 풀이하는 예도 있는데, 계속해서 "道之華而愚之始(도의 겉치레이고 어리석음의 시작이다)"가 이어지므로 '者'는 사람이 아니고 '…이라는 것'이 되어야 한다.

'前識者'에서 '前'은 '시간상으로 앞에', '識'은 '예의와 규범 등에 관한 지식체계', '者'는 제시를 나타내며 '…은(는)'으로 풀이하였다. 따라서 '前識者'는 '앞서 있던 인식체계는'으로 해석하였다. 즉, 예전에 '仁·義·禮·智·信'은 사람이 갖추어야 하는 도리라고 했으나, 그것은 '道'와 '德'을 잃었기 때문에 나오는 것으로 사람이 원초적으로 지켜야 하는 것은 아니라는 것이다.

‘前識’에 관해 최진석·정지욱[16]은 “전식이란 우리가 갖고 있는 선입관 같은 지식체계, 이미 안에서 고정되어 굳어 있는 어떤 사고체계를 말한다”라고 하였으며, 최진석[17]은 “앞서 있는 인식체계”라고 하였다.

‘前識者’는 그 하나의 일례로 ‘禮는 상대편에 대하여 마땅히 지켜야 할 도리’라는 ‘禮’에 대한 인식체계는 잘못되었다는 것이다. 그러므로 ‘禮라는 것은 진실한 마음이 옅은 것이니 세상을 어지럽히는 것 중에서 으뜸이다’라고 일례를 제시한 것이다.

9. 大丈夫

대장부는 사전적 의미로는 ‘건강하고 씩씩한 사나이’를 의미하는데, 여기서 말하는 대장부와는 다르므로 ‘크게 이치를 깨달은 자'로 풀이하였다.

---

16) 成玄英 지음, 최진석·정지욱 옮김, 앞의 책, 403쪽.
17) 최진석, 앞의 책, 305쪽.

제39장
귀함은 천함을 근본으로 삼는다

석 지 득 일 자 昔之得一者**1**。*	옛날에 그것들은 하나를 얻었다.
천 득 일 이 청 天得一以淸,	하늘은 하나를 얻어 맑아졌고,
지 득 일 이 녕 地得一以寧,	땅은 하나를 얻어 편안해졌으며,
신 득 일 이 령 神得一以靈,	신은 하나를 얻어 신령스러워졌고,
곡 득 일 이 영 谷得一以盈,	계곡은 하나를 얻어 채워졌으며,
만 물 득 일 이 생 萬物得一以生**2**,	만물은 하나를 얻어 살아나갔고,
후 왕 득 일 이 위 천 하 정 侯王得一以爲天下貞**3**。	임금은 하나를 얻어 천하를 바르게 다스렸다.
기 치 지 其致之**4**。	그것들은 하나를 얻어 그렇게 된 것이다.
천 무 이 청 天無以淸	하늘이 맑아질 수 없었다면
장 공 렬 將恐裂**5**,	아마 무너졌을 것이고,
지 무 이 녕 地無以寧	땅이 편안해질 수 없었다면
장 공 발 將恐發,	아마 솟아났을 것이며,
신 무 이 령 神無以靈	신이 신령스러워질 수 없었다면
장 공 헐 將恐歇,	아마 사라졌을 것이고,
곡 무 이 영 谷無以盈	계곡이 채워질 수 없었다면
장 공 갈 將恐竭,	아마 말랐을 것이며,
만 물 무 이 생 萬物無以生	만물이 살아나갈 수 없었다면

전제

---

* "昔之得一者,"라고 되어 있다.

장 공 멸 將恐滅,	전 제	아마 멸했을 것이고,
후 왕 무 이 귀 고 侯王無以貴高		임금이 귀하고 높게 될 수 없었다면
장 공 궐 將恐蹶		아마 왕위를 잃었을 것이다.

고 귀 이 천 위 본 故貴以賤爲本,	주 장	그러므로 귀함은 천함을 근본으로 삼고,
고 이 하 위 기 高以下爲基。		높음은 낮음을 밑바탕으로 삼는다.
시 이 후 왕 자 위 是以侯王自謂		이 때문에 임금은 자신을
고 과 불 곡 孤寡不穀6。		고, 과, 불곡이라 부른다.
차 비 이 천 위 본 야 此非以賤爲本邪?		이것은 천함을 근본으로 삼는 것이 아니겠는가?
비 호 非乎?		어찌 아니겠는가?

고 치 삭 예 무 예 故致數輿無輿7。	이 유	왜냐하면 자주 명예를 얻는 것은 명예가 없는 것이기 때문이다.
불 욕 록 록 여 옥 不欲琭琭如玉,		옥처럼 화려한 것을 바라지 않고,
력 력 여 석 珞珞如石8。		돌처럼 투박한 것을 바란다.

1. 昔之得一者

일반적으로 '之'는 어조사로서 수식어와 피수식어 사이에 놓여 명사구를 만드는 역할을 하는 것으로 보고 '昔之得一者'를 '옛날에 하나를 얻은 것'이라고 해석한다. 그러나 '昔'은 '옛날에'를 나타내는 부사, '之'는 3인칭을 나타내는 대사로서 '天, 地, 神, 谷, 萬物, 侯王' 등 6가지를 지칭하는 것으로 '옛날에 그것들은'으로 해석하였다. 이에 관해

논증으로 풀이한 도덕경

이종식[1]은 "옛적에 그들은(之) 하나(道)를 얻었다"라고 번역하여 '之'를 대사로 보았다.

故之와 昔之의 비교

장 \ 구조	주부		술부	
	형용사구 부사	명사 대명사	동사	보어 목적어
14장	古之	善爲士者		微妙玄通
39장	昔	之	得	一者

'一'은 『도덕경』에서 8회 나오는데, 42장에 '道生一'에서 '道'가 생성한 '道'의 하부개념과 이 장의 '得一'을 제외하고 모두 '하나'를 의미하는데, 여기서 '一'은 '道'와 같은 것으로 보았다.

2. 萬物得一以生

일반적으로 '生'의 의미를 '생겨나다'라고 풀이하는데, 그 해답은 "萬物無以生將恐滅"에서 찾아야 한다. 이 문장을 "만물이 생겨나지 않았으면, 아마 멸하였을 것이다"로 해석하면, 만물이 생겨나지 않으면 멸망의 주체가 없으므로 연결이 자연스럽지 못하다. 또한 '萬物' 속에는 '天, 地, 神, 谷, 王' 등이 전부 포함되기 때문에 여기서는 '生'을 '살아나가다'로 풀이하였다.

---

1) 이종식, 『시스템 관점으로 읽는 노자 도덕경』, 306쪽.

3. 侯王得一以爲天下貞

'以爲'는 동사구로 '…를 …로 삼다'가 아니라 '以'는 '…로 말미암아'라는 의미의 전치사이다. 따라서 "임금은 하나를 얻어 천하를 바르게 다스렸다"라고 해석하여야 한다.

4. 其致之

'其'는 '그것들'로 '天, 地, 神, 谷, 萬物, 侯王'을 지칭하며, '致'는 '이루다', '之'는 '淸, 寧, 靈, 盈, 生, 貞'이다. 따라서 "其致之"는 "그것들은 (하나를 얻어) 그렇게 된 것이다"라고 해석하였다.

5. 天無以淸將恐裂

많은 경우 "天無以淸"은 "하늘은 맑아지려고만 하지 않는다", "將恐裂"은 "무너질까 두렵다"라고 해석한다. 그러나 '無以'는 '…할 수 없다'라는 의미이므로 '天無以淸'은 '하늘이 맑아질 수 없었다면,'라고 가정법으로 보아야 한다. "將恐裂"에서 '恐'을 '두려워하다'로 해석하면 "하늘이 장차 무너지는 것을 두려워하다"가 되는데, 하늘은 '恐'의 주체가 될 수 없다. 여기서는 '將'은 부사로서 미래를 나타내고, '恐'을 '아마 공'으로 풀이하여, '아마 무너질 것이다' 혹은, '其致之'가 있으므로 과거 시제로 "아마 무너졌을 것이다"로 해석하였다.

6. 孤寡不穀

'孤'는 '고아 또는 외로운 자', '寡'는 '과부 또는 모자란 자', '不穀'은 '하늘의 보살핌을 잃어버린 자, 또는 착하지 않은 자'로 풀이한다.

7. 故致數輿無輿

일반적으로 '故'는 '그러므로'로 해석하는데, 다음과 같은 이유로 '故'는 '그러므로'가 아니고, '왜냐하면'으로 풀이해야 한다. 첫째, "侯王自謂孤寡不穀. 此非以賤爲本邪?"는 특수한 사항이고, "故致數輿無輿. 不欲琭琭如玉, 珞珞如石"은 일반적인 사항이다. 둘째, "故致數輿無輿. 不欲琭琭如玉, 珞珞如石"은 시간적으로 "侯王自謂孤寡不穀. 此非以賤爲本邪?"보다 선행하기 때문에 "故致數輿無輿. 不欲琭琭如玉, 珞珞如石"은 이유이고 "侯王自謂孤寡不穀. 此非以賤爲本邪?"는 결과이다. 셋째, 이 장에서 '故貴以賤爲本, 高以下爲基. 是以侯王自謂孤寡不穀. 此非以賤爲本邪? 非乎?'는 주장을 나타내며, '故致數輿無輿. 不欲琭琭如玉, 珞珞如石'은 이유를 나타낸다.

따라서 '故'는 '왜냐하면', '致'는 '…에 이르다', '數'은 '자주 삭', '輿(명예 예)'는 '명예'의 의미가 있으므로 "致數輿"는 '자주 명예를 얻는 것'이며, '無輿'는 '명예가 없는 것'의 의미이다. 이렇게 의미를 부여하면 "왜냐하면, 자주 명예를 얻는 것은 명예가 없는 것이다"라고 해석된다.

『莊子』「至樂」[2]편에 "故曰; 至樂無樂, 至譽無譽(지극한 즐거움은 즐거움이 없는 것이고, 지극한 명예는 명예가 없는 것이다)"라고 되어 있어 유사한 의미를 지니고 있다.

8. 不欲琭琭如玉, 珞珞如石

이 문장은 일반적으로 앞에 나오는 '故致數…'의 '故'를 '그러므로'라고 해석하면서 '…하여야 한다' 또는 '…하라'와 같이 번역을 한다.

그러나 "故致數輿…珞珞如石"은 왜 "侯王自謂孤寡不穀" 하는 가를 설명하는 문구이다. 따라서 '故致數…'의 '故'는 '왜냐하면'으로 해석하여야 하며, "侯王自謂孤寡不穀" 하는 가를 설명하는 기능을 하여야 한다.

'珞珞如石' 앞에는 동사가 제시되어 있지 않은데, 일부는 '不欲'이 계속 연결되는 경우, 일부는 '欲'이 생략된 것으로 해석한다. 이에 관해서는 "故致數輿無輿"과 "不欲琭琭如玉, 珞珞如石"의 관계에서 찾을 수 있는데, 백서본[3]에는 두 문장 사이에 "是故(이 때문에)"가 들어가 있으므로 "故致數輿無輿"는 "不欲琭琭如玉, 珞珞如石"의 원인으로 보았다. 따라서 "왜냐하면, 자주 명예를 높이는 것은 명예가 없는 것이다(이 때문에) 다듬은 옥처럼 화려한 것을 바라지 않고, 다듬지 않은 옥돌처럼 투박한 것을 바라기 때문이다"라고 해석하여야 한다. "此非以賤爲本邪"를 근거로 판단할 때 '琭琭'한 것을 바라지 않고 '珞珞'한

---

2)   莊子 지음, 김학주 옮김, 『장자』, 426쪽.
3)   國家文物局, 앞의 책, 3, 89쪽.

것을 바라야 할 것이다. '珞珞如石' 앞의 동사가 '不欲'이라고 하면, '玉'도 아니고 돌도 아닌 중간의 형태를 취하는 것이 되므로 왜 "侯王自謂孤寡不穀" 하는 가를 설명할 수 없다. '珞'은 '구슬 목걸이 락' 또는 '조약돌 력'이라고 읽는데, 여기서는 돌을 의미하므로 '력'으로 읽었다.

제40장

되풀이하는 것이 도의 움직임이다

반자 反者,	이 유	되풀이하는 것은
도지동 道之動;		도의 움직임이고,
약자 弱者,		약한 것은
도지용 道之用[1]。		도의 쓰임새이다.

천하만물 天下萬物	전 제	천하 만물은
생어유 生於有,		유에서 생겨나고,
유 有		유는
생어무 生於無[2]。		무에서 생겨난다.

1. 反者, 道之動; 弱者, 道之用

『도덕경』에서 '反'은 25장[1])에서는 '되돌아온다', 65장[2])과 78장[3])에서는 '상반된다'라는 의미로 사용되었다. 이 장에서 사용된 '反'은 일반적

---

1) 大曰逝, 逝曰遠, 遠曰反。
2) 玄德深矣, 遠矣, 與物反矣, 然後乃至大順。
3) 是以聖人云, 受國之垢, 是謂社稷主; 受國不祥, 是爲天下王。正言若反。

논증으로 풀이한 도덕경

으로 25장에서 사용된 '反'과 같은 의미로 '돌아오는 것' 또는 '돌아가는 것'이라고 풀이한다. 이렇게 풀이하기 위해서는 '萬物'은 '有'에서 생기고, '有'는 '無'에서 생기고, '無'는 다시 '萬物'에서 생긴다는 것이 성립해야 하나 그렇지 않다.

이 문장에서 '反者道之動' 한다는 것은 '天下萬物生於有, 有生於無' 하는 것에서 끌어낸 것으로 '反者'는 無에서 有, 有에서 萬物이 생겨난다는 것을 의미한다. 따라서 여기서 '反'의 의미는 '되돌아간다'라기보다는 '萬物'은 '有'에서 생기고, '有'는 또다시 '無'에서 생긴다는 것으로 도의 움직임은 '無 ⇨ 有 ⇨ 物'과 같이 되풀이하면서 전개하는 것을 의미한다. 이와 유사하게 되풀이하는 표현은 42장에 '道生一, 一生二, 二生三, 三生萬物'에서 사용되었다. 백서본[4]에는 40장이 42장의 '道生一, 一生二, 二生三, 三生萬物.'의 앞에 놓여 있다.

고형은[5] "反, 施也, 循環之義(反은 전轉하다[6], 순환한다는 뜻이다)"라고 풀이하였다. 여기서 反은 끊이지 않고 순환하는 것을 의미한다.

또한 '弱者, 道之用'은 '萬物'이 보다 연약한 '有'에서 생겨나고, '有'는 보다 연약한 無에서 생겨난다는 것을 의미한다.

2. 有生於無

이 장에서 '有는 無에서 나온다'라고 하였다. '無와 有'는 1장에 '此兩者同, 出而異名'에서 '兩者'를 '無와 有'로 보는 경우와 2장에서 '有無相

---

4) 國家文物局, 앞의 책, 3쪽.
5) 高亨, 앞의 책, 91쪽.
6) 민중서림 편집국 편, 『漢韓大字典』, 960쪽.

生'에 나온다. 따라서 1장에서 '此兩者, 同出異名' 또는 '此兩者同, 出而 異名'으로 해석하더라도 '兩者'는 '無와 有'는 될 수가 없다.

또한 2장에서 '有無相生'에서 '無와 有는 서로를 낳는다'라는 것은 성립할 수 없으므로 '無와 有는 서로를 살린다'라고 해석하여야 한다.

제41장
도만이 잘 베풀고 또한 이루게 한다

상 사 문 도 上士聞道,		높은 수준의 선비는 도를 들으면
근 이 행 지 勤而行之;		부지런히 닦고 실천한다.
중 사 문 도 中士聞道,		중간 수준의 선비는 도를 들으면
약 존 약 망 若存若亡¹;	이 유	마음속에 간직하는 것 같기도 하고 잊어버리는 것 같기도 한다.
하 사 문 도 下士聞道,		낮은 수준의 선비는 도를 들으면
대 소 지 大笑之,		크게 비웃는데,
불 소 부 족 이 위 도 不笑不足以爲道。		비웃지 않으면 도라고 하기에 부족하다.

고 건 언 유 지 故建言有之²:		왜냐하면, 다음과 같이 전해오는 말이 있기 때문이다.
명 도 약 매 明道若昧,		밝은 도는 어두운 것 같고,
진 도 약 퇴 進道若退,		나아가는 도는 물러나는 것 같으며,
이 도 약 뢰 夷道若纇。	전 제	평평한 도는 울퉁불퉁한 듯하다.
상 덕 약 곡 上德若谷³		상급의 덕은 궁핍한 것 같고,
태 백 약 욕 大白若辱,		매우 깨끗함은 더러움 같으며,
광 덕 약 부 족 廣德若不足,		넓은 덕은 부족한 것 같고,
건 덕 약 투 建德若偸⁴,		세운 덕은 훔친 것 같으며,

질 진 약 투 質眞若渝5。		바탕이 진실한 것은 변하는 것 같다.
대 방 무 우 大方無隅6		큰 모서리는 모퉁이가 없고,
대 기 만 성 大器晚成7,	전 제	큰 그릇은 이루어지지 않으며,
대 음 희 성 大音希聲,		큰 소리는 들리지 않고,
대 상 무 형 大象無形。		큰 형상은 모습이 없다.
도 은 무 명 道隱無名,	주 장	도는 드러나지 않아 이름이 없고
부 유 도 선 대 차 성 夫唯道善貸且成8。		무릇 도만이 잘 베풀고 또한 이루게 한다.

1. 若存若亡

　일반적으로 의역해서 반은 믿고 반은 의심하는 뜻의 '반신반의', 그런지 그렇지 않은지 분명하게 알지 못한다는 뜻의 '긴가민가'라고 해석한다. 고형[1]은 이에 관해 "若猶或也. 留於心謂之存, 去於心謂之亡(약若은 혹或과 같다. 마음에 머무르는 것을 존存이라고 하고, 마음을 떠나는 것을 망亡이라고 한다)"이라고 풀이하였다. 여기서는 '存'은 '마음속에 간직하다,' '亡'은 '잊어 버린다,' '若'은 '(마치)와 …같다'라고 풀이하였다.

---

1)　高亨, 앞의 책, 92쪽.

　　　　　　　논증으로 풀이한 도덕경

2. 故建言有之

'故'는 일반적으로 '그러므로'라고 풀이한다. 죽간을본[2], 백서을본[3]에는 '是以'라고 기술되어 있다. 그러나 '建言有之 … 大象無形'은 일반적인 사항이고, '下士聞道 … 不足以爲道'는 '道'를 들었을 때 하급의 선비가 반응하는 특수한 사항이다. 따라서 '下士聞道 … 不足以爲道'하므로 '建言有之 … 大象無形' 하는 것이 아니라, '建言有之 … 大象無形'이라는 옛말(建言)이 있으므로 '上士聞道 … 不足以爲道'라는 행위를 이해할 수 있다는 것이다. '故建言有之'에서 '之'는 '明道若昧 … 大象無形'를 가리키며 "下士聞道, 大笑之, 不笑不足以爲道"의 이유를 설명하고 있다.

'故建言有之'에서 '故'는 '왜냐하면', '建言'은 '立言'으로 '후세에 교훈이 될 만한 말', '之'는 대사로서 '明道若昧 … 大象無形'를 가리킨다. 임희일은[4] "建言者, 立言也, 言自古立言之士有此數語(건언이란 입언이다. 예로부터 입언하는 선비에게서 이런 여러 가지 말이 있었음을 말한다)"라고 풀이하였다. 따라서 "왜냐하면, 다음과 같이 전해오는 말이 있기 때문이다"라고 해석하였다. '道'라고 하기에 충분한 것은 웃어넘기는 것과 같으므로 '비웃지 않으면 도라고 하기에 부족하다'라는 것을 이해할 수 있다는 것이다.

---

2) 최재목, 앞의 책, 244쪽.
3) 國家文物局, 앞의 책, 89쪽.
4) 林希逸 지음, 김만겸 주역, 앞의 책, 192쪽.

3. 上德若谷

일반적으로 '상덕은 골짜기 같으며'라고 해석하는데, 이때 골짜기의 의미는 '깊고 텅 비어 있는 것' 또는 '더럽고 탁한 것을 마다하지 않는다'라고 설명한다.

이렇게 해석하면 '上德'과 '谷'은 모두 긍정적인 의미를 지니기 때문에 반어법이 성립하지 않으므로 '谷'은 부정적인 의미가 되어야 한다. 그러므로 '谷'은 '막히다, 곤궁하다'라는 의미가 있으므로 '상급의 덕은 궁핍한 것 같다'라고 해석하였다.

4. 建德若偸

일반적으로 '建德'은 '굳센 덕'으로 풀이하는데, '建德'에 이어서 '若偸'가 연결되기 때문에 '建'의 의미는 '偸(훔치다)'의 의미와 반대가 되어야 한다. 따라서 '세운 덕은 훔친 것 같다'라고 해석하였다. 같은 이유로 '質眞若渝'는 '바탕이 진실한 것은 변하는 것 같다'라고 해석하였다.

5. 明道若昧 ... 質眞若渝

8개의 문장이 상반되는 단어로 구성되어 '긍정적인 것은 부정적인 것과 같다'라고 표현하고 있다. 따라서 '明道(밝은 도) ↔ 昧(어두운 도), 進道(나아가는 도) ↔ 退(물러나는 도), 夷道(평평한 도) ↔ 纇(울퉁불퉁한 도), 上德(상급의 덕) ↔ 谷(궁핍한 덕), 大白(매우 깨끗함) ↔ 辱(더러움), 廣德(넓은 덕) ↔ 不足(부족한 덕), 建德(세운 덕) ↔ 偸(훔친 덕), 質眞(바탕이 진실한 것) ↔ 渝(바탕이 변하는 것)'과 같은 관계가 성립해야 한다.

6. 大方無隅

方(모 방)은 '모서리', '방정한 것', '모난 것', '사각형', '네모' 등으로, 隅(모퉁이 우)는 '모서리', '모퉁이', '구석진 곳' 등으로 해석한다.

여기서 '方'은 물체의 모가진 가장자리의 의미인 '모서리', '隅'는 변두리나 구석진 곳을 의미하는 '모퉁이'로 해석하였다. 그리고 '大方'은 각을 이루는 선의 길이가 긴 모서리로 것으로 해석하였다.

7. 大器晩成

일반적으로 "큰 그릇은 늦게 이루어진다"라고 해석하는데 전후에 나오는 "大方無隅, 大音希聲, 大象無形"과 내용을 일치시키기 위하여 '큰 그릇은 이루어지지 않는다'라고 번역하였다. 백서을본[5]에는 "大器免成(큰 그릇은 완성됨이 없으며)"으로 기술되어 있다.

---

5) 國家文物局, 앞의 책, 89쪽.

8. 夫唯道善貸且成

백서갑본[6]에는 "善始且善成(잘 시작하고 잘 이룬다)"이라고 되어 있다.

제42장
사나운 사람은 제명에 죽지 못한다

도 생 일 道生一,		도는 하나를 낳고,
일 생 이 一生二,		하나는 둘을 낳고,
이 생 삼 二生三,	전 제	둘은 셋을 낳고,
삼 생 만 물 三生萬物[1]。		셋은 만물을 낳는다.
만 물 부 음 이 포 양 萬物負陰而抱陽,		만물은 음을 등에 지고 양을 끌어안아
충 기 이 위 화 沖氣以爲和[2]。		기를 부딪쳐 조화를 이룬다.

인 지 소 오 人之所惡,		사람들이 싫어하는 것은
유 고 과 불 곡 唯孤寡不穀[3],		고, 과, 불곡이지만,
이 왕 공 이 위 칭 而王公以爲稱[4]。	이 유	임금과 제후는 자신의 호칭으로 삼는다.
고 물 故物,		왜냐하면, 만물은
혹 손 지 이 익 或損之而益,		간혹 덜어내는 것이 더하는 것이 되고,
혹 익 지 이 손 或益之而損[5]。		간혹 더하는 것이 덜어내는 것이 되기 때문이다.

인 지 소 교 人之所敎,		다른 사람들이 가르치는 것을
아 역 교 지 我亦敎之。	주 장	나 역시 가르친다.
강 량 자 부 득 기 사 强梁者不得其死,		강하고 사나운 사람은 제명에 죽지 못하는데,

오 장 이 위 교 부 吾將以爲敎父⁶。	주 장	나는 앞으로 이것을 가르침의 으뜸으로 삼으려고 한다.

1. 道生一, 一生二, 二生三, 三生萬物

"道生一 … 三生萬物"은 40장의 "反者, 道之動"과 같이 만물이 생성할 때 되풀이하는 과정으로 파악하였다.

2. 沖氣以爲和

'以'는 전치사로서 뒤에 나오는 행위의 수단을 나타내어 '…하여'라고 풀이한다. 일반적으로 '沖氣'는 '비어 있는 기운'으로 풀이하나 여기서는 '沖氣'를 '爲和'의 수단으로 보았으므로 '陰氣'와 '陽氣'가 부딪치는 것으로 풀이하였다.

3. 唯孤寡不穀

여기서 '唯'는 부사로서 어떤 범위에 한정됨을 나타내는 '오직'의 의미가 아니라, 접속사로 양보를 나타내어 '비록 …이지만'의 의미이다. 따라서 "사람들이 싫어하는 것은 고, 과, 불곡이지만"이라고 해석하였다.

논증으로 풀이한 도덕경

4. 王公以爲稱

'以 X 爲 Y'는 'X를 Y로 삼는다'라고 풀이하는데, 이 문장에서는 '以'의 뒤에 '孤寡不穀'이 생략된 것이다. 따라서 온전한 문장은 "王公以孤寡不穀爲稱"이다.

5. 故物, 或損之而益, 或益之而損

여기서 "人之所惡, 唯孤寡不穀, 而王公以爲稱"은 특수한 상황으로 결과이고, "物或損之而益, 或益之而損"이 일반적인 상황으로 이유이기 때문에 '故'는 '그러므로'가 아니고, '왜냐하면'으로 풀이해야 한다.

6. 敎父

'父'는 '시작'을 의미하는 '교보'라고 읽는 예도 있는데, 여기서는 '으뜸'이라는 의미로 '교부'라고 읽었다.

| 천 하 지 지 유
天下之至柔[1], | 이
유* | 세상에서 가장 부드러운 것이 |
| 치 빙 천 하 지 지 견
馳騁天下之至堅。 | | 세상에서 가장 굳은 것을 파고들어 간다. |

| 무 유
無有 | 근
거 | 일정한 생김새가 없는 것은 |
| 입 무 간
入無閒[2].** | | 틈새가 없는 곳에 들어간다. |

오 시 이 지 무 위 지 유 익 吾是以知無爲之有益。	주 장	나는 이 때문에 무위가 이롭다는 것을 안다.
불 언 지 교 무 위 지 익 不言之敎無爲之益***,		무위의 이로움을 말없이 가르치는 것에
천 하 희 급 지 天下希及之[3]。		이르는 사람은 세상에서 드물다.

1. 天下之至柔, 馳騁天下之至堅. 無有入無閒

일반적으로 "天下之 … 之至堅"과 "無有入無閒"은 둘 다 뒤에 나오

---

* 이종상·이동아(2021), 「『도덕경』의 논증 구조 분석」에는 이유-근거-주장-전제로 구분하였으나, 주장과 전제를 합쳐서 주장으로 하였다.

** "天下之至柔, 馳騁天下之至堅, 無有入無閒."이라고 되어 있다. "無有入…無閒"은 '吾是以知無爲之有益' 라고 생각할 수 있는 근거에 해당하므로 앞에 마침표 '.'를 사용하였다. 진고응과 같다.

*** "不言之敎, 無爲之益."이라고 되어 있다. "無爲之益"은 '敎'의 목적어로 보았다.

는 "吾是以 … 之有益"의 이유로 해석하고 있으나, "無有入無間"은 노자가 자연 현상을 관찰한 것이고, "天下之 … 之至堅"은 자연 현상으로부터 유추한 결과이다.

2. 無有入無間

'無有'는 주어, '入'은 동사, '無間'은 목적어이다. '無'는 '有'와 '間'을 수식하는 형용사로 있지 않음을 나타내어 '없다'로 풀이하였다. 이렇게 보는 경우 '有'는 '경계가 되는 구역'으로 '無有'는 '일정한 생김새가 없는 것'이다. 여기서 '無有' 한 것은 '至柔'이고 '無間' 한 것은 '至堅'이다. 정리하면 "일정한 생김새가 없는 것은 틈이 없는 곳에 들어간다"라고 해석할 수 있다.

이와 유사한 표현은 78장에 "其無以易之"가 나오는데, 그것은 "물은 일정한 생김새가 없어 바꾸기 때문이다"라는 것과 유사한 표현이다. 백서갑본[1]에는 "无有入於无間", 하상공본[2]에는 "無有入於無間"으로 '於'가 있다.

3. 不言之敎無爲之益, 天下希及之

일반적으로 "天下希及之"의 '之'가 가리키는 것은 '不言之敎'와 '無爲

---

1) 國家文物局, 위의 책, 3쪽.
2) 河上公 저, 이석명 옮김, 위의 책, 273쪽.

之益'으로 '及'의 목적어로 해석한다. 그러나 '及' 하는 것은 행위이지, 행위의 결과로 일어날 수 있는 상태가 아니다. 따라서 '不言之教'는 '及'의 목적어가 될 수 있으나, '無爲之益'은 될 수 없다. 만약 '無爲'이라면 '及'의 목적어가 될 수 있다. 또한 앞에서 노자는 "天下之至柔, 馳騁天下之至堅. 無有入無間"인 것을 관찰하고 자신은 '無爲之有益'을 안다고 하였기 때문에 '無爲之益'은 앎의 대상이 되지만 '及'의 대상은 될 수가 없다.

노자 자신은 '無爲之有益'을 아는데 이것을 말없이 가르치는 것은 매우 어렵다는 것이다. '不言之教'는 의도적으로 무엇을 가르치기보다는 그 현상을 보고 스스로 깨닫는 것을 의미한다. 일반적인 사람들이 위에서 제시한 자연현상(天下之至柔, 馳騁天下之至堅. 無有入無間)을 보고 '無爲之益'의 이치를 '不言之教' 하기는 어렵다는 것이다. '無爲之益'은 '教'의 목적어이다.

제44장

그침을 알면 오래갈 수 있다

명 여 신 숙 친 名與身孰親?	전 제	명예와 몸 중 어느 것이 더 가까운가?
신 여 화 숙 다 身與貨孰多[1]?		몸과 재물 중 어느 것이 더 귀중한가?
득 여 망 숙 병 得與亡孰病[2]?		얻는 것과 잃는 것 중 어느 것이 더 해로운가?

시 고 是故	이 유	이런 까닭에
심 애 필 대 비 甚愛必大費,		지나치게 사랑하면 반드시 큰 대가를 치르고,
다 장 필 후 망 多藏必厚亡[3]。		많이 쌓아 두면 반드시 크게 망한다.

지 족 불 욕 知足不辱,	주 장	만족함을 알면 모욕을 당하지 않고,
지 지 불 태 知止不殆[4],		그침을 알면 위태롭지 않아
가 이 장 구 可以長久。		길고 오래 갈 수 있다.

1. 名與身孰親? 身與貨孰多?

명예, 재화 등과 자신의 몸 중에 무엇이 더 가깝고 귀중한가? 그것은 몸이 더 가깝고 귀하다는 것이다. 그러므로 몸을 지켜야 하므로 명예, 재화를 너무 추구해서는 안 된다는 것이다.

2. 得與亡孰病

일반적으로 得의 목적어는 '名과 貨', '亡'의 목적어는 '身'으로 풀이
하는데, 이렇게 풀이하면 "名與身孰親? 身與貨孰多?"의 의미와 중복되
게 되며, 재화나 명성을 얻는 것과 몸을 잃는 것 중에서 어느 것이
해로운가 하는 것은 너무 자명하다. 또한, 그 뒤에 오는 "是故, 甚愛必
大費, 多藏必厚亡"과 연결이 되지 않는다.

따라서 '得과 '亡'의 목적어는 똑같이 '名'과 '貨'가 되어야 한다. "몸보
다 덜 귀중하고 소중한 재물은 얻는 것과 잃는 것 중 어느 것이 더
해로운가?"에 관한 물음이다. 그 대답은 뒤에 오는 문장에서 "是故,
甚愛必大費, 多藏必厚亡"이라고 하였으므로 명예와 재화를 얻은 결과
는 크게 망하고 큰 대가를 치를 수 있으나, 명예와 재화를 잃어버린
결과는 크게 망하거나 큰 대가를 치르지 않는다는 것이다. 따라서
명예와 재화를 잃는 것보다 얻는 것이 더 해롭다는 것이다.

3. 是故甚愛必大費, 多藏必厚亡

일반적으로 '愛'와 '藏'의 목적어를 구분해서 해석하지 않는데, 이 장
은 '身'과 '名, 貨'와 비교하고 있으므로 '愛'의 목적어는 '名'이고 '藏'의
목적어는 '貨'로 보아야 한다. "지나치게 (명예를) 사랑하면 반드시 큰
대가를 치르고, (재물을) 많이 쌓아 두면 반드시 크게 망한다"라고 해

논증으로 풀이한 도덕경

석하였다. 죽간갑본[1], 백서갑본[2]에는 '是故' 두 글자가 없다.

4. 知足不辱, 知止不殆

'知足'의 목적어를 '名'과 '貨'라고 하면 그 풀이는 스스로가 名과 貨에 대하여 만족하고 있다는 것을 안다는 것이다. 그러면 당연히 名과 貨를 더 얻기 위한 노력을 멈추는 것은 당연하므로 '知止不殆'는 필요 없는 문장이 된다. 따라서 '足'의 목적어는 '명예를 얻는 것'이고, '止'의 목적어는 '재화를 축적하는 것'이다. 죽간갑본[3], 백서본[4]은 '知足' 앞에 '故'자가 들어 있다.

---

1) 최재목, 앞의 책, 206쪽.
2) 國家文物局, 앞의 책, 3쪽.
3) 최재목, 앞의 책, 207쪽.
4) 國家文物局, 앞의 책, 3, 90쪽.

제45장

맑고 고요함이 천하를 바르게 한다

대 성 약 결 大成若缺,	전 제	크게 이루어진 것은 모자란 듯하지만
기 용 불 폐 其用不弊;		그 쓰임새는 끝이 없다.
대 영 약 충 大盈若沖,		가득 찬 것은 빈 듯하지만
기 용 불 궁 其用不窮。		그 쓰임새는 다함이 없다.
대 직 약 굴 大直若屈,		완전히 곧은 것은 굽은 듯하고,
대 교 약 졸 大巧若拙,		뛰어난 기교는 서투른 듯하며,
대 변 약 눌 大辯若訥。		아주 잘하는 말은 어눌한 듯하다.
조 승 한 정 승 열 躁勝寒, 靜勝熱[1],	주 장	조급함은 추위를 이기고, 고요함은 더위를 이기지만,
청 정 위 천 하 정 淸靜爲天下正[2]。		맑고 고요함이 천하를 바르게 한다.

1. 躁勝寒, 靜勝熱

　사람들이 추우면 몸을 움츠리는데 오히려 움직이면 추위를 이길 수 있고, 더우면 허겁지겁하게 되는데 고요하면 더위를 이길 수 있다는 것이다. 일반적으로 '躁勝寒, 靜勝熱'과 '淸靜爲天下正'을 순접으로

풀이하나 추위나 더위를 극복하는 것과 천하를 바르게 하는 것은 차
원이 다르므로 역접으로 보아야 할 것이다.

2. 淸靜爲天下正

일반적으로 "맑고 고요함이 천하의 우두머리(주인)가(이) 된다"라고
풀이하는데, '爲'를 '이다, 되다'라고 풀이하면 "躁는 寒을 이기고, 靜은
熱을 이긴다"라는 문장 구조와 다르게 된다. 또한 앞에서 제시한 '躁'
와 '靜'은 '寒'과 '熱'을 일시적으로 해결할 수 있으나, 천하를 바르게 하
기 위해서는 '淸靜'이 필요하다는 것이다. 따라서 "맑고 고요함이 천
하를 바르게 한다"라고 해석하였다.

이와 유사한 문장은 39장에서 "侯王(得一以)爲天下貞"이 나오는데, 이
때는 "후왕은 (하나를 얻어) 천하를 바르게 다스렸다"라고 해석하였다.

백서갑본[1]에는 "淸靜可以爲天下正"로 기술되어 있어 "맑고 고요함
이 천하를 바르게 할 수 있다"라고 해석할 수 있다. 이에 관해 이석명
[2]은 "맑고 고요해야만 세상의 우두머리가 될 수 있다", 김홍경[3]은
"맑고 고요해야만 천하의 주인이 될 수 있다"라고 하여 '正'을 우두머
리로 번역하였다.

---

1) 國家文物局, 앞의 책, 3쪽.
2) 이석명(2020), 앞의 책, 430쪽
3) 김홍경, 앞의 책, 174쪽.

제46장
만족함을 아는 만족이 한결같은 만족이다

천하유도 天下有道,	전제	세상에 도가 있으면
각주마이분 卻走馬以糞[1];		전쟁에 쓰던 말을 되돌려 보내 거름을 나르게 한다.
천하무도 天下無道,		세상에 도가 없으면
융마생어교 戎馬[2]生於郊。		말이 전쟁터에서 새끼를 낳는다.

화막대어부지족 禍莫大於不知足,	이유	만족함을 모르는 것보다 더 큰 재난은 없고,
구막대어욕득 咎莫大於欲得[3]。		얻고자 하는 욕심보다 더 큰 재앙은 없다.

고 지족 지족 故知足之足,	주장	만족함을 아는 만족이
상족의 常足矣[4]。		한결같은 만족이다.

1. 卻走馬以糞

'以'는 부사로서 뒤에 나오는 행위가 앞의 행위를 계속하는 것을 나타낸다. "말을 되돌려 보내 거름을 나르게 한다"라고 해석하였다.

---

* "咎莫大於欲得,"이라고 되어 있다. "故知足之足, 常足矣"는 주장에 해당하므로 앞에 마침표를 사용하였다. 고형과 같다.

논증으로 풀이한 도덕경

2. 走馬, 戎馬

김경수[1]는 '走馬'란 군마로 쓰기에 적합한 수컷 말, '戎馬'는 군마로 쓰기에 적합하지 않은 암컷 말이라고 하였다. '戎馬'가 전쟁터(국경, 교외)에서 새끼를 낳는다는 것은 빈번한 전쟁으로 인해 '走馬'가 부족해져서 군마로 쓰기에 부적합한 새끼 밴 암말마저 군마로 사용했다는 것을 의미한다.

3. 禍莫大於不知足, 咎莫大於欲得

일반적으로 '禍'는 '화', '咎'는 '허물'로 번역하는데, 사전적 의미로 '禍'는 '재앙과 환난'이고, 허물은 '잘못 저지른 실수'이다. 그러나 '欲得'은 '不知足' 한 후에 생기기 때문에 '不知足'보다는 '欲得'으로 인한 폐해가 더 커야 한다. 따라서 '咎'가 '禍'보다는 더 나쁜 것이어야 하므로 '禍'는 '재난', '咎'는 '재앙'으로 풀이하였다.

죽간갑본[2]에는 "罪莫厚乎深欲(지나친 욕심보다 더 무거운 죄는 없다)", 백서본[3], 하상공본[4]에는 "罪莫大於可欲(욕심을 갖는 그것보다 더 큰 죄는 없다)"가 "禍莫大於不知足" 앞에 추가되어 있다.

1) 김경수, 『노자역주』, 571쪽.
2) 최재목, 앞의 책, 96쪽.
3) 國家文物局, 3-4, 90쪽.
4) 河上公 저, 이석명 옮김, 앞의 책, 283쪽.

4. 故知足之足, 常足矣

道가 있는 경우에는 만족할 줄 알기 때문에 평화롭고, 道가 없는 경우에는 만족할 줄 모르는 욕심 때문에 전쟁을 하게 된다. 그러므로 만족하고 욕심이 없는 것이 가장 최상인데, 그것은 욕구가 충족되었기 때문에 발생하는 만족이 아니라, 욕심을 버려서 자기가 만족하다고 느낌으로써 생기는 만족이다.

제47장

성인은 하지 않고 이룬다

불 출 호　　지 천 하 不出戶**1**, 知天下;	전 제	문을 나가지 않고 천하를 알고,
불 규 유　　견 천 도 不闚牖, 見天道**2**。		창밖을 내다보지 않고 하늘의 도를 본다.

기 출 미 원 其出彌遠,	이 유	더욱 멀리 나아가면
기 지 미 소 其知彌少**3**。		아는 것은 더욱 적어질 것이다.

시 이 성 인 是以聖人	주 장	이 때문에 성인은
불 행 이 지 不行而知,		가지 않고 알고,
불 견 이 명 不見而名**4**,		보지 않고 이름을 붙이며,
불 위 이 성 不爲而成**5**。		하지 않고 이룬다.

1. 不出戶, 知天下

　일반적으로 "문밖을 나가지 않아도 천하를 알고"라고 해석하는데, 이렇게 하면 "문을 나가면 언제나 천하를 안다"가 성립해야 한다. 따라서 '도' 자가 들어가서는 안 된다. 또한 '나가다'는 '일정한 지역이나 공간의 범위와 관련하여 '그 안에서 밖으로 이동하다'라는 뜻이므로 '문을 나가지 않아도'가 아니라 '문을 나가지 않고'로 하여야 한다.

2. 不闚牖, 見天道

'闚(엿볼 규)'는 하상공은[1] '窺(엿볼 규)', 왕필[2]은 "「闚」, 通「窺」, 視也(「闚」는 「窺」와 통하며, '보다'라는 뜻이다)"라고 풀이하였다. 여기서는 틈 사이로 보는 것으로 해석하였다.

3. 其出彌遠, 其知彌少

"其出彌遠"에서 '其'는 가정을 나타내는 접속사 '만약'으로, "其知彌少"에서 其는 추측을 나타내는 부사 '아마도'로 풀이하였다. 따라서 "더욱 멀리 나아가면, 아는 것은 더욱 적어질 것이다"라고 해석하였다.

4. 不見而名

名은 사전적 의미로 '이름 붙인다'인데, 그 대상을 훤히 알지 못하

---

1) 河上公 저, 이석명 옮김, 앞의 책, 287쪽.
2) 樓宇烈, 앞의 책, 127쪽.

논증으로 풀이한 도덕경

면 이름을 붙일 수 없다. 따라서 여기서는 '훤히 알다'의 의미로 풀이하였다.

진고응[3]은 '名'을 '明'으로 고쳐야 한다고 하면서 "살펴보지도 않고 천도를 이해하는 것"으로 풀이하였다. 이름을 붙인다는 것은 그 대상에 관하여 훤히 알아야 가능하므로 뜻은 같다고 볼 수 있다.

5. 不爲而成

'不爲'는 일반적으로 '하기는 하되 무위로 하는 것(爲無爲)' 또는 '전혀 하지 않고 만물에 맡기는 것' 등으로 해석한다. 여기서는 41장 "夫唯道善貸且成"과 같이 만물의 본성에 따를 뿐 비록 "하지 않아도 이룰 수 있다"라고 해석하였다. 이렇게 해석해야 '不行', '不見'과 표현에 있어서 일관성을 유지한다.

---

3) 陳鼓應, 앞의 책, 241쪽.

제48장

일을 벌이지 않고 천하를 차지하여야 한다

위 학 일 익 **爲學日益,**		학문하면 날로 더해지고,
위 도 일 손 **爲道日損¹。**	전 제	도를 닦으면 날로 덜어진다.
손 지 우 손 **損之又損,**		덜고 또 덜어서
이 지 어 무 위 **以至於無爲。***		무위에 이른다.

무 위 **無爲**	이 유	무위하면
이 무 불 위 **而無不爲。**		행하지 못하는 것이 없다.

취 천 하 **取天下²**		천하를 차지하려면
상 이 무 사 **常以無事³,**	주 장	항상 일을 벌이지 않아야 하는데,
급 기 유 사 **及其有事,**		일을 벌이면
부 족 이 취 천 하 **不足以取天下⁴。**		천하를 차지할 수 없다.

---

* "以至於無爲,"라고 되어 있다. 진고응과 같다.

논증으로 풀이한 도덕경

1. 爲學日益, 爲道日損

'爲學'과 '爲道'의 주어는 '取天下하고자 하는 자', 동사는 '益'과 '損'이고 목적어는 '有爲'이다. '益'과 '損'의 목적어는 하상공본에는 "日益者, 情欲文飾日以益多(날로 늘어난다는 것은 욕망과 꾸밈이 날마다 많아진다는 뜻이다)"라고 하여 '욕망과 꾸밈'으로 보았으며, 최재목[1]은 "배울 것"이라고 하였다. 그러나 "損之又損, 以至於無爲"라고 하였으므로 損의 목적어는 無爲의 반대인 有爲이어야 한다.

2. 取天下

取는 '다스리다' 또는 '취하다'로 풀이할 수 있는데, "無爲而無不爲"에서 "무위하면 행하지 못하는 것이 없다"라고 하였는데, 천하를 다스리는 것보다는 천하를 얻는 것이 어려우므로 천하를 얻는 것으로 풀이하였다.

3. 取天下常以無事

일반적으로 "천하를 취하려 하면 항상 무사로 하여야 한다"라고 해석한다. 여기서는 '以'는 전치사로서 '…으로써', '常以無事'는 '取天下'하는 방식으로 '항상 無事로써', '取天下'는 '천하를 취하여야 한다'라는

---

1) 최재목, 앞의 책, 230쪽.

것이다.

4. 及其有事, 不足以取天下

'及'은 전치사로서 '조건'을 나타내고, '其'는 어조사로서 강조의 역할로 보았다. 따라서 '일을 벌이면 천하를 차지할 수 없다'라고 해석하였다.

제49장

성인은 천하를 보살피고 백성을 달랜다

	전제	
성인무상심 聖人無常心[1],		성인은 일정한 마음이 없어
이 백 성 심 위 심 以百姓心爲心。		백성의 마음을 자신의 마음으로 삼는다.

	이유	
선자 오선지 善者, 吾善之[2];		옳게 여기는 것을 내가 그것을 옳게 여기고,
불선자 오역선지 不善者, 吾亦善之,		옳게 여기지 않는 것을 내가 그것을 역시 옳게 여기는 것은
덕선 德善[3]。		옳게 여기는 것을 덕으로 여기기 때문이다.
신자 오신지 信者, 吾信之;		믿는 것을 내가 그것을 믿고,
불신자 오역신지 不信者, 吾亦信之[4],		믿지 않는 것을 내가 그것을 역시 믿는 것은
덕신 德信。		믿는 것을 덕으로 여기기 때문이다.

	주장	
성인재천하 흡흡 聖人在天下, 歙歙,*		성인은 세상을 보살피고, 거두고 또 거두며,
위천하혼기심 爲天下渾其心[5, 6]。		세상을 위하여 자신의 마음을 흐리게 한다.
성 인 개 해 지 聖人皆孩之[7]。		성인은 모든 백성을 달랜다.

---

* "聖人在天下歙歙,"이라고 되어 있다. 진고응은 "聖人在天下, 歙歙焉,"이라고 되어 있다.

1. 無常心

'無常心'의 '常'은 형용사로 '일정하다'라는 의미이며, 16장에 나오는 "復命日常"에서 '본성을 회복한다'라는 뜻의 '본성을 회복하는 마음'을 의미하지 않는다. 왜냐하면 '無常心'이란 성인이 백성의 마음을 자신의 마음으로 삼기 위한 전제조건이기 때문이다.

많은 학자가 '無常心'은 '恒无心'으로 써야 한다고 주장하였으며, 백서을본[1]에도 "恒无心"이라고 되어 있다. 그러나 '無常心'은 常心(일정한 마음)을 부정하고, '恒无心'은 '无心(마음이 없음)'을 강조하는데, 백성의 마음을 자신의 마음으로 삼을 수 있는 필요조건은 '언제나 마음이 없음'이 아니고 '한결같은 마음'이 없는 것이기에 '無常心'으로 해석하였다. 이 문장 뒤에 "以百姓心爲心"이 연결되는데, 이에 관해서 일반적으로 "백성의 마음으로 자신의 마음으로 삼는다"라고 해석한다. 이때 백성의 마음이 곧 성인의 마음이 되므로 항상 성인의 마음이 없는 것과 서로 모순되게 된다.

여기서 주장하는 것은 백성의 마음이 변화하므로 성인의 마음도 이에 따라 변화하는 것을 의미하므로 성인이 마음이 없어 백성의 마음에 따라서 변하는 것이 아니라 고정된 마음이 없음으로 성인의 마음이 변하는 것이다.

---

1) 國家文物局, 앞의 책, 90쪽.

논증으로 풀이한 도덕경

2. 善者, 吾善之; 不善者, 吾亦善之

일반적으로 '之'는 '善'의 목적어로서 어떤 것에 대하여 백성이 판단한 '善者(옳게 여기는 사람)'와 '不善者(옳게 여기지 않는 사람)'를 지칭하고, '善'은 '선하게 대한다'라고 해석한다. 그러나 이렇게 해석하면 '백성이 선하게 대하는 사람을 내가 선하게 대하고, 백성이 선하지 않게 대하는 사람도 내가 역시 선하게 대한다'가 되므로 앞에서 "聖人無常心, 以百姓心爲心"과 일치하지 않는다.

따라서 "善者吾善之, 不善者吾亦善之"를 "聖人無常心, 以百姓心爲心"과 일치시키기 위해서는 '백성이 옳게 여기는 것을 내가 옳게 여기고, 백성이 옳게 여기지 않는 것을 내가 옳게 여기지 않는다'가 되어야 한다.

이렇게 해석하기 위해서는 앞의 '之'가 받는 '善者'는 '옳게 여기는 사람'이 아니고 '옳게 여기는 사실'이고, 뒤의 '之'가 받는 '不善者'는 '옳게 여기지 않는 사람'이 아니고 '옳게 여기지 않는 사실'이다.

이렇게 해석하면 "백성이 옳게 여기는 것을 내가 그것을(백성이 옳게 여기는 것)옳게 여기고, 백성이 옳게 여기지 않는 것을 내가 그것을(백성이 옳게 여기지 않는 것) 역시 옳게 여긴다"가 되므로 "백성의 마음을 자신의 마음으로 삼는다"와 일치하게 된다.

이에 관해 권혁인[2]은 "옳게 여긴다면 나도 옳게 여기리라. 옳다고 여기지 않는다면 나도 그렇게 여기리라"라고 번역하여 필자의 번역과 뜻을 같이하고 있다.

---

2) 권혁인, 『노자 맨발로 서울에 오다, 하』, 17쪽.

백서갑본[3])에는 '善者, 吾善之'는 '善者善之'라고 기술되어 '吾'가 없다. 여기서 '吾'는 '聖人'으로 보아야 한다.

3. 德善

생략된 단어를 보충하면 '聖人德善'이 된다. 德은 '덕으로 여긴다'라는 뜻이 있으므로 "성인은 옳게 여기는 것을 덕으로 여긴다"가 된다. 앞에 나오는 문장의 이유를 설명하는 문장이므로 '성인이 옳게 여기는 것을 덕으로 여기기 때문이다'로 해석하였다.

4. 信者, 吾信之; 不信者, 吾亦信之

이 문장에서 생략된 단어를 보충하면 "百姓信者吾信之, 不信者吾亦信之, 聖仁德信"이 된다. 善者의 경우와 같이 해석하면 "백성이 믿는 것을 내가 그것을(백성이 믿는 것) 믿고, 백성이 믿지 않는 것을 나 역시 그것을(백성이 믿지 않는 것) 믿는다, 성인은 믿음을 덕으로 여기기 때문이다"가 된다.

---

3) 國家文物局, 앞의 책, 4쪽.

5. 聖人在天下, 歙歙, 爲天下渾其心

'在'를 '있을 재'로 파악하면 "성인은 천하에 있다"가 되는데, 이러한 표현은 불필요하므로 '在'는 '백성을 보살핀다'라는 의미로 풀이하여야 한다. '歙'은 '거두다'의 의미를 갖는 동사인데, 이때 목적어를 '성인의 의지'로 해석하는 예도 있다. 그러나 이미 '聖人無常心'이라고 하였기 때문에 성인의 의지를 거두는 것은 필요하지 않다. 따라서 '백성의 마음'을 자신의 마음으로 삼기 위해서 '백성의 마음'을 거두고 또 거두는 것이어야 한다.

'渾其心'은 성인이 자신의 마음을 흐리게 하지 않으면 백성의 마음을 자신의 마음으로 삼을 수 없다. 그래서 백성의 마음을 자신의 마음으로 삼기 위해서 자신의 마음을 흐리게 한다는 것이다.

6. 百姓皆注其耳目

왕필본[4]에는 이 구절이 생략되어 있으나, 이 부분에 대하여 왕필은 "百姓各皆注其耳目焉,(백성들은 각기 모두 성인의 귀와 눈에 집중하는데,)"이라고 풀이하였다.

백서갑본[5]에는 "百姓皆屬耳目焉(백성이 모두 성인의 행동에 귀와 눈을 기울이니)" 또한 하상공본[6]에는 "百姓皆注其耳目(백성은 모두 성인의 귀와 눈을 이용하니)"라고 기술되어 있다.

---

4) 樓宇烈, 앞의 책, 130쪽.
5) 앞의 책, 4쪽.
6) 河上公 저, 이석명 옮김, 앞의 책, 295쪽.

글자의 출입이 조금은 차이가 있으나, 그 해답은 그 뒤에 나오는 "聖人皆孩之(성인은 모든 백성을 달랜다)"에서 찾아야 할 것이다. 또한 '屬'은 '따르다', 注는 '모으다'라는 의미가 있어 屬과 注를 같게 풀이하더라도 문제는 없을 것이다. '백성은 모두 성인의 귀와 눈에 집중하니'라고 해석하면 '성인은 모든 백성을 달랜다'와 연결할 수 있다.

7. 聖人皆孩之

'皆'는 부사어로 목적어가 가리키는 사람이나 상황이 모두 어떤 동작이나 행위가 직접적으로 언급하는 대상임을 나타내며, 동사 앞에 쓰여, '모두'로 풀이한다. 따라서 여기서 '皆'는 '之(=백성)'를 수식하는 것으로 보고 '모두 달랜다'라고 해석하였다.

제50장
생을 잘 다스리면 죽음의 자리가 없다

출 생 입 사 出生入死[1]。	근 거	태어나서 죽는다.

생 지 도 십 유 삼 生之徒十有三[2],		삶의 무리가 열에 셋이고,
사 지 도 십 유 삼 死之徒十有三。		죽음의 무리가 열에 셋이다.
인 지 생 동 지 사 지 人之生動之死地[3],	이 유	사람이 살다가 자칫하여 죽음의 자리로 가는 무리도
역 십 유 삼 亦十有三。		역시 열에 셋이다.
부 하 고 夫何故?		무슨 까닭인가?
이 기 생 생 지 후 以其生生之厚[4]。		그것은 더 좋은 삶을 살려고 하기 때문이다.

개 문 선 섭 생 자 蓋聞善攝生者,		들은 바에 의하면, 삶을 잘 다스리는 사람은
육 행 불 우 시 호 陸行不遇兕虎,		산에 가서 외뿔소나 호랑이를 만나지 않고,
입 군 불 피 갑 병 入軍不被甲兵。*	주 장	군대에 들어가서 갑옷을 입거나 병기를 다루지 않는다.
시 무 소 투 기 각 兕無所投其角,		외뿔소가 뿔로 받을 곳이 없고,
호 무 소 조 기 조 虎無所措其爪,		호랑이가 발톱으로 할퀼 곳이 없으며,
병 무 소 용 기 인 兵無所容其刃[5]。		적병이 칼로 찌를 곳이 없다는 것이다.

---

* "入軍不被甲兵,"이라고 되어 있다. 주겸지와 같다.

<ruby>夫<rt>부</rt></ruby> <ruby>何<rt>하</rt></ruby> <ruby>故<rt>고</rt></ruby>? **夫何故?**	전	대체 무슨 까닭인가?
<ruby>以<rt>이</rt></ruby> <ruby>其<rt>기</rt></ruby> <ruby>無<rt>무</rt></ruby> <ruby>死<rt>사</rt></ruby> <ruby>地<rt>지</rt></ruby>。 **以其無死地。**	제	그것은 죽음의 자리가 없기 때문이다.

1. 出生入死

"出生入死"는 이 문장 뒤에 나오는 "生之徒, 死之徒, 人之生動之死地"에 관한 근거로 제시한 것이다. 따라서 '生', '死', '生之死' 등 인생의 전 과정을 포괄할 수 있어야 하므로, 여기서는 '태어나서 죽는다'라고 해석하였다.

2. 十有三

'十有三'은 십분의 삼(3/10)으로 풀이하였다. 왕필은[1] "十有三, 猶云十分有三分(十有三이란 10분에서 3분을 차지한다고 말하는 것과 같다)"라고 풀이하였다.

3. 人之生動之死地

之가 '가다'는 의미의 동사이기 때문에 움직인다는 의미의 '動'은 필

---

1) 樓宇烈, 앞의 책, 135쪽.

논증으로 풀이한 도덕경

요가 없다. 여기서 '動'은 "어쩌다가 조금 이긋나 잘못된다"라는 뜻을 가진 부사 '자칫하여'로 풀이하여야 한다. '人之生'에서 之는 주격조사로 '사람이 살다'가 된다. 따라서 "人之生動之死地"는 "사람이 살다가 자칫하여 죽음의 자리로 간다"라고 해석할 수 있다.

백서[2]에는 "而民生生動皆之死地"라고 되어 있는데, 이석명[3]은 "而民生生動, 皆之死地"으로 끊어 읽어 "삶에 집착해 바동거리다 모두 죽음으로 향하는 무리"라고 번역하였으며, 김홍경[4]은 "而民生生, 動皆之死地"으로 끊어 읽어 "백성들은 살고 또 살려고만 하니 몸을 움직여 사지로 가는 것이"라고 번역하였다. 이에 관해 여기서는 "사람이 살다가 자칫하여 죽음의 자리로 가는 무리"라고 번역했다.

4. 以其生生之厚

"以其生生之厚"는 '夫何故'의 답이며, '人之生動之死地'의 이유인데, 그것은(其) 두터운 삶을(生之厚) 살(生)려고 하기 때문(以)이다.

5. 兵無所容其刃

일반적으로 "병기兵器가 찌르고 들어갈 곳이 없다"라고 풀이하는데, "兕無所投其角"에서 '兕'가 주어로서 '投'의 주체가 되는데, '兵'이 '容'의

---

2) 國家文物局, 앞의 책, 4, 90쪽.
3) 이석명(2020), 앞의 책, 462쪽.
4) 김홍경, 앞의 책, 214쪽.

주어로서 '容'의 주체가 되기 위해서는 '병기'가 아니고 '적병敵兵'이어야
한다.

兕無所投其角과 兵無所容其刃의 비교

주어	동사	목적어	형용사구
兕	無	所	投其角
코뿔소가	없다	곳	뿔로 받을
兵	無	所	容其刃
적병이	없다	곳	칼로 찌를

"兵無所容其刃"에서 주어는 '兵', 동사는 '無'이어야 하며, '容其刃'은
'所'를 수식한다. 여기서 '容'은 "어떤 물건을 그릇 따위에 넣다"라는 의
미로 '찌르다'로 풀이하였다.

논증으로 풀이한 도덕경

제51장
도는 낳아도 소유하지 않는다

도 생 지 덕 휵 지 道生之, 德畜之,	전 제	도가 만물을 낳고, 덕이 만물을 길러주니,
물 형 지 세 성 지 物形之, 勢成之[1]。		만물의 생김새가 드러나고, 기세가 갖추어진다.

시 이 만 물 是以萬物		이 때문에 만물은
막 부 존 도 이 귀 덕 莫不尊道而貴德。	이 유	도를 존중하지 않을 수 없고 덕을 귀하게 여기지 않을 수 없다.
도 지 존 덕 지 귀 道之尊, 德之貴,		도를 존중하고, 덕을 귀하게 여기는 것은
부 막 지 명 이 상 자 연 夫莫之命而常自然[2]。		명령함이 없이 언제나 저절로 그렇게 되는 것이다.

고 도 생 지 故道生之[3],		왜냐하면, 도가 만물을 낳고
덕 휵 지 德畜之;		덕이 만물을 기르기 때문이다.
장 지 육 지 長之, 育之,		자라게 하고, 보살펴 주며,
정 지 독 지 亭之, 毒之,	주 장	우뚝 서게 하고, 치료해 주며,
양 지 복 지 養之, 覆之[4]。		받들어 모시고, 덮어 준다.
생 이 불 유 生而不有,		낳아도 소유하지 않고,
위 이 불 시 爲而不恃,		이롭게 하여도 내세우지 않으며,

_{장 이 부 재} 長而不宰,	_주 _장	자라게 하여도 다스리지 않는데,
_{시 위 현 덕} 是謂玄德。		이를 일러 현덕이라 한다.

1. 物形之, 勢成之

'物'과 '勢'는 주어, '形'과 '成'은 자동사, '之'는 자동사에 쓰여 잠시 쉬는 어귀를 나타내는 것으로 보았다. 따라서 여기서는 '만물의 생김새가 드러나고, 기세가 갖추어진다'라고 해석하였다.

2. 道之尊, 德之貴, 夫莫之命而常自然

일반적으로 "道之尊, 德之貴"는 '道'와 '德'이 주어이고, 之는 어조사, '尊'과 '貴'는 술어로 '도가 존귀하고 덕이 귀한 것'으로 해석하는데, 뒤에 나오는 "夫莫之命"에서 命의 대상이 되는 '之(=道之尊 德之貴)'는 상태가 아니고 행동이어야 한다.

여기서 주어는 만물이고 술어와 목적어가 도치되어 '之'가 들어간 것이며, '夫莫之命' 또한 '夫莫命之'가 도치된 문장이다. 따라서 "萬物尊道, 貴德, 夫莫命之而常自然"으로 "만물이 도를 존중하고, 덕을 귀하게 여기는 것은 명령함이 없이 만물이 언제나 저절로 그렇게 하는 것이다"가 된다.

3. 故道生之, 德畜之

여기서 '故'는 '왜냐하면'으로 풀이해야 한다. 만약 '그러므로'로 풀이하면, 만물이 도를 존중하므로 도가 만물을 낳는 것이 되는데 이는 있을 수 없으며, 도가 만물을 낳기 때문에 만물이 도를 존중하게 되는 것이어야 한다.

4. 長之, 育之, 亭之, 毒之, 養之, 覆之

"長之 … 覆之"의 6개 문구는 '德畜之'를 구체적으로 제시한 것인데, 여기서는 德이 사람이 태어나서 자라며, 성숙하고, 죽는 과정에서 어떻게 도와주는가를 묘사한 것으로 보았다.

제52장
그 빛을 이용하여 밝음을 되돌리면
재앙을 남기지 않는다

천 하 유 시 天下有始,	전 제	천하에 처음이 있었으니,
이 위 천 하 모 以爲天下母。		그것이 천하의 어미가 되었다.

기 득 기 모 旣得其母,		그 어미를 이미 알았으니
이 지 기 자 以知其子¹;		그것으로 그 자식을 알 수 있다.
기 지 기 자 旣知其子,	이 유	그 자식을 이미 알고,
부 수 기 모 復守其母,		다시 그 어미를 지키면
몰 신 불 태 沒身不殆。		죽을 때까지 위태롭지 않다.

색 기 태 폐 기 문 塞其兌, 閉其門²,		구멍을 막고, 문을 닫으면
종 신 불 근 終身不勤。		죽을 때까지 근심이 없다.
개 기 태 제 기 사 開其兌, 濟其事,		구멍을 열고, 일을 더 벌이면
종 신 불 구 終身不救。	주 장	죽을 때까지 구제받지 못한다.
견 소 왈 명 見小曰明,		작은 것을 보는 것을 밝음이라 하고,
수 유 왈 강 守柔曰强。		부드러움을 지키는 것을 강함이라 한다.
용 기 광 用其光,		그 빛을 사용하고

논증으로 풀이한 도덕경

복 귀 기 명 **復歸其明3,**	주 장	그 밝은 상태로 되돌리면,
무 유 신 앙 **無遺身殃,**		몸에 재앙을 남기지 않는데,
시 위 습 상 **是爲習常4.**		이것은 한결같음을 익히는 것이다.

1. 旣得其母, 以知其子

母와 子에 관해서 왕필은[1] "母, 本也. 子, 末也(모母는 근본이다. 자子는 말단이다)", 고형은[2] "母者, 道也. 子者, 天下也, 謂物也(모母는 도이다. 자子는 천하이니, 만물을 말한다)"라고 풀이하였다.

2. 塞其兌, 閉其門

'塞其兌, 閉其門'과 '開其兌, 濟其事'의 결과는 정반대이며, 또한 '塞其兌'와 '開其兌'도 정반대이기 때문에 '閉其門'과 '濟其事'의 의미도 서로 정반대이어야 한다.

兌라는 것은 눈, 귀, 입, 코 등의 구멍을 의미하는데, 이는 4개의 감각기관이다. 우리의 고통의 원인은 욕망인데, 욕망은 감각기관을 통해서 형성된다. 따라서 '塞其兌(開其兌)'는 욕망의 원인이 될 수 있는 감각기관을 닫거나 여는 것으로 파악하였다. '閉其門'은 '감각기관을

---

1) 樓宇烈, 앞의 책, 139쪽.
2) 高亨, 앞의 책, 109쪽.

닫으면 욕망이 생기지 않는데 그 결과 일을 벌이지 않는 것'으로, '濟
其事'는 '감각기관을 열면 욕망이 생기는데, 그 욕망을 채우기 위해서
일을 벌이는 것'으로 해석하였다.

3. 用其光, 復歸其明

'用其光'과 '復歸其明'은 병렬 관계로 해석하는 경우와 '用其光'을 '復
歸其明'의 수단으로 해석하는 경우가 있다. 병렬관계의 경우에는 '그
빛을 이용하고 그 밝음을 되돌리면'으로 해석하고, 수단의 경우에는
'그 빛을 이용해서 그 밝음으로 되돌리면'으로 해석한다.

이에 관한 판단을 위해서는 '光'과 '明'의 관계를 명확히 하여야 한
다. 『도덕경』에서 같은 장에서 '光'과 '明'을 동시에 언급한 것은 이 장
을 제외하고는 없으며, 이 장에서 '光'에 관한 설명은 없고, '明'에 관해
서는 "見小曰明"이라고 "작은 것을 보는 것을 明이라고 한다"라고 정의
하고 있다. 이와 유사한 정의는 16장 "知常曰明", 33장 "自知者明", 55
장 "知常曰明" 등과 같이 明은 '내면에 간직하고 있는 밝음'의 의미로
사용하였다.

光에 관해서는 이 장을 제외하고 4장의 "和其光, 同其塵(도는 그 빛
을 부드럽게 하고 그 티끌과 함께한다)"과 56장의 "和其光, 同其塵(도를 아는
사람은 그 빛을 부드럽게 하고 그 티끌과 함께한다)", 58장의 "光而不耀(성인
은 사물이 빛난다고 어둡게 하지 않는다)" 등 3곳에서 나온다. 따라서 光은
내면의 밝음이 겉으로 표출된 광채 또는 물리적인 빛의 의미로 사용
되었다.

이 장에서 '明'은 '내면에 간직하고 있는 밝음', 光은 '내면의 밝음이

겉으로 나와 표출된 광채'로 '用其光' 하고 '復歸其明' 하는 것으로 보았다.

이에 관해 하상공본[3]에는 "用其目光於外, 視時世之利害也. 言復當返其光明於內, 無使情神泄也(밖을 향해 눈빛을 사용해 세상의 이익과 해로움을 살펴본다. 그 빛을 안으로 되돌려, 정精과 신神이 새지 않게 해야 한다는 말이다)", 감산은[4] "是故學人當用其光, 復其明…(그러므로 배우는 사람은 마땅히 그 빛을 쓰고 그 밝음을 회복하면…)"이라고 풀이하여, 의미는 다르지만 '用其光'과 '復歸其明'은 병렬 관계로 해석하였다.

4. 習常

'習常'은 백서갑본[5], 성현영본[6], 초횡본[7] 등은 '襲常'으로 되어 있는데, '習'은 익히다, '襲'은 '계승하다', '常'은 '영원함', '영원한 도'로 해석한다. 여기서는 '한결같음을 익히는 것'으로 풀이하였다.

---

3) 河上公 저, 이석명 옮김, 앞의 책, 310쪽.
4) 憨山德淸 해, 송찬우 옮김, 앞의 책, 一一三쪽.
5) 國家文物局, 앞의 책, 4쪽.
6) 成玄英 지음, 최진석·정지욱 옮김, 앞의 책, 533쪽.
7) 焦竑, 앞의 책, 3권, 26쪽.

제53장
내가 조금이라도 앎이 있다면 큰길을 갈 것이다

^{사 아 개 연 유 지} **使我介然有知**¹,	주 장	만일 내가 조금이라도 아는 것이 있다면
^{행 어 대 도} **行於大道**,		큰길을 갈 것이고,
^{유 이 시 외} **唯施是畏**²。		오로지 바르지 않은 길로 들어서는 것을 두려워할 것이다.

^{대 도 심 이} **大道甚夷**,	이 유	큰길은 매우 평탄한데
^{이 민 호 경} **而民好徑**³。		백성은 질러가는 길을 좋아한다.

^{조 심 제} **朝甚除**,	근 거	조정은 매우 깨끗하지만,
^{전 심 무} **田甚蕪**,		농경지는 잡초가 우거지고,
^{창 심 허} **倉甚虛**。		창고는 텅 비어 있다.
^{복 문 채} **服文綵**,		아름다운 비단옷을 입고,
^{대 리 검} **帶利劍**,		날카로운 칼을 차며,
^{염 음 식} **厭飮食**,		음식에 물리고,
^{재 화 유 여} **財貨有餘**,		재화는 남아도는데,
^{시 위 도 과} **是謂盜夸**⁴。		이를 일러 도적의 사치라고 한다.
^{비 도 야 재} **非道也哉**!		이는 도가 아니다!

1. 使我介然有知

'使'는 접속사로 가정을 나타내어 '만일', '介'는 '작은 것'을 뜻하는 명사, '然'은 명사 뒤에 놓여 상태를 나타내는 접미사이다. 따라서 "介然"은 부사로 '조금이라도'의 뜻으로 '使我介然有知'는 '만일 내가 조금이라도 아는 것이 있다면'으로 해석하였다.

2. 行於大道, 唯施是畏

'行於大道'에서 於는 '大道에서', '大道를'로 풀이할 수 있다. 그런데, 만약 내가 조그마한 앎이 있다면, 큰길은 갈 수 있으나, 大道를 베풀 수는 없다.

여기서는 使를 이용한 가정법의 문장이기 때문에 "唯施是畏"는 추측의 문장이어야 한다. 만일 나에게 조그마한 앎이 있다면 오로지 샛길로 들어서는 것을 두려워할 것이나 일반 사람들은 잘못된 길로 가는 것을 선택한다는 것이다.

'是'는 21장의 "惟道是從"에서도 나오는데, '是'는 문장의 가운데에 쓰여 동사와 목적어가 도치된 구문에서 동사 앞에 놓여 우리말의 목적격 조사 역할을 한다. 이때 목적어 앞에 '唯', '惟' 등과 같이 범위를 나타내는 단어와 함께 나오는데, 이 경우 '是'는 동사를 강조하는 작용을 하며, '…을'이라고 풀이한다. 따라서 '唯畏施'가 도치된 문장으로 "오로지 바르지 않은 길로 들어서는 것을 두려워할 것이다"라고 해석하였다.

3. 民好徑

일반적으로 '徑'은 '大道'의 반대 의미로 큰길들 사이에 난 작은 길의 의미를 갖는 '샛길'로 번역하는데, 샛길은 지름길의 의미가 없다. 따라서 '지름길로 가다', '질러가다'라고 해석하였다.

4. 是謂盜夸

일반적으로 '盜夸'는 '도적의 우두머리'로 풀이하여 '우두머리'와 같이 꼭대기에 있는 한 사람을 지칭하는데 '服文采, 帶利劍, 厭飮食, 貨財有餘'는 조정에 있는 자들의 행동이다. 여기서 '夸'는 '사치하다'의 의미로 '盜夸'는 '도적의 사치'로 풀이하였다.

한비자[1]와 노자익[2]에는 '도우盜竽'로 기술되어 있다. 따라서 '도적의 우두머리'로 해석할 수 있다.

---

1) 韓非 지음, 이운구 옮김, 앞의 책, 321쪽.
2) 焦竤, 앞의 책, 3권, 28쪽.

제54장
덕이 진실해진 자신을 통해서
타인을 보아야 한다

선 건 자 불 발 善建者[1]不拔,		잘 세운 것은 뽑히지 않고,
선 포 자 불 탈 善抱者不脫,		잘 껴안은 것은 벗어나지 않아서
자 손 이 제 사 불 철 子孫以祭祀不輟。		자손의 제사가 끊어지지 않는다.
수 지 어 신 修之於身[2],		그렇게 자신을 닦으면
기 덕 내 진 其德乃眞[3];		그 덕이 진실해지고,
수 지 어 가 修之於家,		가정을 닦으면
기 덕 내 여 其德乃餘;	전 제	그 덕이 여유로워지며,
수 지 어 향 修之於鄕,		마을을 닦으면
기 덕 내 장 其德乃長;		그 덕이 오래가고,
수 지 어 국 修之於國,		나라를 닦으면
기 덕 내 풍 其德乃豊;		그 덕이 넉넉해지며,
수 지 어 천 하 修之於天下,		천하를 닦으면
기 덕 내 보 其德乃普。		그 덕이 두루 미치게 된다.

고 이 신 관 신 故以身觀身[4],	주 장	그러므로 자신을 통해서 타인을 보고,
이 가 관 가 以家觀家,		가정을 통해서 가정을 보고,

이향관향 以鄉觀鄉,	주 장	마을을 통해서 마을을 보고,
이국관국 以國觀國,		나라를 통해서 나라를 보고,
이천하관천하 以天下觀天下。		천하를 통해서 천하를 보아야 한다.

오하이지천하연재 吾何以知天下然哉?	이 유	내가 왜 천하가 그러한가를 아는가?
이차 以此[5]。		바로 이것 때문이다.

1. 善建者, 善抱者

'善建', '善抱'의 결과는 자손에 의한 제사가 끊이지 않는다고 하였기 때문에 부모의 입장에서 자식을 양육하는 것으로 보았다. '잘 세운 것', '잘 껴안은 것'으로 해석하였다.

2. 修之於身(家, 鄉, 國, 天下)

'之'는 '잘 세우고 잘 품으면 자손의 제사가 끊어지지 않는 것처럼'과 같이 해석하였다. 따라서 "修之於身"은 "그렇게 자신을 닦으면, 그 덕이 진실해진다"라고 해석하였다.

논증으로 풀이한 도덕경

3. 其德乃眞

'乃'는 '곧', '반드시' 등으로 해석하는데, 여기서는 뜻을 강조하는 어조사로 보고 해석하지 않았다.

4. 故以身觀身

"善建者不拔, 善抱者不脫, 子孫以祭祀不輟. 修之於身, 其德乃眞. 故以身觀身"의 문장이 연결되어야 한다. "以身觀身"에서 '以身'은 '자식을 잘 세우고 잘 품는 것과 같이 잘 닦은 진실해진 덕을 가진 자신을 통해서'라고 해석하였다.

5. 以此

"바로 이것 때문이다"는 "善建者 … 不輟"을 의미한다.

제55장
도가 아닌 것은 일찍 그친다

함덕지후 含德之厚,	전 제	덕을 많이 품은 사람은
비어적자 比於赤子。		갓난아이에 비유된다.

봉채훼사불석 蜂蠆虺蛇不螫[1],		벌, 전갈, 살무사, 뱀 등이 쏘거나 물지 않고,
맹수불거 猛獸不據,		사나운 들짐승이 움켜잡지 않으며,
확조불박 攫鳥不搏[2]。		사나운 날짐승이 낚아채지 않는다.
골약근유 骨弱筋柔		뼈는 약하고 근육은 부드럽지만
이악고 而握固,		꽉 쥐고,
미지빈모지합 未知牝牡之合		남녀의 교합을 모르지만
이전작 而全作,	이 유	성기가 온전하게 서는 것은
정지지야 精之至也。		그 정기가 지극하기 때문이다.
종일호 終日號		큰 소리로 종일 울어도
이불사 而不嗄,		목쉬지 않는 것은
화지지야 和之至也。		조화가 지극하기 때문이다.
지화왈상 知和曰常,		조화를 아는 것을 한결같음이라 하고,
지상왈명 知常曰明。*		한결같음을 아는 것을 밝음이라 한다.

---

* "知常曰明."이라고 되어 있다. "知和曰常, 知常曰明."은 바람직한 것, "益生曰祥, 心使氣曰强."은 바람직하지 않은 것이기 때문에 문장을 나누었다. 진고응과 같다.

논증으로 풀이한 도덕경

익 생 왈 상 益生曰祥,		삶을 이롭게 하는 것을 좋은 것이라고 하며,
심 사 기 왈 강 心使氣曰强。		마음이 기운을 부리는 것을 강하다고 한다.
물 장 즉 노 物壯則老3,	주 장	만물이 왕성하면 곧 늙어서 약해지는데,
위 지 부 도 謂之不道4,		이를 일컬어 도가 아니라 하며,
부 도 조 이 不道早已。		도가 아닌 것은 일찍 그친다.

1. 不螫

'螫'은 '쏠 석'이다. 살무사나 뱀은 쏘지 않고 물기 때문에 '쏘거나 물지 않고'라고 번역하였다.

2. 猛獸不據, 攫鳥不搏

백서본[1]에는 "攫鳥猛獸不搏(사나운 날짐승과 들짐승도 후려치지 않는다)"이라고 기술되어 있다.

---

1) 國家文物局, 앞의 책, 4, 90쪽.

3. 益生曰祥, 心使氣曰强. 物壯則老

'益生'은 '생명을 늘리는 것' 또는 '삶을 좋게 하는 것'으로 풀이하는데, 뒤에 나오는 '物壯'의 壯(성하다)과 일치시키기 위해서는 '삶을 좋게 하는 것'으로 풀이해야 한다.

또한 다수의 학자들이 '祥'을 '不祥'으로 해석하여 "益生曰祥"을 "생을 이롭게 덧붙이는 것은 상서롭지 못하다"라고 풀이하는데, 여기서는 '益生'은 노자가 생각할 때 상서롭거나 상서롭지 않은 것이 아니라, 세상 사람들이 "益生을 祥이라고 생각한다"라는 것이다. 따라서 뒤에 나오는 '祥'이나 '强'은 '物壯'을 의미하기 때문에 '祥'은 긍정적인 의미로 풀이해야 한다. 즉, 세상 사람들이 삶에 더 보태려고 하는 것은 상서롭다고 말하지만, 그것은 만물이 장성하게 되는 것으로 곧 늙어서 약해진다는 의미이다.

4. 不道早已

일반적으로 "도가 아닌 것은 일찍 죽는다"라고 해석하는데, 그 앞에 '物壯則老'라는 문구가 나와서 주어가 만물로 되어 있으므로 "道가 아닌 것은 일찍 그친다"라고 해석하였다.

논증으로 풀이한 도덕경

제56장
도는 세상 사람들에 의해서 귀하게 여겨진다

지 자 불 언 知者不言,	전 제	아는 사람은 말하지 않고,
언 자 부 지 言者不知¹。		말하는 사람은 알지 못한다.

색 기 태 　 폐 기 문 塞其兌², 閉其門,		구멍을 막고, 문을 닫으며,
좌 기 예 　 해 기 분 挫其銳; 解其分,*	이 유	날카로움을 무디게 한다. 엉클어진 것을 풀고,
화 기 광 　 동 기 진 和其光, 同其塵,		빛을 부드럽게 하며, 그 티끌과 함께한다.
시 위 현 동 是謂玄同。		이를 일러 현묘함과 같아진다고 한다.

고 불 가 득 이 친 故不可得而親³,		그러므로 가까이할 수 없고
불 가 득 이 소 不可得而疎;		멀리할 수도 없다.
불 가 득 이 리 不可得而利,		이롭게 할 수 없고
불 가 득 이 해 不可得而害;	주 장	해롭게 할 수도 없다.
불 가 득 이 귀 不可得而貴,		귀하게 여길 수 없고
불 가 득 이 천 不可得而賤。**		천하게 여길 수도 없다.
고 위 천 하 귀 故爲天下貴⁴。		그래서 세상 사람들에 의해서 귀하게 여겨진다.

---

*　'解其分'은 제4장에 "解其紛"으로 되어 있고, 고형, 진고응도 "解其紛"로 되어 있다.
**　"不可得而賤"이라고 되어 있다. 진고응과 같다.

1. 知者不言, 言者不知

　'知者不言'에서 '塞其兌, 閉其門'과 연결하기 위해서는 知와 言의 목적어는 모두 道가 되어야 할 것이다. 죽간갑본[1]에는 "知之者不言, 言之者不知"로 之가 들어 있어 知와 言의 목적어가 道라는 것을 뚜렷하게 밝히고 있다. 소자유[2]는 '지자知者'를 '도를 체득한 사람(體道者)'이라고 하였다.

　이 구절에 빗대어 당나라의 시인 白居易[3]는 "言者不知知者嘿, 此語吾聞於老君. 若道老君是知者, 緣何自著五千文(말하는 자는 알지 못하고 아는 자는 입을 다문다고, 이 말은 나는 노자에게서 들었다. 만약 노자가 실로 아는 자라면, 무슨 까닭에 손수 5천 자의 도덕경을 지었을까)"라고 "讀老子"라는 제목으로 시를 남겼다.

2. 塞其兌

　"塞其兌 … 同其塵"의 주어는 '知者'로 體道者라고 보았다.

3. 不可得而親

　得而에서 得은 '이루다, 할 수 있다'라는 의미를 갖는 조동사로 사

---

1)　박종혁, 앞의 책, 176쪽.
2)　焦竑, 앞의 책, 3권, 32쪽.
3)　白居易 지음, 오세주 옮김, 백시나 엮음, 『琵琶行: 백거이 시집』, 75쪽.

용된 것이다. 得은 能과 의미가 같으나 能과는 달리 목적절을 취하지 않고 연속 동사 구조를 형성한다. 두 동사 사이에 임의로 '而'를 삽입할 수도 있고 '得'과 후속 동사 모두 '可' 뒤에서 수동의 의미를 갖게 된다. '民不可得而治也'는 '백성은 다스려질 수 없다'와 같이 수동의 의미로 풀이하여야 한다. 따라서 '주어+不可得而+동사'는 '주어가 동사될 수 없다'라고 해석할 수 있는데, 여기서 주어는 '知者'로 보았다. 따라서 '故不可得而親'은 '도를 아는 사람은 親해 질 수 없다'라고 해석하였다. 이를 능동의 주어를 뒤에 나오는 天下로 보면 '천하 사람들은 도를 아는 사람과는 친할 수 없다'가 된다.

4. 故爲天下貴

일반적으로 이 문장은 '그러므로 (도를 아는 사람은) 천하의 귀한 것이 된다'라고 해석한다. 이러한 해석은 '故(그러므로)+(知者)+爲(되다)+天下(천하에서)+貴(귀한 것)'라고 문장 구조를 보았기 때문이다. 그러나 이렇게 해석하면 '도를 아는 사람'은 옛날에는 '귀한 것'이 아니었는데, '故不可得而親 … 不可得而賤' 하므로 '귀한 것'이 되었다는 것을 의미한다. 그러나 道는 예전부터 원래 귀한 것이었듯이[4] '도를 아는 사람'도 예전부터 귀했던 것이다.

---

4)   62장에 故(道)爲天下貴가 나온다.

장	조건 (이유)	동사 (조동사)	장소 (사람)	명사 (동사)
28장	知其雄, 守其雌,	爲	天下	谿
	조건 (~하면)	동사 (…가 되다)	장소 (천하에서)	명사 (시내)
	수컷을 알고 암컷을 지키면 천하의 시내가 된다.			
56장	故不可得而親 … 而賤,	爲	天下	貴
	이유 (…하므로)	조동사 (여겨진다)	주체 (천하 사람들)	동사 (귀하다)
	그래서 (도를 아는 사람은) 세상 사람들에 의해서 귀하게 여겨진다.			
62장	不曰 以求得, 有罪以免耶.	爲	天下	貴
	이유 (…하므로)	조동사 (여겨진다)	주체 (천하 사람들)	동사 (귀하다)
	그래서 (도는) 세상 사람들에 의해서 귀하게 여겨진다.			

이 문장에서 '爲'는 피동을 나타내는 계사繫辭로 '주어+爲+명사+동사'의 형식으로 '주어는 명사에 의해서 동사하게 여겨진다'라고 해석하여야 한다. 이렇게 해석하면, "故(그래서)+知者(도를 아는 사람은)+爲(…여겨진다)+天下(세상 사람들에 의해서)+貴(귀하게)"가 되어, "그래서 도를 아는 사람은 세상 사람들에 의해서 귀하게 여겨진다"라고 해석할 수 있다. 이에 관해 진고응[5]은 "所以爲天下所尊貴.(그래서 세상 사람들에 의해서 존귀하게 여겨진다)"라고 했다. 또한 Paul J. Lin은[6] "Therefore, it is valued by the world(그래서 세상 사람들에 의해서 귀하게 여겨진다)."라

---

5) 陳鼓應, 앞의 책, 274쪽.
6) Paul J. Lin(1977), *A Translation of Lao-tzu's Tao Te Ching and Wang Pi'S Commentary*, Center for Chinese Studies, p.105.

고 하여 필자의 번역과 일치한다.

이러한 '爲'의 용법에 관해 에드윈 풀리블랭크[7]는 "계사 '爲'도 일종의 수동구조를 만드는 데 사용된다"라고 하면서 "止, 將爲三軍獲(멈추면 삼군에게 붙잡힐 것이다)"라는 『左傳』「襄公」18/4의 문장을 예문으로 사용하였다.

그러면 제28장에 "知其雄, 守其雌, 爲天下谿"와 이 장의 "故爲天下貴"와 비교하면, "知其雄, 守其雌, 爲天下谿"에서 '爲'는 '되다'라는 의미의 동사, '天下'는 '谿'의 수식어, '谿'는 명사이다. 그러면 "천하의 시내가 된다"라고 번역할 수 있다. "爲天下貴"를 위와 같이 번역하기 위해서는 '爲'는 동사, '天下'는 '貴'의 수식어, '貴'는 명사이어야 하는데, 여기서 '貴'는 명사가 아니라 '귀하게 여기다'라는 동사이므로 '爲'는 피동을 나타내는 조동사가 된다.

---

7) 에드윈 풀리블랭크 지음, 양세욱 옮김, 95-97쪽.

제57장

백성이 저절로 변화하게 하여야 한다

이 정 치 국 以正治國,	전 제	올바름으로 나라를 다스리고,
이 기 용 병 以奇用兵[1],		기이한 꾀로 병사를 부리지만,
이 무 사 취 천 하 以無事取天下[2]		일을 벌이지 않고 세상을 다스린다.

오 하 이 지 기 연 재 吾何以知其然哉?		내가 어떻게 그것이 그런지 알겠는가?
이 차 以此		이러한 이유 때문이다.
천 하 다 기 휘 天下多忌諱[3],		세상에 꺼리거나 피하는 것이 많아지면
이 민 미 빈 而民彌貧;		백성은 더 가난해지고,
민 다 리 기 民多利器,	이 유	백성들이 이로운 도구를 많이 가지면
국 가 자 혼 國家滋昏;		나라는 더 혼란해지며,
인 다 기 교 人多伎巧,		사람들에게 기교가 많아지면
기 물 자 기 奇物滋起;		기이한 일이 더 발생하고,
법 령 자 창 法令滋彰[4],		법령이 더 많아지면
도 적 다 유 盜賊多有		도적이 늘어난다.

고 성 인 운 故聖人云,		그래서 성인은 다음과 같이 말한다.

아 무 위 我無爲		내가 무위하면
이 민 자 화 而民自化,		백성이 저절로 변화하고,
아 호 정 我好靜		내가 고요함을 좋아하면
이 민 자 정 而民自正,	주 장	백성이 저절로 올바르게 되며,
아 무 사 我無事		내가 일을 벌이지 않으면
이 민 자 부 而民自富,		백성이 저절로 부유해지고,
아 무 욕 我無欲		내가 아무런 욕심을 부리지 않으면
이 민 자 박 而民自樸。		사람들이 저절로 순박해진다.

1. 以正治國, 以奇用兵, 以無事取天下

 "以正治國, 以奇用兵"과 "以無事取天下"는 순접 관계가 아니고 역접 관계이다. 왜냐하면, '以此' 이후의 문장이 '以正治國, 以奇用兵'에 관한 내용은 전혀 없고 '以無事取天下'에 관한 내용이기 때문이다. 즉, 작은 조직이나 집단은 '正'이라든가 '奇'로 다스리거나 부리는 것이 가능하지만, '天下'를 다스리는 데는 '無事'로 해야 한다는 것을 강조한 것이다.

2. 以無事取天下

일반적으로 '取天下'를 '천하를 취한다'로 해석하고 있으나, '以此' 뒤에 나오는 "天下多忌諱 … 盜賊多有"와 "故聖人云, 我無爲而民自化 … 我無欲而民自樸"는 천하를 얻는 과정에서 일어나는 일이 아니라 천하를 다스리는 과정에서 일어나는 현상이다. 또한 "取天下"는 '천하를 다스려야 한다' 또는 '천하를 다스린다'라고 풀이할 수 있는데, 여기서는 통치자가 천하를 다스리는 방법을 묘사한 것으로 '세상을 다스린다'라고 해석하였다.

3. 天下多忌諱

뒤에 "法令滋彰"에서 주어가 '法令'이라고 되어 있다. 이와 유사한 문장구조로 보고 주어는 '忌諱', 동사는 '多', '天下'는 장소를 나타내는 부사로 보았다.

4. 法令滋彰, 盜賊多有

법령이 더욱 복잡해지면 도적이 오히려 줄어드는 게 아니고 늘어난다는 것이다. 죽간갑본[1], 하상공본[2]에는 '法令' 대신에 '法物'이라고

---

1) 최재목, 앞의 책, 186쪽.
2) 河上公 저, 이석명 옮김, 앞의 책, 335쪽.

논증으로 풀이한 도덕경

기술되어 있다. 하상공은[3] '法物, 好物也(좋은 물건)'라고 풀이하였다. 그렇지만, 성인이 '盜賊'을 줄이는 방법으로 내세우는 것은 "我無爲而民自化"일 것이다. 여기서 '無爲'는 법령을 복잡하게 만들지 않는 것이고, '民自化'는 백성들이 스스로 바르게 변화하는 것을 뜻한다고 볼 수 있다. 그러면 성인은 무위함으로써 세상의 '法令'은 줄일 수 있지만, 세상에 있는 '法物'은 줄일 수 없으므로 여기에서는 '法令'으로 보고 해석하였다.

---

3) 위의 책, 335쪽.

제58장
성인은 크다고 나누지 않는다

기 정 민 민 其政悶悶,		다스림이 어수룩하면
기 민 순 순 其民淳淳¹;	전 제	백성은 순박해질 것이고,
기 정 찰 찰 其政察察,		다스림이 빈틈이 없으면
기 민 결 결 其民缺缺²。		백성은 모자람을 느낄 것이다.

화 혜 복 지 소 의 禍兮福之所倚,		화는 복이 의지하는 것이고,
복 혜 화 지 소 복 福兮禍之所伏。		복은 화가 숨어 있는 곳이다.
숙 지 기 극 孰知其極³?		누가 그 끝을 알겠는가?
기 무 정 其無正⁴。*	이 유	그것은 정해져 있지 않다.
정 부 위 기 正復爲奇⁵,		바른 것이 다시 기이한 것이 되고,
선 부 위 요 善復爲妖。**		선한 것이 다시 요사스러운 것이 된다.
인 지 미 人之迷⁶,		사람들이 미혹된
기 일 고 구 其日固久⁷。		날이 이미 오래되었다.

---

* "其無正?"이라고 되어 있다. 진고응과 같다.
** "善復爲妖,"라고 되어 있다. 진고응과 같다.

논증으로 풀이한 도덕경

시 이 성 인 是以聖人		이 때문에 성인은
방 이 불 할 方而不割**8**,	주 장	크다고 나누지 않고,
염 이 불 귀 廉而不劌,		모났다고 자르지 않으며,
직 이 불 사 直而不肆,		곧다고 느슨하게 하지 않고,
광 이 불 삭 光而不燿。		빛난다고 녹이지 않는다.

1. 其政悶悶, 其民淳淳

일반적으로 '其政'과 '其民'은 '그 나라의 정치', '그 나라의 백성'으로 풀이하는데, 이렇게 하면, '그 나라의 정치는 어수룩하고, 그 나라의 백성은 순박하다'라고 해석되어 서로 연결이 되지 않는다.

따라서 '其政'의 '其'는 접속사로 가정을 나타내어 '만일', '其民'의 '其'는 부사로서 추측을 나타내어 '아마도'라고 해석해야 한다. 따라서 "其政悶悶, 其民淳淳"은 "아마도 다스림이 어수룩하면, 백성은 순박해질 것이다"라는 의미이다.

2. 其政悶悶, 其民淳淳; 其政察察, 其民缺缺

"其政悶悶, 其民淳淳"은 다스림이 어수룩하면, 백성이 사나워질 것이라고 기대되지만, 그 결과는 순박해진다는 것이다. 또한 "其政察察, 其民缺缺"은 다스림이 빈틈이 없으면, 백성이 불편하게 느낄 것으로 기대되나 그 결과는 백성에 대해 보살핌이 부족하다고 느끼게 한다는 것이다. 즉, 우리가 어떤 대상에 대한 행위의 결과는 상황에 따라서 기대하는 것과 다르게 나올 수 있다는 것이다.

3. 孰知其極

이 문장에서는 '其'가 지칭하는 것은 "禍兮福之所倚, 福兮禍之所伏"으로 행위의 결과나 어떤 느낌에 대하여 끝에 가서 어떻게 될지 아무도 알 수 없다는 것이다.

4. 其無正. 正復爲奇

일반적으로 "바르다는 기준이 없다", "정상이라는 것이 없다" 등으로 해석하는데, '正'은 '결정하다'는 뜻으로 '끝에 가서 어떻게 될지 정해진 것이 없다'라는 것이다. 따라서 "其無定"과 같은 의미로 어떤 것에 대하여 행위가 뜻하는 대로 이루어지는 '正'이냐, 뜻하는 대로 이루어지지 않는 '奇'냐, 그리고 어떤 현상에 대하여 우리가 좋다고 생각하는 '善'이냐, 우리가 좋지 않다고 생각하는 '妖'냐가 정해진 것이 아니라 상황에 따라서 언제나 변화한다는 것이다.

논증으로 풀이한 도덕경

5. 正復爲奇

"正復爲奇"에서 '復'을 동사로 '되돌아가다', '변화하다'로 해석하는 예도 있는데, 이렇게 해석하기 위해서는 '爲'가 필요 없고 '正復奇'가 되어야 할 것이다. 따라서 여기서는 復을 부사로 '다시'라고 풀이하여 "올바른 것이 다시 기이한 것이 된다"라고 해석된다.

6. 人之迷

'人之迷'는 '사람들이 미혹된 것'이다. 사람들은 그 끝은 정해져 있다고 생각하며, 올바른 것으로 기대하는 것은 올바른 것이 될 것이며, 선한 것으로 기대하는 것은 선한 것이 될 것으로 생각하는데, 그렇게 기대하는 것이 '사람들이 미혹된 것'이라는 것이다. 그렇지만, 성인은 세상사 모든 것이 정해져 있지 않고 상황에 따라서 변화한다는 것을 알므로 성인이 취하는 행동에 관해서 제시하였다.

7. 其日固久

'固'는 '참으로' 또는 '이미'로 풀이할 수 있는데, '사람들이 미혹된 날이 오래되었다'라는 표현이므로 '이미'로 해석하였다.

8. 是以聖人方而不割

『도덕경』에서 "是以聖人"은 58장을 포함하여 17개의 장에서 20회가 나오는데, 이에 관해서 '是以'는 앞의 문장에서 '…한다(하다)' 그러므로 성인은 …한다(하다)'로 해석한다. 그러면 이 장에서 '是以' 앞의 문장에서 '성인이 …한다(하다)'의 이유에 해당하는 문장은 "其無正. 正復爲奇, 善復爲妖"이다.

일반적으로 '是以'의 이유가 "其無正. 正復爲奇, 善復爲妖", "是以聖人方而不割"은 "是以雖聖人方而聖人不割人"으로 보고 '그러므로 성인은 반듯하되 사람을 가르지 않는다'라고 해석한다. 그러나 이렇게 해석할 때 문제점은 ① 是以의 이유인 "其無正. 正復爲奇, 善復爲妖" 하므로 성인이 취하는 행위의 대상이 '人'이 아니고 '物'이어야 하므로 "聖人不割人"이 될 수 없다. ② 주어와 목적어에 관해서 일관성이 없다. '割', '劌'의 주어는 성인이고 목적어는 사람인데, '肆', '燿'의 주어는 성인이지만, 일부 해석에서 목적어는 반드시 사람이 아니다. ③ "성인은 반듯하되 사람을 가르지(해치지) 않는다"라고 해석하려면, 그 이유가 앞에서 제시되어야 한다.

'是以'의 이유가 "'其無正, 正復爲奇, 善復爲妖"로 보면, '其'는 사람이 아니고 현상이다. 따라서 성인은 사람을 목적어로 하는 행동이 아니고 사물을 목적어로 하는 행동이어야 한다. '方'은 사물의 상태를 나타낸다. 이때 '方'은 '旁'과 통용되는 글자로 『廣雅 釋詁 1』[1]에 의하면 "方, 大也(方은 크다)"라고 되어 있다. 즉, 성인은 현재 어떤 사물이 크다고 생각되는 것이 시간이 지나면 작게 생각될 수 있고, 또한 지금

---

1) 단국대학교 부설 동양학연구소(2005), 『漢韓大辭典』 6, 509쪽.

은 큰 것이 필요 없지만, 시간이 지나면 큰 것이 필요할 수 있으므로 현재 상태로 예단하여 행동하지 않는다는 것이다. 따라서 "是以聖人 方而不割"은 "是以雖事物方而聖人不割方"으로 보아 "그러므로 聖人은 사물이 크다고 자르지 않는다"라고 해석하였다.[2]

이에 관해 이경숙[3]은 "그러므로 성인은 크다 하여 쪼개지 않으며," 라고 해석하여 필자와 의견을 같이하고 있으나, "光而不燿"를 "빛이 있다고 하여도 비추지 않는다"라고 번역하여 앞의 3개의 구와 해석에 있어서 일관성을 유지하지 못하고 있다.

"方而不割, 廉而不劌, 直而不肆"에서 '方 ↔ 割(割方)', '廉 ↔ 劌(劌廉)', '直 ↔ 肆(肆直)'의 관계가 성립하지만, 燿를 '빛날 요'로 풀이하면 '光 = 燿'의 관계이므로 '燿光'이 성립할 수 없다. 따라서 '燿'은 光을 반대로 변화시키는 것이어야 하므로 '녹일 삭'으로 보고 '녹여 누그러뜨리다', '태우다'로 풀이하였다.

---

2) 이종상(2019), 「『도덕경』 58장 '是以聖人 方而不割'에 관한 재해석」 참조.

3) 이경숙, 『도덕경-덕경』, 212쪽.

제59장
나라를 장악한 근원이 있으면 오래갈 수 있다

치 인 사 천 治人事天[1]	전 제	백성을 다스리고 하늘을 섬기는데
막 약 색 莫若嗇[2]。		아끼는 것만 한 게 없다.
부 유 색 夫唯嗇,		무릇 아끼기 때문에
시 위 조 복 是謂早服[3]。		일찍 좇는 것이다.
조 복 위 지 早服謂之		일찍 좇는 것을 일컬어
중 적 덕 重積德。*		덕을 겹겹이 쌓는다고 한다.

중 적 덕 重積德	이 유	덕을 겹겹이 쌓으면
즉 무 불 극 則無不克,		이겨내지 못할 것이 없고,
무 불 극 無不克		이겨내지 못할 것이 없으면
즉 막 지 기 극 則莫知其極,		그 한계를 알 수 없으며,
막 지 기 극 莫知其極,		한계를 알 수 없으면
가 이 유 국 可以有國[4]		나라를 차지할 수 있다.

유 국 지 모 有國之母[5],	주 장	나라를 차지할 수 있게 한 근원이 있으면
가 이 장 구 可以長久		길고 오래갈 수 있다.

---

* '早服謂之重積德'이라고 되어 있다. 고형과 같다.

시위심근고저 是謂深根固柢,	주 장	이를 일러 바탕이 튼튼하고 근본이 단단하다고 하며
장생구시지도 長生久視之道⁶		길고 오래 사는 길이다.

1. 治人事天

일반적으로 '天'은 하늘, 또는 임금으로 풀이하는데, 뒤에 '可以有國'
이라는 문장이 나오기 때문에 '事天'은 임금을 섬기는 것보다는 하늘
을 섬기는 것으로 풀이하였다.

2. 莫若嗇

莫若은 '어느 것도 …만 못하다'이고, 嗇은 '아끼다'라는 뜻인데, 무
엇을 아끼는 것일까? 이 장의 "早服謂之重積德. 重積德則無不克"과 유
사한 문장으로 48장에 "損之又損以至於無爲. 無爲而無不爲"가 나온
다. 두 문장을 비교할 때, '無不爲'와 '無不克'은 같은 의미로 풀이할 수
있고, 그 전 단계인 '무위에 이르는 것'과 '덕을 쌓는 것'을 같게 보아도
될 것이다. 이렇게 본다면 48장에서 덜어내는 것은 '有爲'이며, 이 장
에서 아끼는 것은 '無爲'로 보아야 할 것이다.

3. 是以早服

'早服'은 '일찍 좇다', 또는 '일찍 따르다'라고 풀이할 수 있는데 그 목

적어는 '道'로 보았다.

4. 可以有國

일부는 '有國'을 '나라를 다스리는 것'으로 풀이하는데, '有國'의 조건인 '莫知其極'과 그 결과인 '可以長久'로 판단할 때 '나라를 차지한다'라고 해석하였다.

5. 有國之母

'有國+之母'로 보면 '주부'만 있고 '술부'는 없으므로 '有+國之母'로 보고, '母'는 '근본'으로 풀이하여 '나라를 차지할 수 있게 한 근원이 있으면'으로 해석하였다.

6. 是謂深根固柢, 長生久視之道

일반적으로 '是謂'가 '長生久視之道'까지로 풀이하는데, '長生久視之道'가 될 수 있는 것은 '深根固柢' 하기 때문이다. 따라서 여기서는 '是謂'를 '深根固柢'까지로 보고 "이를 일러 바탕이 튼튼하고 근본이 단단하다고 하며, 오래도록 사는 길이다"라고 해석하였다.

제60장

큰 나라를 다스리는 것은
작은 생선을 삶듯이 하여야 한다

치 대 국 治大國	주 장	큰 나라를 다스리는 것은
약 팽 소 선 若烹小鮮¹。		작은 생선을 삶듯이 하여야 한다.

이 도 리 천 하 以道莅天下,		도로써 천하를 다스리면
기 귀 불 신 其鬼不神²。		귀신이 신령스럽지 못할 것이다.
비 기 귀 불 신 非其鬼不神³,	전 제	귀신이 단지 신령스럽지 못할 것일 뿐만 아니라,
기 신 불 상 인 其神不傷人,		영험한 신도 사람을 해치지 않을 것이다.
비 기 신 불 상 인 非其神不傷人⁴,		영험한 신이 단지 사람을 해치지 않을 것일 뿐만 아니라,
성 인 역 불 상 인 聖人亦不傷人⁵。		성인도 역시 사람을 해치지 않는다.

부 양 불 상 상 夫兩不相傷⁶,	이 유	이 둘이 해치지 않기 때문에
고 덕 교 귀 언 故德交歸焉⁷。		덕이 함께 돌아간다.

1. 若烹小鮮

'若烹'에 관해서는 통치자가 대국을 다스리는 모습을 묘사한 것으로 '삶는 것과 같다', 또는 앞으로 통치자가 대국을 다스릴 때 취하여야 하는 행위로 '삶듯이 하여야 한다'라고 해석한다. 통치 행위가 '삶는 것과 같다'라고 하면 통치지에 대한 조언이 필요 없게 된다. 또한 뒤에 나오는 문장의 내용이 통치자가 대국을 다스릴 때 작은 생선을 삶듯이 했을 때의 이유와 결과를 제시하고 있다. 따라서 '삶듯이 하여야 한다' 또는 '삶듯이 하라'라고 해석해야 한다.

2. 其鬼不神

其가 계속해서 4회 나오는데, 其를 天下에 존재하는 어떤 '鬼'라고 할 때, 과연 '以道莅天下(도로써 천하를 다스리면)' 하면 '鬼不神(귀신이 영험하지 않다)' 한다는 것을 어떻게 단정적으로 말할 수 있는가? 따라서 '귀신이 영험하지 않을 것이다'로 其는 지시 대사가 아니고 '아마도'의 의미인 부사로 풀이하였다.

3. 非其鬼不神, 其神不傷人

고형의 풀이에[1] 의하면 '非'는 '不唯'의 합음자로 '단지 …뿐 아니라'

---

1) 高亨, 앞의 책, 126쪽.

논증으로 풀이한 도덕경

의 의미이다. 또한 鬼와 神은 다른 것으로 鬼는 신령스럽게 되기 이전의 귀신을 뜻하고, 神은 도로써 천하를 다스리기 이전에 이미 영험해진 귀신을 의미하는 것으로 보았다. 그러면 "귀신이 단지 신령스럽지 못할 뿐만 아니라, 영험한 신도 백성을 해치지 않을 것이다"라고 해석할 수 있다.

'不傷人'은 '사람을 해치지 못한다' 또는 '사람을 해치지 않는다'라고 풀이할 수 있는데, "聖人亦不傷人"과 일치시키기 위해서 '사람을 해치지 않는다'라고 해석하였다.

4. 非其神不傷人

귀신이 사람을 해치지 않는다는 것은 통치자가 도에 의해서 백성을 다스리게 되면 세상이 편안해져서 귀신이 끼어들 사이가 없어 백성이 귀신을 신령스럽게 여기지 않는다는 것이다.

5. 聖人亦不傷人

'亦'을 부사로서 앞에 나온 상황과 같은 것을 의미하는 '…도(앞에 제시한 상황과 마찬가지로)'라고 해석하면 성인이 사람을 해친지 않는다는 것은 때에 따라서는 성인도 사람을 해칠 수 있다는 것을 의미하게 된다. 성인은 일반적으로 '온전한 도를 터득한 이상적인 인격자'로 여겨지는데 성인이 때로는 사람을 해친다는 것은 쉽게 받아들이기 어렵다.

따라서 여기서는 '亦'을 부사로서 상황이 바뀌더라도 '聖人'의 대응이 변화하지 않음을 나타내고, '…도 역시(도로써 다스리기 이전과 마찬가지로)'라고 해석하였다.

6. 夫兩不相傷

'夫'는 지시대명사로 '이것'이라는 의미로 풀이하였다.

7. 德交歸焉

'德交'는 '神'의 '德'과 '聖人'의 '德'이 합쳐진다는 것이며, '歸'는 '돌아가다'의 의미지만 여기서는 돌아가는 곳이 제시되지 않았다. 앞의 문장에서 不傷人이라고 하였기 때문에 돌아가는 곳은 '백성'일 것이다. 따라서 "神의 덕과 聖人의 덕이 함께 백성에게 돌아간다"라고 해석하였다.

큰 나라가 작은 나라에 베풀어야 한다

대 국 자 하 류 大國者下流[1],*	전 제	큰 나라가 하류와 같으면
천 하 지 교 天下之交,		세상 사람들이 만나는 곳이 되고,
천 하 지 빈 天下之牝。		세상의 암컷이 된다.

빈 상 이 정 승 모 牝常以靜勝牡,		암컷이 언제나 고요함으로 수컷을 이기는 것은
이 정 위 하 以靜爲下[2]。		고요함으로 아래가 되기 때문이다.
고 대 국 이 하 소 국 故大國以下小國[3],		그러므로 큰 나라가 작은 나라에 낮춤으로
즉 취 소 국 則取小國;	이 유	작은 나라를 취하고,
소 국 이 하 대 국 小國以下大國[4],		작은 나라가 큰 나라에 낮춤으로
즉 취 대 국 則取大國。		큰 나라에 취해진다.
고 혹 하 이 취 故或下以取,		그러므로 때로는 낮추어 취하거나,
혹 하 이 취 或下而取[5]。		때로는 낮기에 취해진다.

대 국 大國	주 장	큰 나라는
불 과 욕 겸 흑 인 不過欲兼畜人,		작은 나라 사람을 지나치게 모아 기르려 하면 안 되고

---

*   "大國者下流"라고 되어 있다. "大國者下流"는 "天下之交, 天下之牝。"이 되기 위한 조건으로 보았기 때문에 "大國者下流,"로 표기하였다. 진고응과 같다.

소국 小國		작은 나라는
불 과 욕 입 사 인 不過欲入❻事人。**		큰 나라에 사람이 지나치게 들어가 섬기려 하면 안 된다.
부 양 자 夫兩者	주 장	이 양자가
각 득 기 소 욕 各得其所欲,		서로 원하는 것을 얻었으면
대 자 의 위 하 大者宜爲下❼。		큰 나라는 마땅히 낮추어야 한다.

1. 大國者下流, 天下之交, 天下之牝

'下流'는 '강이나 내의 아래쪽 부분'이므로 '큰 나라가 下流와 같으면'
으로 해석하였다. 일반적으로 '大國'은 '小國'의 위에서 군림하려고 하
므로 '大國'이 언제나 '下流'가 되지 않아 "天下之交, 天下之牝"이 되지
못한다. 따라서 '大國'이 '下流'와 같으면 "天下之交, 天下之牝"이 될 수
있다는 것이다.

일부는 "큰 나라는 낮은 곳으로 흘러야 한다" 또는 "큰 나라는 아래
로 흐르니" 등으로 해석하는데, 이 부분은 가정문이어야 한다. 왜냐
하면 큰 나라가 하류이면 큰 나라가 작은 나라를 취하기 위하여 작
은 나라에 낮출 필요가 없기 때문이다.

'天下之交'는 천하 사람들이 교류하는 장소이며, '天下之牝'은 암컷이
고요하고 낮은 위치에 처하므로 수컷을 이기듯이 천하의 암컷은 천
하를 포용하면서 굴복시킬 수 있는 존재로 해석하였다.

** "小國不過欲入事人,"이라고 되어 있다. 고형과 같다.

2. 牝常以靜勝牡, 以靜爲下

이 문장에서 "以靜勝牡"와 "以靜爲下"를 병렬로 파악하면 "암컷은 언제나 靜으로써 수컷을 이기고, 靜으로써 아래가 된다"와 같이 풀이할 수 있다. 그러나 이렇게 풀이하면 '大國者'가 '下流'한 후에 '天下之交'가 되는 것과 같이 '爲下'의 결과가 '勝牡'가 되어야 하므로 "以靜爲下, 以靜勝牡"의 순으로 문장이 배열되어야 한다. 따라서 "牝常以靜勝牡한 것은 以靜爲下 때문이다"라고 풀이해야 한다. 이렇게 풀이하여야 "牝常以靜勝牡, 以靜爲下" 하므로(故) "大國以下小國 則取小國"이 성립한다. 따라서 "以靜勝牡"와 "以靜爲下"는 병렬관계가 아니고 '爲下'는 원인이고 '勝牡'는 결과이다.

3. 故大國以下小國

왕필은[1] "大國以下, 猶云以大國下小國(大國以下는 대국으로써 소국에 낮춘다는 말과 같다)"이라고 풀이하였다. 따라서 "그러므로 큰 나라가 작은 나라에 낮춤으로"라고 해석하였다.

4. 小國以下大國, 則取大國

이 문장은 "以小國下大國"이 도치된 문장으로 以는 전치사, "小國下

---

1) 樓宇烈, 앞의 책, 160쪽.

大國"은 전치사의 목적어로 "소국이 대국에 낮춤으로"라고 해석하였다. "則取大國"은 '取'는 '취하다' 이외에 '의지하다'라는 뜻이 있으므로 소국이 대국을 취하는 것이 아니라 "소국이 대국에 의지하게 된다" 또는 "대국에 취해진다"라는 것을 뜻한다. 백서본[2]에는 "則取於大國 (邦)"이라고 되어 있어 '於'는 '…에게'의 의미가 있으므로 대국에 취해 지는 것으로 풀이할 수 있다.

5. 故或下以取, 或下而取

대국이나 소국은 모두 상대국의 밑에 처해야 취하거나 취해질 수 있는데, 대국은 소국의 밑에 있으려면 고의로 낮추어야 하고, 소국은 현재 상태로 대국의 밑에 있으므로 고의로 낮출 필요가 없다. 따라서 "故或大國下以取小國, 或小國下而取於大國"으로 보았으며, "그러므로 때로는 대국은 낮추어 소국을 취하거나, 때로는 소국이 낮기에 대국에 취해진다"라고 해석하였다.

6. 大國不過欲兼畜人, 小國不過欲入事人

일반적으로 "큰 나라는 작은 나라를 기르고자 하는 것에 불과하다"로 풀이하는 경우가 대부분이다. 그러나 큰 나라가 작은 나라의 백성을 가르치는 것이나, 작은 나라 사람이 큰 나라 사람들을 섬기려

---

2) 國家文物局, 앞의 책, 5, 91쪽.

논증으로 풀이한 도덕경

고 하는 것은 두 나라의 백성이 얻고자 하는 것이 아니다.

이 문장에서 각국이 취하거나 취해지는 구체적인 목적은 제시되지 않았으나, '其所欲'에서 '大國'이 바라는 것은 '小國'을 다스리는 것이며, '小國'이 바라는 것은 '大國'으로부터 배우고 보호를 받는 것이다. 따라서 '不過欲'으로 풀이하여 '小國'과 '大國'이 서로를 취했을 때 지켜야 할 태도에 관한 조언으로 보아야 한다. 즉, 대국은 너무 많은 소국 사람을 모아 가르치려고 과욕을 부리면 소국의 주체성이 없어진다는 것이다. 또한 소국은 너무 많은 사람이 대국에 들어가 사람들을 섬기려고 과욕을 부리면 속국으로 전락한다는 것이다.

이에 관해 감산은[3] "且大國之欲, 不過兼畜人. 非容無以成其大(또한 대국의 욕심은 너무 많은 사람을 모아 기르려고 해서는 안된다. 그렇지 않으면 광대함을 이룰 수 없다)"라고 풀이하였다.

여기서 '不過'는 '그 수준을 넘지 못한 상태이다'라는 의미로 '不過+兼畜人(함께 기르려고 하는 데 불과하다)', 또는 '부정어+동사'로 '不+過兼畜人(너무 많은 사람을 모아 기르려고 해서는 안 된다)'으로 해석할 수 있다. 그런데 '非… 無'는 '…이 아니면'으로 부정적인 가정을 나타내는데, 앞에 나오는 문장과 연결하면 '함께 기르려고 하는 데 불과하지 않으면'은 성립하기 어렵기 때문에 '많은 사람을 함께 기르려고 하면'으로 해석하여야 한다.

---

3) 憨山德清 해, 송찬우 옮김, 앞의 책, 一二四쪽.

7. 夫兩者各得其所欲, 大者宜爲下

'夫'는 조사가 아니고 지시사로 '이(이것)'로 '이 양자'는 '大國'과 '小國'을 의미하므로 '大者'는 '大國'으로 해석해야 한다. 대부분 '양자가 바라는 바를 얻고자 한다면…'과 같이 가정법의 문장으로 해석하는데, 서로가 '取' 하기 위해서는 '兩國'은 모두가 겸손하게 낮추어야 한다고 이미 기술하였기 때문에 서로 얻고자 하는 행동이 아니고 얻은 후의 행동에 관한 것이다. 따라서 '兩國'이 서로 원하는 것을 얻었으면 '小國'과 '大國'과의 관계에서 언제나 힘은 '大國'이 갖고 있으므로 앞으로 이러한 관계를 지속시키기 위하여 '大國'이 '小國'에 낮추어야 한다는 것이다.

제62장
무엇도 도를 닦는 것만 못하다

도 자 만 물 지 오 道者萬物之奧,	근 거	도는 만물의 보금자리요,
선 인 지 보 善人之寶,		선한 사람의 보배이고,
불 선 인 지 소 보 不善人之所保1。		선하지 않은 사람이 간직하는 것이다.

미 언 가 이 시 美言可以市,	이 유	아름다운 말은 거래를 원활하게 할 수 있고,
존 행 가 이 가 인 尊行可以加人。		존경할 만한 행동은 사람에게 영향을 미칠 수 있다.
인 지 불 선 하 기 지 유 人之不善, 何棄之有2?*		선하지 않은 사람이 어찌 도를 포기할 수 있겠는가?

고 입 천 자 치 삼 공 故立天子, 置三公3,	주 장	그러므로 천자가 즉위하고, 삼공을 세울 때
수 유 공 벽 이 선 사 마 雖有拱璧以先駟馬4,		아무리 사두마차의 앞에 한 아름의 옥구슬이 놓여 있어도,
불 여 좌 진 차 도 不如坐進此道5。		무릎을 꿇고 이 도를 닦는 것만 못하다.

고 지 소 이 귀 차 도 자 하 古之所以6 貴此道者何?	전 제	옛날 사람들이 이 도를 귀하게 여겨온 까닭은 무엇인가?
불 왈 이 구 득 不曰以求得7,		도에 의해서 구하는 것을 얻고,
유 죄 이 면 야 有罪以免耶?		죄를 면한다고 말하지 않았는가?
고 위 천 하 귀 故爲天下貴。		그래서 세상 사람들에 의해서 귀하게 여겨진다.

---

* "!"로 되어 있다. 진고응과 같다.

1. 不善人之所保

"善人之寶"는 '道'가 '善人'에 대해서는 '寶'라고 하였는데, "不善人之所保"는 '道'가 "萬物之奧"로서 '不善人'에 대해서는 어떤 것인가를 제시한 것이다. 일부는 "道는 선하지 않은 사람도 지켜주는 것이다"라고 해석하는 예도 있는데, '保'를 '보전할 보'로 해석하여 "선하지 않은 사람도 간직하는 것"으로 해석하였다. 이렇게 해석하면, 뒤에 나오는 "선하지 않은 사람이 어찌 도를 갖는 것을 포기할 수 있겠는가?"와 연결이 된다.

'善人'과 '不善人'의 구분은 "以求得, 有罪以免耶"에서 찾아야 한다. 여기서 '以'는 두 개의 구에서 '도에 의해서'라고 해석할 수 있으며, '以求得'은 선인에 해당하고, '有罪以免耶'는 불선인에 해당하는 것으로 보면, 불선인은 '罪(벌을 받을 만한 일)'를 지은 사람으로 해석할 수 있다.

2. 人之不善, 何棄之有

"何棄之有?"에서 '何'는 의문대명사로 '어찌', '棄'는 동사로 '버리다', 목적어는 '人之不善'으로 '선하지 않은 사람'으로 해석하여 '사람이 선하지 않다고 하여 어찌 그 사람을 버리겠는가?'라고 해석하는 예도 많이 있다. 이렇게 해석하면 뒤에 나오는 "故立天子, 置三公, 雖有拱璧以先駟馬, 不如坐進此道. 古之所以貴此道者何?"와 연결이 되지 않는다.

또한 "美言可以市, 尊行可以加人"에서 '道'와 비교하면 하찮은 '美言'과 '尊行'도 일상생활에서 역할을 하는데 '道'는 물론 더 큰 역할을 한

논증으로 풀이한 도덕경

다는 것이다. 따라서 '人之不善'은 주어, '何'는 의문대명사, '棄'는 동사, '之有'는 '有之'가 도치된 문장으로 '도를 가지는 것'으로 풀이하여 '선하지 않은 사람이 도를 가지는 것을 어찌 포기할 수 있겠는가?'라고 해석하였다. '人之不善'은 '不善人'이 도치된 것이다.

3. 故立天子, 置三公

일반적으로 "立天子, 置三公"은 "천자를 세우고 삼공을 두다"라고 해석하지만, '立'과 '置'의 주어를 제시하지는 않는다. '三公'은 '天子'가 둘수 있지만, 천자를 백성 또는 특정인이 세우는 것은 불가능하고 천자가 스스로 즉위하는 것이다. 만약에 동사 '立'과 '置'의 주어가 같다면 '立'은 필요가 없고, '故置天子三公'이라고 표현할 수 있다. "立天子, 置三公"에 관해 이강수[1]는 "그러므로 천자가 즉위하여 삼공을 설치할 때"라고 하여 천자는 스스로 즉위하는 것으로 해석하였다.

여기서 '立'과 '置'의 주어가 무엇이냐가 중요한 것은 "不如坐進此道"에서 '進'의 주어와 관련이 있기 때문이다. "故立天子, 置三公, 雖有拱璧以先駟馬, 不如坐進此道"의 문장의 구조는 "故立天子, 置三公" 할 때 "雖有拱璧以先駟馬"는 "坐進此道"만 못하다가 된다.

한문의 문법구조는 일반적으로 '주어+서술어' 형태로 되어있는데, 간혹 '開花, 降雨, 無力, 立身, 揚名' 등과 같이 '서술어+주어' 형태로 도치되는 예도 있다. 여기서 '立天子'는 '서술어+주어' 형태의 문장으로 '天子가 卽位하다'이며, '置三公'의 주어는 天子로 '天子置三公'으로 보아

---

1) 老子 지음, 이강수 옮김, 『노자』, 245쪽.

야 한다. 따라서 '立天子, 置三公'은 "天子가 즉위하고, 三公을 세우다"
라는 것을 의미한다.

4. 雖有拱璧以先駟馬

'以'는 조사로서 시간, 방위, 범위를 나타내는 단어와 함께 쓰여 '以'
뒤에 나오는 명사의 기준점을 나타낸다. 따라서 '以南, 以上, 以前' 등
과 같이 '以先(앞에)'의 의미로 사용되었다. 이 문장은 '雖以先駟馬有拱
璧'와 같이 고쳐 쓸 수 있는데, 그것은 '아무리 사두마차 앞에 한 아
름의 옥구슬이 놓여 있다'라는 의미이다.

5. 不如坐進此道

여기서 비교 대상은 "雖有拱璧以先駟馬"와 "坐進此道"이다. 일반적
으로 "雖有拱璧以先駟馬"는 "아무리 사두마차 앞에 공벽拱璧을 바치더
라도", 뒤에 나오는 "進此道"는 "이 도를 바친다"라고 해석하는데, 이
는 앞과 뒤의 문장을 '바친다'로 의미를 일치시키기 위하여 무리하게
해석한 것이다.

이렇게 해석하면 '有'도 '바치는 것', '進'도 '바치는 것'으로 단지 차이
는 바치는 것이 '拱璧' 또는 '道'이다. 그러면 받는 자는 '天子'이고 바치
는 자는 백성이라고 할 수 있는데, '공벽'은 바칠 수 있어도 '道'는 다
른 사람에게 바칠 수 없는 것이다.

논증으로 풀이한 도덕경

"坐進此道"에 관해서 이석명[2]은 "가만히 앉아 이 도에 나아가는 것만 못하다"라고 하여 '進'의 의미를 '바치다'가 아니고 '도를 닦다'로 해석하였다.

『莊子』 14 天運[3]에 "使道而可獻. 則人莫不獻之於其君. …然而不可者. (도가 바칠 수 있는 거라면 사람들은 그것을 자기 임금께 바칠 것이요. … 그럴 수 없다)"라고 기술되어 있다.

여기서 "雖有拱璧以先駟馬"는 "아무리 駟馬의 앞에 백성이 진상한 拱璧이 있더라도", "坐進此道"는 "천자가 무릎 꿇고 이 도에 힘쓴다"라는 것을 뜻한다. 따라서 "천자가 즉위하고 三公을 세울 때, 아무리 사두마차의 앞에 큰 옥구슬이 놓여 있어도, 무릎 꿇고 이 도를 닦는 것만 못하다"라는 것이다.

6. 古之所以

'古之'는 일반적으로 '옛날에', '옛날부터'와 같이 '之'는 시제를 나타내는 전치사로 해석하는데, '之'에는 그러한 기능이 없다. 따라서 '古'를 '옛날 사람', '之'를 주격조사로 '옛날 사람들'로 해석하였다.

2) 이석명(2020), 앞의 책, 560쪽.
3) 莊子 지음, 김학주 옮김, 앞의 책, 361-362쪽.

7. 不曰以求得

　'不曰以求得'은 일반적으로 '도를 구함으로써 얻고' 또는 '도로써 구하는 것을 얻고'라고 두 가지로 해석한다. 그러나 도를 구함으로써 쉽게 얻을 수 있으면, '不如坐進此道' 할 이유가 없게 된다. 이 문장은 '以(道)得求'이 도치된 문장으로 '도로써 구하는 것을 얻고'라고 해석하여야 한다.

　　　　　　　　　　논증으로 풀이한 도덕경

제63장
일이 크지 않을 때 끝마쳐야 한다

위 무 위 **爲無爲¹,**	전 제	무위로 행하고,
사 무 사 **事無事,**		무사로 일하며,
미 무 미 **味無味²。**		무미로 맛본다.
대 소 다 소 **大小多少³,**		작은 것은 크게 여기고, 적은 것은 많게 여기며,
보 원 이 덕 **報怨以德。**		원한은 덕으로 갚는다.
도 난 어 기 이 **圖難於其易,**		어려운 일은 쉬울 때 꾀하고,
위 대 어 기 세 **爲大於其細。**		큰일은 작을 때 처리한다.

천 하 난 사 **天下難事**	이 유 ①	세상의 어려운 일은
필 작 어 이 **必作於易,**		반드시 쉬운 일에서 일어나고,
천 하 대 사 **天下大事**		세상의 큰일은
필 작 어 세 **必作於細。***		반드시 작은 일에서 일어난다.

시 이 성 인 **是以聖人**	주 장 ①	이 때문에 성인은
종 불 위 대 **終不爲大,**		커지지 않았을 때 끝마치기 때문에
고 능 성 기 대 **故能成其大⁴。**		큰일을 이룰 수 있다.

---

* "必作於細."라고 되어 있다. 고형, 진고응과 같다.

부 경 낙 필 과 신 夫輕諾必寡信,	이 유 ②	무릇 가볍게 승낙하는 것은 반드시 믿음이 적고,
다 이 필 다 난 多易必多難5. **		쉬운 것이 많으면 반드시 어려움이 많다.

시 이 성 인 是以聖人	주 장 ②	이 때문에 성인은
유 난 지 猶難之, ***		오히려 그것을 어려워하기 때문에
고 종 무 난 의 故終無難矣。		어려움이 없이 끝마친다.

1. 爲無爲

"爲無爲"에 관해서는 '爲'를 '하다'라는 동사, '無爲'에 관해서는 일반적으로 두 가지로 해석된다. 첫째는 '無爲'를 목적어로 하여 '無爲를 爲하다', 둘째는 '無爲'를 부사로 하여 '無爲로 爲하다'로 해석한다. 이때 일반적으로 '無爲'는 '作爲하지 않는 것', 또는 '억지로 하지 않는 것'으로 풀이하는데 이렇게 풀이하면 '無爲'는 '爲'의 목적어라고 보기보다는 '爲' 하는 방법을 나타내는 부사로 보는 것이 자연스럽다. 따라서 여기서는 '無爲를 爲하다'라는 것이 아니라 '爲以無爲'의 의미로 '無爲로 爲하다'라고 해석하였다. 또한 '無事'[1), '無味'도 부사로 해석하였다.

일반적으로 '爲無爲'는 '爲 하시오'와 같이 명령문으로 보는데, 3장의 "爲無爲無不爲"에서 "무위로 행하면 다스리지 못하는 것이 없다"라고 해석하였기 때문에 평서문으로 보았다.

**   "多易必多難,"이라고 되어 있다. 고형, 진고응과 같다.
***   "是以聖人終不爲大, 故能成其大。"와 일치시키기 위하여 ','를 사용하였다. 고형과 같다.
1)   48장. 取天下常以無事, 57장. 以無事 取天下.

2. 味無味

'無爲로 爲한다(억지로 하지 않고 행한다)', "無事로 事한다(일을 벌이지 않고 일하다)"와 같이 해석하기 위해서는 "無味로 味한다" 즉, "맛을 보지 않고 맛본다"라고 해석하였다.

3. 大小多少

'大小'는 "天下大事必作於細" 하므로 취하여야 하는 행동을 묘사한 것이다. 즉, 세상의 큰일은 반드시 작은 일에서 일어나므로 작은 것은 크게 중히 여겨야 한다는 것이다.

4. 是以聖人終不爲大, 故能成其大

일반적으로 "終不爲大"는 "끝까지 자신이 크다고 여기지 않는다", "끝에 가서 큰일을 하지 않는다", "끝내 크게 되려고 하지 않는다", "끝까지 큰일을 하지 않는다" 등으로 해석하는데, 이렇게 해석하면 전후 문장의 의미가 잘 통하지 않는다. 왜 '是以聖人'은 '終不爲大'해서 '故能成其大' 하는가? 그 이유는 세상의 큰일은 반드시 작은 일에서 시작되기 때문이다. 그러면 어떻게 하여야 "故能成其大" 할 수 있는가? 그것은 일이 커지기 전에(일이 크지 않을 때) 끝마쳐야 한다는 것이다. 이를 좀 더 명확하게 하려면 앞에 나오는 "圖難於其易"와 같이 '於'를 추가해서 "終(於)不爲大"라고 하면 "일이 커지기 전에 끝마친다"라고 풀이할 수 있다. 즉, '不爲大'는 앞에 나오는 '於易'와 '於細'를 의미한다. "終於不爲大"는 64장에 나오는 "爲之於未有, 治之於未亂"과 같은 의미이다.

이에 관해 감산은[2] "苟能圖之於易, 而爲之於細, 鮮不濟者. … 此所謂 終不爲大, 故能成其大也(만일 쉬울 때 꾀할 수 있고 작을 때 처리할 수 있으면 이루지 못할 것이 없다. … 이것이 '크지 않을 때 끝마치므로 큰 것을 이룰 수 있다')라고 풀이하여 '不爲大'는 일을 끝마치는 시기를 의미하고 있다.

5. 夫輕諾必寡信, 多易必多難. 是以聖人 猶難之. 故終無難矣

'猶難之'에서 之는 '輕諾'과 '多易'로 성인은 '오히려 쉽게 승낙하는 것과 쉬운 것이 많은 것'을 어렵게 여기기 때문에 '終無難矣' 한다는 것이다.

"終無難矣"는 일반적으로 "끝내 어려움이 없다"라고 풀이하는데, "어려움 없이 일을 마친다"라고 해석하였다. 왜냐하면, '故終無難矣'의 주어는 '聖人'이기 때문에 '終'을 부사로 보면 "聖人無難"이 되어 "성인은 어려움이 없다"가 된다. '終'을 동사로 보아 "聖人終"으로 '성인은 끝마친다'라고 보아야 한다. 또한 백서갑본[3]에는 '故終於无難'이라고 기술되어 있어 '終'은 '끝마치다'라는 의미인 동사로 사용하였다.

2) 憨山德淸 해, 송찬우 옮김, 앞의 책, 一二七쪽
3) 國家文物局, 앞의 책, 5쪽.

논증으로 풀이한 도덕경

제64장

무위하여야 실패하지 않는다

기 안 이 지 其安易持,		안정적인 것은 유지하기 쉬울 것이고,
기 미 조 이 모 其未兆易謀¹,		조짐이 나타나지 않은 것은 꾀하기 쉬울 것이며,
기 취 이 반 其脆易泮,	근거	무른 것은 녹이기 쉬울 것이고,
기 미 이 산 其微易散。		미세한 것은 흩뜨리기 쉬울 것이다.
위 지 어 미 유 爲之於未有,		드러나지 않은 상태에서 처리하고,
치 지 어 미 란 治之於未亂²。		어지러워지지 않은 상태에서 다스린다.

함 포 지 목 合抱之木,		한 아름의 나무는
생 어 호 말 生於毫末;		털끝 같은 싹에서 자라고,
구 층 지 대 九層之臺,		구층의 누대는
기 어 루 토 起於累土;	이유 ①	한 줌의 흙으로부터 세워지며,
천 리 지 행 千里之行,		천 리 길은
시 어 족 하 始於足下。		발아래에서 시작된다.
위 자 패 지 爲者敗之,		억지로 하고자 하는 사람은 실패할 것이고,
집 자 실 지 執者失之。		잡고자 하는 사람은 잃을 것이다.

시 이 성 인 是以聖人	그러므로 성인은 억지로 하고자 하지 않음으로

무위 고무패 無爲, 故無敗;	주 장 ①	실패하지 않고,
무집 고무실 無執, 故無失。		잡고자 하지 않음으로 잃지 않는다.

민 지 종 사 民之從事,	이 유 ②	백성이 일하면서
상 어 기 성 이 패 지 常於幾成而敗之		언제나 거의 다 이루었을 때 실패한다.
신 종 여 시 즉 무 패 사 愼終如始, 則無敗事。		끝맺음할 때 시작과 같이 조심하면 실패하지 않는다.

시 이 성 인 是以聖人	주 장 ②	그러므로 성인은
욕 불 욕 欲不欲,		다른 사람들이 바라지 않는 것을 바라서
불 귀 난 득 지 화 不貴難得之貨。		얻기 어려운 재화를 귀하게 여기지 않는다.
학 불 학 學不學,		다른 사람들이 배우지 않는 것을 배워서
복 중 인 지 소 과 復衆人之所過3		많은 사람의 잘못을 회복시켜준다.
이 보 만 물 지 자 연 以輔萬物之自然,		이로써 만물이 스스로 자연스럽게 하는 것을 도와줄 뿐
이 불 감 위 而不敢爲。4		감히 무리하게 하지 않는다.

1. 其安易持, 其未兆易謀

일반적으로 '其'는 사물을 가리키는 지시대명사로 풀이하는 경우가
많이 있는데, '其'가 가리키는 것이 불명확하고, 4개의 문장에서 지시
하는 내용도 서로 달라서 지시대명사로 풀이하기에는 무리가 있다.

논증으로 풀이한 도덕경

이 장에서는 '其'는 추측을 나타내는 부사로서 '아마도 …일 것이다'라고 풀이하였다.

일반적으로 '安'자는 '안정되어 있을 때'라고 해석하는데 시간이 아니고 상태를 가리킨다.

2. 爲之於未有, 治之於未亂

일반적으로 "드러나기 전에 처리하고, 어지러워지기 전에 다스려야 한다"라고 해석한다. 그러나 이 문장은 "其安易持 … 其微易散"이라는 자연현상을 관찰하고 이를 본받아 사람들이 취하는 행동을 묘사한 것이다. 따라서 시간이 아니고 상태로 보아 "드러나지 않은 상태에서 처리하고, 어지러워지지 않은 상태에서 다스린다"라고 해석하여야 한다.

'爲'나 '治'는 '처리해야 한다', '다스려야 한다'와 같이 당위로 해석하는데, 같은 이유로 이 문장은 '처리한다', '다스린다'라고 해석하였다.

3. 是以聖人欲不欲, 不貴難得之貨. 學不學, 復衆人之所過

'欲不欲'에서 '欲'의 주어는 聖人, '不欲'의 주어는 '다른 사람'으로 보았으며, '欲不欲'은 '不貴難得之貨'의 수단으로 보았다. 따라서 "그러므로 성인은 다른 사람이 바라지 않는 것을 바라서 얻기 어려운 재화를 귀하게 여기지 않는다"라고 해석하였다.

이에 관해 하상공[1]은 "聖人欲人所不欲也(성인은 사람들이 바라지 않는 것을 바란다)"라고 주석하여 '不欲'의 주어를 '人(다른 사람)'으로 명확히 하였다. 임희일[2]도 "衆人之所不欲者, 聖人欲之(많은 사람이 바라지 않는 것을 성인은 배운다)"라고 주석하여 '不欲'의 주어를 '衆人'으로 해석하였다.

마찬가지로 "學不學,復衆人之所過"에서 '不學'의 주어는 '다른 사람'이며, '學'과 '復衆人之所過'의 주어는 성인이다.

이에 관해 왕필[3]은 "不學而能者,自然也. 喻於不學者,過也. 故學不學,以復衆人之所過(배우지 않고서 할 수 있는 것은 자연스러움이다. 배우지 않는 것을 좋아하는 것은 허물이다[4]. 그러므로 배우지 않는 것을 배워서 뭇사람의 허물을 고쳐 준다)"라고 주석하여 '學不學'이 '復衆人之所過'의 수단임을 명확히 하고 있다.

4. 以輔萬物之自然, 而不敢爲

여기서 '以'는 '不貴難得之貨, 學不學 復衆人之所過'와 '輔萬物之自然'을 연결하는 접속사로 '…해서'라는 의미이다. 즉, '사람들이 배우지 않는 것을 배우기 때문에 많은 사람의 잘못을 회복시켜준다. 이렇게 함으로써 만물이 스스로 자연스럽게 하는 것을 도와줄 뿐, 감히 억

---

1) 河上公 저, 이석명 옮김, 앞의 책, 370쪽.
2) 林希逸 지음, 김만겸 주역, 앞의 책, 274쪽.
3) 樓宇烈, 앞의 책, 166.
4) 배워서야 깨닫는 것은(喻於學者) 허물이다.(임채우, 앞의 책, 273쪽), 배우지 않은 상태에서 깨우치는 것은 허물이다.(추만호, 앞의 책, 243쪽), 배우지 않은 자들을 깨우친다는 것은 잘못이다.(김학목, 앞의 책, 244쪽), 〈이러한〉배우지 않음을 넘어서는(踰於不學者) 것은 지나침이다(김시천, 앞의 책, 311쪽).

지로 하지 않는다'라고 해석하였다.

죽간갑본[5]에는 "是以能輔萬物之自然, 而弗敢爲(그래서 만물이 스스로 그러하도록 잘 도와줄 뿐, 감히 잘하게 하지 않는다)"라고 기술되어 있어 앞에서 제시한 해석과 일치한다.

---

5) 최재목, 앞의 책, 289쪽.

제65장
도를 닦은 사람은 백성을 어리석게 만들었다

고 지 선 위 도 자 古之善爲道者,		옛날에 도를 잘 닦은 사람은
비 이 명 민 非以明民,	주 장	백성을 지나치게 똑똑하게 하지 않고,
장 이 우 지 將以愚之1。		오히려 그렇게 하여 어리석게 하였다.

민 지 난 치 民之難治,		백성을 다스리기 어려운 것은
이 기 지 다 以其智多2。		꾀가 많기 때문이다.
고 이 지 치 국 故以智治國,		그래서 꾀로 나라를 다스리면
국 지 적 國之賊;		나라의 해가 되고,
불 이 지 치 국 不以智治國,	이 유	꾀로 나라를 다스리지 않으면
국 지 복 國之福。		나라의 복이 된다.
지 차 양 자 역 계 식 知此兩者亦稽式3。		이 두 가지는 역시 기본 원리라는 것을 알아야 한다.
상 지 계 식 常知稽式,		이 원리를 언제나 아는 것
시 위 현 덕 是謂玄德。		이를 일러 현덕이라 한다.

현 덕 玄德	전 제	현덕은
심 의 원 의 深矣, 遠矣,		깊고, 멀고,

논증으로 풀이한 도덕경

여 물 반 의 **與物反矣,**	전 제	사물과 상반되며,
연 후 내 지 대 순 **然後乃至大順⁴.**		그런 후에야 자연의 순리에 이르게 된다.

1. 非以明民, 將以愚之

'以'에 관해서는 여러 가지 해석이 있다. 대부분 '백성들을 총명하게 하지 않고'라고 '以'를 조동사로 '…하게 하다(…하게 만들다)'라고 해석한다. 그러나 '以'가 조동사로 '…하게 하다(…하게 만들다)'라는 용례는 찾기가 어렵다.

일부는, 전치사로서 수단이나 방식을 나타내어 '…으로'의 의미를 갖는 것으로 생략된 전치사의 목적어가 '道'라는 것이다. 이에 관한 하상공은[1] "不以道敎民明智巧詐也(도에 의해 백성을 똑똑하고 영리하게 가르치지 않았다)"라고 주석하였다. 백성을 똑똑하게 하지 않기 위해서 '道'를 사용해야 하는지는 의문이 든다.

여기서는 '非以明民'의 '以'는 정도를 나타내는 부사로서 '지나치게', '將以愚之'의 '以'는 '非明民'을 받아 '그렇게 하여'라고 해석하였다. "非以明民, 將以愚之"는 "지나치게 영리하게 하지 않고, 오히려 그렇게 하여 어리석게 하였다"라고 해석하였다.

---

[1] 河上公 저, 이석명 옮김, 앞의 책, 134쪽.

2. 民之難治, 以其智多

'智多'의 주어가 '治者'이면 '非以明民, 將以愚之'와 연결이 잘되지 않는다. 그리고 앞에서 "非以明民, 將以愚之" 하기 위해서는 "不以智治國" 하여야 한다고 하였기 때문에 "民"이어야 한다. 즉, 백성이 꾀가 없으면 통치자는 꾀로 다스리지 않고 백성이 꾀가 많으면 통치자는 꾀로 다스리게 된다. 이렇게 되면 '以智治國' 하면 백성은 교활해지고, '不以智治國' 하면 순박해진다. '以智治國' 하면 백성은 '明' 해지고, 백성이 '明' 해질수록 통치자는 더욱 '以智治國' 하여야 하며, 백성은 더욱 교활해지게 되어 결국 '國之賊'이 된다는 것이다.

3. 知此兩者亦稽式

"知此兩者亦稽式"은 일반적으로 "知此兩者+亦稽式"으로 해석하는데, '稽式'은 준칙準則을 의미하므로 어떤 사실은 준칙이 될 수 있으나, 어떤 사실을 아는 것이 준칙은 될 수 없다. 또한 "知此兩者+亦稽式"으로 파악하면 뒤에 나오는 문장이 "常知稽式, 是謂玄德"인데, 이를 연결하면, "이 두 가지를 아는 것, 이것이 또한 법도이다. 언제나 법도(= 이 두 가지를 아는 것)를 아는 것이 현덕이다"라고 해석되어 '아는 것'이 중복된다. 따라서 "知+此兩者亦稽式"으로 "두 가지는 또한 법식이라는 것을 알아야 한다"라고 해석해야 하며, 그렇게 해석해야 뒤에 나오는 常知稽式, 즉, '언제나 법식이라고 아는 것'과도 연결하게 할 수 있

논증으로 풀이한 도덕경

다. 이에 관해 신동호[2]는 "이 두 가지는 이 또한 불변의 법칙이라는 것을 알아야 한다"라고 번역하여 필자와 의견을 같이 하고 있다.

백서본[3]에는 "恒知此兩者, 亦稽式也"라고 되어 있어 일반적으로 "항상 이 두 가지 원리를 아는 것 또한 치국의 법도이다"라고 번역하는데, 이렇게 번역하면 치국의 법도가 되기 위해서 이 두 가지 원리를 알면 되지 항상 알 필요가 있는가? 하는 의문이 든다. "언제나 이 두 가지는 법도라는 것을 알아야 한다"라고 번역하는 것이 자연스럽다고 생각한다.

이에 관해 고형은[4] "「知」字涉下文而衍('知'자는 아래 글에 관련되어 있으며 연문이다)"라고 하며 '知' 자를 삭제하였는데, '아는 것'가 아니고 '알아야 한다'라고 하면 뜻이 통하기 때문에 '知' 자를 삭제하면 문장 전체의 뜻이 변하게 된다.

4. 玄德深矣, 遠矣, 與物反矣, 然後乃至大順

"然後乃至大順"은 '玄德'이 "深矣, 遠矣, 與物反矣" 하므로 일어나는 것이다. 따라서 "與物反矣"을 "德이 만물과 더불어 진실하고 순박함으로 돌아간다"라고 해석하면 '至大順'과 중복됨으로 '사물의 이치와 반대되는 것 같지만'으로 풀이하는 것이 무난하다. 즉, 나라를 꾀로써 다스리면 나라에 '福'이 되고, 나라를 꾀로써 다스리지 않으면 나라에 '害'가 될 것 같지만, 실제는 그 반대라는 것이다. 유사한 문장으로 78

---

2) 신동호, 『도덕경』, 82쪽.
3) 國家文物局, 앞의 책, 91-92쪽.
4) 高亨, 앞의 책, 134쪽.

장의 "正言若反"에 나온다.

또한 '深矣, 遠矣, 與物反矣'은 '玄德'을 서로 다른 각도에서 형용한 것으로 '玄德'은 '深, 遠, 反' 후에 大順에 이른다는 것이다. 大順은 임희일은[5] "大順卽自然也(대순은 곧 자연이다)"라고 풀이하였다. 여기서는 '자연의 순리'라고 해석하였다.

---

5) 林希逸 지음, 김만겸 주역, 앞의 책, 278쪽.

논증으로 풀이한 도덕경

제66장
백성의 위에 있고자 하면
자신을 낮추어야 한다

강해소이 江海所以		강과 바다에
능위백곡왕자 能爲百谷王者,	근 거	모든 계곡의 물이 모여들 수 있는 까닭은
이기선하지 以其善下之[1],		그것들이 아래에 잘 처하기 때문인데,
고능위백곡왕 故能爲百谷王。		그래서 모든 계곡의 물이 모여들 수 있다.

시이욕상민 是以欲上民,		이 때문에 백성의 위에 있고자 하면
필이언하지 必以言下之[2];	주 장	반드시 말을 낮추어야 한다.
욕선민 欲先民,		백성의 앞에 있고자 하면
필이신후지 必以身後之。		자신을 반드시 뒤로하여야 한다.

시이성인 是以聖人		이 때문에 성인이
처상이민부중 處上而民不重,		위에 있어도 백성이 무겁게 느끼지 않고,
처전이민불해 處前而民不害,	이 유	앞에 있어도 백성이 해가 된다고 여기지 않는다.
시이천하 是以天下		그러므로 세상의 모든 사람이
락추이불염 樂推而不厭。		떠받들기를 즐기고 싫어하지 않는다.

이 기 부 쟁 以其不爭,	전 제	다투지 않음으로
고 천 하 막 능 여 지 쟁 故天下莫能與之爭³。		세상의 누구도 그와 다툴 수 없다.

1. 江海所以能爲百谷王者, 以其善下之

'所以 … 以其'는 '…한 까닭은 그것이 …하기 때문이다'로 해석한다. 이와 유사한 문장 구조는 7장에 "天地所以能長且久者, 以其不自生"이 나온다. 이와 유사한 의미를 나타내는 문장으로는 61장에 "大國者下流, 天下之交天下之牝"이 나온다. '以其善下之'에서 '之'는 어조사로서 '矣'와 동일하게 보았다. 죽간갑본[1]에는 "以其善下之"가 "以亓(其)能爲百浴(谷)下(그것은 능히 수많은 골짜기의 아래가 되기 때문이다)"라고 기술되어 있다.

2. 是以欲上民, 必以言下之

'以'는 전치사로 목적을 이끌어 '…을', '之'는 '矣'와 같은 역할을 하는 어조사로 보고, "이 때문에 백성의 위에 있고자 하면, 반드시 말을 낮추어야 한다"라고 해석하였다. 죽간갑본[2]에는 "亓(其)才(在)民上也 以

---

1) 최재목, 앞의 책, 86쪽.
2) 위의 책, 87쪽.

논증으로 풀이한 도덕경

言下之(그가 백성 위에 있는 것은 말을 낮추기 때문이다)"라고 기술되어
있다.

3. 以其不爭, 故天下莫能與之爭

이와 유사한 문장 구조가 7장에 "以其不自生. 故能長生"이 나온다.
이 문장에서 '以其' 이하는 원인, '故' 이하는 결과를 나타낸다.

제67장
사람의 앞에 감히 나서지 않아야 한다

천하개위아 天下皆謂我,	전제	세상 사람 모두가 나에게
도대사불초 道大似不肖[1].*		"도는 커서 본받을 수 없는 것 같다"라고 말한다.
부유대 고사불초 夫唯大, 故似不肖。		무릇 크기 때문에 본받을 수 없는 것 같은 것이다.
약초 若肖,		만약 본받을 수 있었다면
구의기세야부 久矣[2]其細也夫[3].		오래전에 아마도 보잘것없는 것이 되었을 것이다.

아유삼보 我有三寶,	주장	나에게 세 가지 보배가 있어,
지이보지 持而保之[4]。		간직하고 지킨다.
일왈자 一曰慈,		첫째는 자애로움이고,
이왈검 二曰儉,		둘째는 검소함이며,
삼왈불감위천하선 三曰不敢爲天下先。		셋째는 세상 사람의 앞에 감히 나서지 않는 것이다.
자 고능용 慈, 故能勇,		자애로우므로 용감할 수 있고,
검 고능광 儉, 故能廣,		검소하므로 넉넉할 수 있으며,
불감위천하선 不敢爲天下先,		세상 사람의 앞에 나서지 않음으로
고능성기장 故能成器長[5]。		존중받는 우두머리가 될 수 있다.

금사자차용 今舍慈且勇[6],		만일 자애로움을 버리고 용감하려 하고,

---

* "天下皆謂我道大, 似不肖。"라고 되어 있다. 진고응은 "天下皆謂我：『道』大, 似不肖。"라고 되어 있다.

사 검 차 광 舍儉且廣,		검소함을 버리고, 넉넉하려 하며,
사 후 차 선 舍後且先,		뒤따르는 것을 버리고, 앞장서려 하면,
사 의 死矣7!		반드시 죽을 것이다!
부 자 이 전 즉 승 夫慈, 以戰則勝,	이 유	자애를 가지고 싸우면 승리하고,
이 수 즉 고 以守則固,		자애로 지키면 공고해지며,
천 장 구 지 天將救之,		하늘이 구원하려 하면
이 자 위 지 以慈衛之8。		자애로 지킨다.

1. 天下皆謂我, 道大似不肖

"天下皆謂我道大, 似不肖"는 일반적으로 '세상 사람 모두가 나의 도는 너무 커서 닮을 수 없는 것 같다고 말한다'라고 해석하는데, 이렇게 해석하면, 70장에서 '吾道大'는 '吾言甚易知甚易行'과 상충하게 되고, '似不肖'는 '天下莫能知, 莫能行'과 중복되게 된다. 또한 道는 노자의 道가 별도로 있는 것이 아니므로 "天下皆謂我 '道大似不肖'(세상 사람들 모두가 나에게 '도는 커서 본받을 수 없는 것 같다고 말한다')'라고 해석하였다. '不肖'에서 '肖'는 본받다, '不'은 못하다로 해석하여 '본받을 수 없는 것 같다'라고 번역하였다.

이에 관해 진고응[1]은 "天下人都大我說: 『道』廣大, 却不像任何具體的

---

1) 陳鼓應, 앞의 책, 306쪽.

東西(천하의 사람들은 모두 나에게 말한다. '도'는 넓고 크지만, 오히려 어떤 구체적인 물건 같지 않다)라고 번역하여 앞부분은 필자와 동일하게 해석하였다.

백서을본[2]에는 "天下口謂我大, 大而不肖(세상 사람들 모두가 나에게 커서 닮을 수 없다라고 말한다)"라고 기술되어 있다. 이석명[3]은 "세상 사람들은 모두 말한다. '당신의 도는 위대한 듯하나 참으로 그런 것 같지 않다'", 김홍경[4]은 "천하 사람이 모두 나를 일컬어 광대(위대)하지만 광대하면서도 어리석다고 하니"라고 번역하였다.

하상공본[5]에는 "天下皆謂我大, 似不肖(천하 사람들 모두가 나에게 커서 닮을 수 없는 것 같다)"라고 기술되어 있다. 이에 관해 이석명[6]은 '천하 사람들이 모두 나를 위대하다고 말하지만, 나는 모자란 사람 같다'라고 번역하였다.

2. 久矣

矣는 어기를 나타내어 어떤 상황이 이미 실현되었거나 형성되었음을 나타내는 것으로, '久矣'는 '오래전에'를 강조한 것이다.

---

2) 國家文物局, 앞의 책, 92쪽.
3) 이석명 역주, 위의 책, 602쪽
4) 김홍경, 위의 책, 400쪽.
5) 河上公 저, 이석명 옮김, 앞의 책, 381쪽.
6) 위의 책, 381쪽.

3. 其細也夫

여기서 '其'는 '道'를 지칭하는 것이 아니라 부사로서 '아마도'와 같이 추측을 나타낸다.

4. 我有三寶, 持而保之

"我有三寶, 持而保之(나에게 세 가지 보배가 있어 간직하고 지킨다)"는 "天下皆謂我, 道大似不肖" 하므로 이에 대한 방책이다. "天下皆謂我, 道大似不肖"에서 '我道'로 풀이하면, 노자는 '노자의 道'를 가지고 있는데, 노자가 또 다른 '三寶'를 가질 이유가 없다.

노자가 三寶를 가지고 있는 것은 일반적으로 道는 커서 닮을 수 없으므로 도를 본받기 위해서 三寶로 구체적으로 표현한 것이다.

5. 器長

'器長'은 '만물의 우두머리', '온 세상의 지도자', '백성의 우두머리', '높은 관리' 등 다양하게 해석한다. 여기서 '器長'이 되는 조건이 '不敢爲天下先'이므로 '器'의 의미는 어느 곳의 우두머리를 나타내는 것이 아니고 어떤 유형의 우두머리를 나타낸다고 생각한다. '器'는 '존중하다'는 뜻이 있으므로 '器長'은 '존중받는 우두머리'라고 번역하였다.

6. 今舍慈且勇

일반적으로 '今'을 '지금'으로 풀이하여 '지금 사람들은 자애로움을 버리고 용맹하려 하며'라고 번역한다. 그러나 '舍慈且勇해서 死矣' 하는 것은 지금뿐만이 아니라 언제든지 '舍慈且勇' 하면 '死矣'라는 것이다.

따라서 수은 '지금'을 의미하는 시제를 나타내는 것이 아니고, 접속사로 '가정'을 나타낸 것이다. '만일 사람들이 자애로움을 버리고 또한 용감 하려고 하면,'으로 해석하였다.

7. 死矣

矣는 어조사로 필연적인 추측을 나타낸다. '死矣'는 '죽을 것이다'를 강조한 것이다.

8. 夫慈, 以戰則勝, 以守則固, 天將救之, 以慈衛之

'以'는 동작·행위의 도구·수단을 나타내는 전치사로써 '자애를 가지고 싸우면 승리하고, 자애로 지키면 공고해진다. 하늘이 百姓을 구제하려고 하는 경우 자애로 호위하는 것이다' 앞의 三寶, 즉 '慈', '儉', '不敢爲天下先' 중에서 여기서는 慈에 관해서만 설명하고 있다.

논증으로 풀이한 도덕경

제68장

잘 수행한 무사는 무력을 쓰지 않는다

선 위 사 자 불 무 善爲士者¹不武,	주 장	잘 수행한 무사는 무력을 쓰지 않고,
선 전 자 불 노 善戰者不怒,		싸움을 잘하는 사람은 화를 내지 않으며,
선 승 저 자 불 여 善勝敵者不與,		적을 잘 이기는 사람은 맞붙지 않고,
선 용 인 자 위 지 하 善用人者爲之下².		사람을 잘 부리는 자는 그들에게 자신을 낮춘다.
시 위 부 쟁 지 덕 是謂不爭之德,	이 유	이를 일러 다투지 않는 덕이라고 하고,
시 위 용 인 지 력 是謂用人之力,		이를 일러 사람을 쓰는 힘이라고 하며,
시 위 배 천 是謂配天³.*		이를 일러 하늘의 도리에 걸맞다고 한다.
고 지 극 古之極⁴.	전 제	예로부터 내려오는 지극한 준칙이다.

1. 善爲士者

15장에 "古之善爲士者, 微妙玄通, 深不可識"이라는 문장이 나온다. 옛날의 道를 잘 닦은 사람은 微妙하고 통달(玄通)하여 그들의 깊이를

---

* '是謂配天,'이라고 되어 있다. '古之極'은 왜 '是謂 … 配天'이라고 하는가를 나타내므로 앞에 마침표를 사용하였다.

알 수가 없다고 하였다. '善爲士者' 뒤에 '不武'라는 단어가 나오기 때문에 '잘 수행한 무사'로 풀이하였다.

2. 善用人者爲之下

'爲'는 전치사로서 '…에게', '之'는 '人', 그러면 '爲之'는 '그들에게'가 되며, '下'는 동사로 '낮추다'이다. 따라서 "善用人者爲之下"는 '사람을 잘 부리는 사람은 그들에게 자신을 낮추다'라고 해석하였다.

3. 是謂配天

이 장에서 '是謂'가 3번 나오는데, '是'가 가리키는 것은 모두 다르다. 첫 번째 '是'는 '善爲士者不武, 善戰者不怒, 善勝敵者不與', 두 번째 '是'는 '善用人者爲之下', 세 번째 '是'는 '是謂不爭之德, 是謂用人之力'을 가리킨다.

'配'는 '짝짓다', '걸맞다'라는 뜻으로 '配天'은 '하늘의 도리에 걸맞다'로 해석하였다.

4. 古之極

'古之'는 '예로부터 내려오는', '極'은 '지극한 법칙'으로 해석하였다.

제69장

군사를 잘 부리는 자는 한 치를 전진하지 않고
한 자를 후퇴한다고 한다

용 병 유 언 用兵有言[1]*	주 장	군사를 부리는 자는 이런 말을 간직하고 있다.
오 불 감 위 주 이 위 객 吾不敢爲主而爲客,		나는 전쟁에서 감히 주체가 되지 않고 객체가 되며,
불 감 진 촌 이 퇴 척 不敢進寸而退尺。		감히 한 치를 전진하지 않고 한 자를 후퇴한다.

시 위 항 무 항 是謂行無行[2],	이 유	이를 일러 없는 대열을 배치하고,
양 무 비 攘無臂,		없는 팔을 걷어붙이며,
잉 무 적 扔無敵[3],		없는 적을 쳐부수고,
집 무 병 執無兵。		없는 병기를 든다고 한다.

화 막 대 어 경 적 禍莫大於輕敵[4],	전 제	적을 가볍게 여기는 것보다 더 큰 재난은 없으니,
경 적 기 상 오 보 輕敵幾喪吾寶[5]。		적을 가볍게 여기면 우리의 보배를 대부분 잃게 된다.
고 항 병 상 가 故抗兵相加,		그러므로 겨루던 병사가 서로 공격할 때
애 자 승 의 哀者勝矣。		적을 불쌍히 여기는 자가 승리하게 된다.

---

* '用兵有言,'이라고 되어 있다. 진고응과 같다.

1. 用兵有言

"用兵有言"은 다음과 같이 두 가지 방법으로 해석할 수 있다. 첫째는 '用兵'은 부사, '有(있다)'는 동사, '言'은 주어, "군사를 부리는데 이런 말이 있다"이며, 둘째는 '用兵'은 '善用兵家'로 주어, '有(가지다)'는 동사, '言'은 목적어, "훌륭하게 군사를 부리는 자는 이런 말을 간직하고 있다"이다. 이 장에서 "用兵有言 … 寸而退尺."은 주장의 근거역할을 하며 이 문장 뒤의 주어인 '吾'가 나오므로 여기서는 두 번째 방식으로 해석하였다.

2. 是謂行無行

일반적으로 行을 '다닐 행'으로 풀이하는데, 여기서는 '항렬 항'으로 군대 대열을 배치하는 것을 의미한다. 따라서 이는 '없는 군대 대열을 배치한다'라는 의미이다.

3. 扔無敵

'扔'은 38장에도 나오는데, 이때 '扔'은 '당길 잉'이고, 이 장의 '扔'은 '부술 잉'으로 '扔無敵'은 '없는 적을 부수다'라는 의미이다. 이에 관해 하상공[1]은 "雖欲仍引之, 若無敵可仍也(비록 처부수어 물러나게 하려 해도

---

1) 최상용, 『내 안에 나를 키우는 도덕경』, 292쪽.

논증으로 풀이한 도덕경

쳐부술 적이 없는 깃과 같다)"라고 주석하여 필자의 해석과 일지한다.

4. 禍莫大於輕敵

백서을본[2]에 "禍莫大於无敵, 无敵近亡吾寶矣(상대할 적이 없는 것보다
더 큰 화가 없다)"라고 기술되어 있다. 이와 유사하게 왕필은[3] "言吾哀
慈謙退, 非欲以取強,無敵於天下也. 不得已而卒至於無敵, 斯乃吾之所
以爲大禍也(나는 불쌍히 여기고 사랑하여 겸손하고 물러서니, 강함을 가짐으
로써 천하의 무적이 되고자 하는 것이 아니다. 그런데 부득이하게 난데없이 천하
의 무적이 되면, 이것이야말로 내가 큰 화로 여기는 까닭이라는 말이다)"라고
풀이하였다.

5. 輕敵幾喪吾寶

'寶'는 많은 경우 67장의 "我有三寶"의 의미로 해석하는데, 이 장에
서의 '寶'는 67장의 '寶'의 의미와는 다르다. 왜냐하면, 67장의 '三寶'는
도가 커서 닮을 수 없으므로 노자가 도를 닮기 위해서 따르는 것이
고, 이 장의 '寶'는 적을 가볍게 여기는 자가 잃을 수 있는 소중한 것
이기 때문이다.

---

2) 國家文物局, 앞의 책, 92쪽.
3) 樓宇烈, 앞의 책, 174쪽.

제70장

성인은 베옷을 입고 구슬을 품고 있다

오 언 심 이 지　심 이 행 吾言甚易知, 甚易行。	근 거	나의 말은 매우 알기 쉽고, 매우 행하기 쉬운데,
천 하 막 능 지　막 능 행 天下莫能知, 莫能行。		세상 사람들이 알지 못하고, 행하지 못한다.

언 유 종　사 유 군 言有宗, 事有君[1]。		말에는 주된 뜻이 있고, 일에는 근본 이치가 있다.
부 유 무 지 夫唯無知,		무릇 사람들이 이를 모르기 때문에
시 이 불 아 지 是以不我知。	이 유	나를 알지 못한다.
지 아 자 희 知我者希,		나를 아는 사람은 드물고,
칙 아 자 귀 則我者貴[2]。		나를 본받는 사람은 귀하다.

시 이 성 인 是以聖人	주 장	이 때문에 성인은
피 갈 회 옥 被褐懷玉[3]。		베옷을 입고 있지만, 구슬을 품고 있다.

1. 言有宗, 事有君

　이 문장에서 '吾言甚易知 - 莫能知 - 言有宗'으로 연결되며, '甚易行 - 莫能行 - 事有君'으로 연결된다. "言有宗"에서 '宗'은 '宗旨'로서 '주장

하는 것이 요지이거나 근본이 되는 중요한 뜻'으로 보았다. '君'은 사람으로 풀이하는 예도 있는데, 사람이 아니라 '일이 가지고 있는 특성'으로 '일의 근본 이치'로 풀이하였다.

47장의 '不出戶, 知天下'에 관해서 왕필은[1] "事有宗, 而物有主(일에는 주된 뜻이 있고, 만물에는 주인이 있다)"라고 풀이하여, '宗, 君, 主' 등이 특별히 구분 없이 쓰였다.

2. 知我者希, 則我者貴

일반적으로 則은 '…하면, 곧'으로 '知我者希'는 원인, '則我者貴'는 결과로 '나를 아는 자가 드물어서 내가 貴하다'와 같이 풀이한다. 그러나 이처럼 풀이하기 위해서는 '知我者希, 則我貴'라고 되어 者가 불필요하다. 그러므로 두 문장은 인과관계가 아니고, 서로 병렬의 문장으로 주어는 각각 '知我者, 則我者'이다. 여기서 '則'은 '곧 즉'이 아니고 '본받을 칙'이다. '知我(甚易知, 天下莫能知), 則我(甚易行, 莫能行)'의 관계에 있다. 이렇게 파악하면, "나를 아는 사람은 드물고, 나를 본받는 사람은 귀하다"가 된다. 여기서는 '貴'가 '希'에 비해서 드문 정도가 더욱 큰 것을 의미한다.

---

1) 위의 책, 126쪽.

3. 被褐懷玉

'被褐'과 '懷玉'은 "被褐하고 懷玉한다(베옷을 입고, 구슬을 품고 있다)"라
고 해석하는 예가 많이 있다. 그러나 '被褐'과 '懷玉'은 상반된 의미가
있으므로 "被褐하지만 懷玉한다(베옷을 입고 있지만, 구슬을 품고 있다)"라
고 해석하는 것이 더욱 자연스럽다.

논증으로 풀이한 도덕경

제71장

흠을 흠이라고 여기면 흠이 없다

<ruby>知<rt>지</rt></ruby><ruby>不<rt>부</rt></ruby><ruby>知<rt>지</rt></ruby>, <ruby>上<rt>상</rt></ruby>;	전 제	아는데 모르는 체하는 것은 좋은 것이고,
<ruby>不<rt>부</rt></ruby><ruby>知<rt>지</rt></ruby><ruby>知<rt>지</rt></ruby>, <ruby>病<rt>병</rt></ruby>[1]。		모르는데 아는 체하는 것은 흠이다.

<ruby>夫<rt>부</rt></ruby><ruby>唯<rt>유</rt></ruby><ruby>病<rt>병</rt></ruby><ruby>病<rt>병</rt></ruby>[2],	이 유	무릇 흠을 흠이라 여기므로
<ruby>是<rt>시</rt></ruby><ruby>以<rt>이</rt></ruby><ruby>不<rt>불</rt></ruby><ruby>病<rt>병</rt></ruby>。		흠이 없는 것이다.

<ruby>聖<rt>성</rt></ruby><ruby>人<rt>인</rt></ruby><ruby>不<rt>불</rt></ruby><ruby>病<rt>병</rt></ruby>,	주 장	성인은 흠이 없는데,
<ruby>以<rt>이</rt></ruby><ruby>其<rt>기</rt></ruby><ruby>病<rt>병</rt></ruby><ruby>病<rt>병</rt></ruby>,		흠을 흠이라 여기기 때문에
<ruby>是<rt>시</rt></ruby><ruby>以<rt>이</rt></ruby><ruby>不<rt>불</rt></ruby><ruby>病<rt>병</rt></ruby>。		흠이 없는 것이다.

1. 知不知, 上; 不知知, 病

두 문장을 일관성 있게 해석하면 두 가지가 가능하다. 하나는 "모른다는 것을 아는 것은 좋은 것이고, 안다는 것을 모르는 것은 흠이다"이다. 그러나 여기서 안다는 것을 모르는 것이 흠은 아니기 때문에 이렇게 해석할 수 없다.

또 하나의 해석은 '不知'에서 '知'를 '드러내다'라고 풀이하여 "아는데 드러내지 않는 것은 좋은 것이고, 모르면서 드러내는 것은 흠이다"이다. 이를 조금 변형시키면 "아는데 모르는 체하는 것은 좋은 것이고, 모르면서 아는 체하는 것은 흠이다"라고 해석할 수 있다.

백서갑본[1]에는 "知不知尙矣. 不知不知病矣"라고 기술되어 있는데, 이는 "아는데 모르는 체 하는 것은 좋은 것이고, 모르는데 아는 체하는 것은 흠이다"라고 해석할 수 있다.

2. 夫唯病病

'病病'의 앞의 '病'을 일반적으로 '病으로 여기다', '病으로 알다'라고 해석하는데, 사전적 의미는 '괴로워하다'라는 의미가 있다.

여기서는 '病病'을 '病을 괴로워하다'라고 풀이하여 의역해서 '病을 病으로 여기다'라고 해석하였다. 또한 뒤에 나오는 '病'은 '깊이 뿌리박힌 잘못이나 결점'의 의미가 있으므로 '흠'으로 해석하였다.

---

1) 國家文物局, 앞의 책, 6쪽.

논증으로 풀이한 도덕경

제72장

성인은 자신을 스스로 드러내지 않는다

민 불 외 위 民不畏威,	전 제	백성이 억누름을 두려워하지 않으면
즉 대 위 지 則大威至[1]。		큰 위기가 닥친다.

무 압 기 소 거 無狎其所居,		백성이 거주하는 곳을 업신여기지 않아야,
무 염 기 소 생 無厭其所生[2]。	이 유	백성이 사는 곳을 싫어하지 않는다.
부 유 불 엽 夫唯不厭,		무릇 억누르지 않아야,
시 이 불 엽 是以不厭[3]。		그래서 싫어하지 않는다.

시 이 성 인 是以聖人		그러므로 성인은
자 지 부 자 현 自知, 不自見[4];	주 장	자신을 알지만, 자신을 드러내지 않고,
자 애 부 자 귀 自愛, 不自貴。		자신을 아끼지만, 자신을 귀하게 여기지 않는다.
고 거 피 취 차 故去彼取此。		그래서 저것을 버리고 이것을 취하여야 한다.

1. 民不畏威, 則大威至

'民不畏威'에서 '威'의 주체는 '民'과 대응되는 '통치자'이다. 그리고 '民'이 두려워하지 않는 것은 통치자가 권위를 이용하여 '民'에 부과하는 억누름이라고 할 수 있다. '則大威至'에서 則은 만약에 '民不畏威' 하면 곧, 통치자에게 '大威'가 발생한다는 것인데, '大威'는 통치자의 행위에 대한 民의 크나큰 저항으로 해석할 수 있다.

백서을본[1]에는 "民之不畏畏(威), 則大畏將至矣"라고 기술되어 있다. "백성이 위엄을 두려워하지 않으면 장차 큰 두려움이 이르게 될 것이다"라고 해석할 수 있다.

2. 無狎其所居, 無厭其所生

이 문장은 일반적으로 "백성이 사는 곳을 억누르지 말고, 그들의 삶을 핍박하지 마라"라고 해석하는데, 이렇게 하면 앞뒤 문장의 의미가 같아진다.

두 문장의 구조는 같게 보이나, '無狎其所居'는 주어가 통치자인 조건절이고, '無厭其所生'은 주어가 백성인 주절이다. 따라서 "통치자가 백성이 사는 곳을 업신여기지 않아야 백성이 사는 곳을 싫어(厭)하지 않는다"라고 해석할 수 있다.

---

1) 위의 책, 92쪽.

　　　　　　　　논증으로 풀이한 도덕경

3. 無狎其所居, 無厭其所生. 夫唯不厭, 是以不厭

『도덕경』에서 '夫唯 … 是以'는 72장을 제외하고 2장, 59장, 70장, 71장에 나오는데, '夫唯' 뒤에 조건과 '是以' 뒤에는 결과를 제시한다. 또한 '夫唯' 앞에는 '夫唯' 뒤에 나오는 조건과 결과에 해당하는 내용이 제시되어 있다. [2)]

'夫唯' 뒤에 나오는 '不厭(억누르지 않는다)'은 조건이고, '是以' 뒤에 나오는 '不厭(싫어하지 않는다)'은 결과가 된다. 또한 이러한 조건과 결과에 해당하는 것이 '夫唯' 앞에 "無狎其所居, 無厭其所生(거주하는 곳을 억누르지 않아야 사는 곳을 싫어하지 않는다)"라고 제시되어 있다.

이런 이유에서 "無狎其所居, 無厭其所生"을 "백성이 사는 곳을 억누르지 말고, 그들의 삶을 핍박하지 마라"라고 해석하는 것은 옳지 않다.

일반적으로 "夫唯(統治者)不厭(民), 是以(民)不厭(統治者)"으로 보고 "통치자가 백성들은 억누르지 않아야만, 백성들이 통치자를 미워하지 않는다"라고 해석하는데, 이 문장과 같은 의미를 가진 "無狎其所居, 無厭其所生(통치자가 백성이 거주하는 곳을 업신여기지 않아야, 백성들이 사는 곳을 싫어하지 않는다)라고 '夫唯 … 是以' 앞에 나와 있으므로 '是以不厭'의 목적어는 통치자가 아니고, '其所生', 즉 '백성이 사는 곳'이다.

"夫唯不厭"에서 '厭'은 '누를 엽'이고, "是以不厭"에서 '厭'은 '싫어할 염'으로 '夫唯[治者]不厭[其所生], 是以[民]不厭[其所生]'이다. 즉, '무릇 (통치자가 백성이 사는 곳을) 억누르지 않아야, 그래서 (백성이 사는 곳을) 싫어하

---

2) 2장. 功成而弗居. 夫唯弗居, 是以不去, 59장. 治人事天莫若嗇. 夫唯嗇, 是以早服, 70장. 天下莫能知, 莫能行. 夫唯無知, 是以不我知, 71장. 不知知, 病. 夫唯病病, 是以不病

지 않는다'라고 해석하여야 한다.

이 문장을 71장의 "不知知, 病. 夫唯病病, 是以不病"과 비교하면 "夫唯不厭, 是以不厭(무릇 억누르지 않아야 그래서 싫어하지 않는다"에 해당하는 부분이 "夫唯病病, 是以不病(무릇 흠을 흠이라 여기므로 흠이 없는 것이다)"으로 '夫唯' 뒤에는 조건과 '是以' 뒤에는 결과가 제시되었다. 이 장의 '夫唯' 앞에 나오는 "無狎其所居, 無厭其所生(백성이 거주하는 곳을 업신여기지 않아야, 백성이 사는 곳을 싫어하지 않는다"에 해당하는 부분이 "不知知, 病(모르는데 아는 체 하는 것은 흠이다)"인데, 두 개장의 문장 구조가 같다.

4. 自知, 不自見

'自知'에서 '自'는 '스스로'의 의미인 부사로 해석하면 목적어가 필요하므로 '自'는 대명사 '자신', 따라서 '自知'는 '자기 역량을 자기가 앎', '不自見'에서 '自' 또한 '자신'의 의미로 '見'의 목적어로 "자신을 내보이지 않는다"라고 해석한다. '自愛, 不自貴' 또한 "자신을 사랑하지만, 자신을 귀하게 여기지 않는다"라고 해석한다.

제73장

성인은 감행하는 것을 어려워한다

용 어 감 즉 살 勇於敢則殺,	이 유	감히 실행하는데 용감하면 죽임을 당하고,
용 어 불 감 즉 활 勇於不敢則活[1]。		감히 실행하는데 용감하지 않으면 살아남는다.
차 양 자 혹 리 혹 해 此兩者, 或利或害[2]。		이 둘은 때로는 이롭기도 하고 때로는 해롭기도 하다.
천 지 소 오 숙 지 기 고 天之所惡, 孰知其故[3]?		하늘이 싫어하는 것, 누가 그 까닭을 알겠는가?

시 이 성 인 是以聖人	주 장	그래서 성인은
유 난 지 猶難之[4]。		오히려 그것을 어려워한다.

천 지 도 天之道,	전 제	하늘의 도는
부 쟁 이 선 승 不爭而善勝,		다투지 않아도 잘 이기고,
불 언 이 선 응 不言而善應,		말하지 않아도 잘 응하며,
불 소 이 자 래 不召而自來,		부르지 않아도 저절로 오고,
천 연 이 선 모 繟然而善謀。		느슨하면서 잘 꾀한다.
천 망 회 회 天網恢恢,		하늘의 그물은 넓고 넓어
소 이 불 실 疏而不失[5]。		듬성듬성하지만 놓치지 않는다.

1. 勇於敢則殺, 勇於不敢則活

'勇於敢' 또는 '勇於不敢' 하는 주체는 통치자이며, '天之所惡, 孰知其故' 하므로 '是以聖人猶難之'라고 하였다. 따라서 '殺'과 '活'은 통치자가 다른 사람을 죽이거나 살리는 것이 아니고 통치자 본인이 죽고 사는 것이다.

2. 此兩者, 或利或害

많은 경우 '或利或害'에서 '或'은 '此兩者' 중에서 '或利'는 '勇於不敢', '或害'는 '勇於敢'로 풀이한다. 이러한 해석은 살아남는 것은 이롭고, 죽임을 당하는 것은 해롭다는 전제하에서 해석이다. 그러나 '或利或害'는 산다고 무조건 이로운 것이 아니고 해로운 때도 있고, 죽는다고 무조건 해로운 것이 아니고 이로운 때도 있다는 것이다.

여기서 '或'의 의미는 '勇於不敢', '勇於敢'의 경우 그 결과는 어떨 때는 살아남고, 어떨 때는 죽임을 당하는데 그 생사가 각각 어떨 때는 이익이 되고 어떨 때는 해로움이 된다는 것이다. '勇於不敢' 하여 살아남는 것이 때로는 이롭기도 하고 해롭기도 하며, '勇於敢' 하여 죽임을 당하는 것이 때로는 이롭기도 하고 해롭기도 하다는 것이다. 즉, '此兩者, 或利, 此兩者, 或害'의 의미이다.

따라서 언제 '勇於敢' 하고 '勇於不敢' 하여야 하는가는 하늘만이 알 수 있는 것으로 아무도 모른다는 것이다. 이에 관해서 언제나 '勇於不敢' 하면 이롭고, '勇於敢' 하면 해롭다면 '天之所惡' 하는 것은 '勇於敢'이고, 그 결과 성인이 어려워할 이유가 없다는 것이 된다.

논증으로 풀이한 도덕경

이에 관해 여길보[1]는 "勇于敢者, 人以爲利而害或在其中矣. 勇于不敢者. 人以爲害而利或在其中矣(감히 실행하는데 용감한 것을 사람들은 이롭다고 여기지만 때로는 해로움이 그 가운데 있을 수 있고, 감히 실행하는데 용감하지 않다는 것을 사람들은 해롭다고 여기지만 때로는 이로움이 그 가운데 있을 수 있다)"라고 주석하였다.

3. 天之所惡, 孰知其故

孰知의 목적어를 '天之所惡의 其故'로 보고, "하늘이 싫어하는 것에 대하여 그 이유를 누가 알겠는가?"로 해석하였다.

4. 是以聖人猶難之

'猶難之'에서 '之'가 의미하는 것은 왕필은[2] "… 夫聖人之明, 猶難於勇敢, 況無聖人之明, … (무릇 성인의 밝음으로도 오히려 감히 실행하는데 용감하기가 어려운데,)"라고 풀이하여 '勇於敢'만을 언급하고 있다.

그러나 聖人도 어느 상황에 처한 경우에 때로는 '勇於敢' 하고 때로는 '勇於不敢' 해야 하므로 '之'는 어느 때는 '勇於敢' 하고 어느 때는 '勇於不敢' 해야 하는 것을 선택하는 것으로 해석하였다.

이 문장은 의미는 다르지만 63장에 나오고, 백서본에는 없다.

---

1) 焦竑, 앞의 책, 4권, 23쪽.
2) 樓宇烈, 앞의 책, 182쪽.

5. 天之道, 不爭而善勝, 不言而善應, 不召而自來, 繟然而善謀.
　天網恢恢, 疎而不失.

　언제 '勇於敢' 하고 '勇於不敢' 하여야 하는가는 하늘만이 알 수 있으나, 하늘의 '道'는 '不爭 … 善謀' 하는 것이기 때문에 이에 맞추어서 '勇於敢'과 '勇於不敢'에 관한 의사결정을 하여야 한다는 것이다. 왜냐하면, 하늘은 아무것도 놓치는 것이 없기 때문이다.

제74장

대신 깎는 자가 손을 다치지 않는 경우는 드물다

	전제	
민 불 외 사 民不畏死,		백성이 죽음을 두려워하지 않으면
내 하 이 사 구 지 奈何以死懼之[1]!		어떻게 죽임으로써 백성을 두려워하게 할 수 있겠는가!

	이유	
약 사 민 상 외 사 若使民常畏死,		만약 백성이 언제나 죽음을 두려워하게 하고,
이 위 기 자 而爲奇者		기이한 짓을 하는 자를
오 득 집 이 살 지 吾得執而殺之[2],		우리가 잡아 죽일 수 있다면
숙 감 孰敢[3]?		누가 감히 그런 짓을 하겠는가?

	주장	
상 유 사 살 자 살 常有司殺者殺,		언제나 죽이는 자가 있어 죽이는데,
부 대 사 사 자 살 夫代司殺者殺,		죽이는 자를 대신하여 죽이는 것을
시 위 대 대 장 착 是謂代大匠斲。		능숙한 목수를 대신하여 나무를 깎는다고 한다.
부 대 대 장 착 자 夫代大匠斲者,		무릇 목수를 대신하여 나무를 깎는 자가
희 유 불 상 기 수 의 希有不傷其手矣。		손을 다치지 않는 경우는 드물다.

1. 民不畏死, 奈何以死懼之

왜 百姓이 죽음을 두려워하지 않을 수 있을까? 그것은 사는 것이 죽는 것보다 더 고통스러운 상황에 부닥쳐있기 때문일 것이다. 그러면 그 원인은 무엇일까? 爲政者가 道로써 다스리지 않기 때문이다. 즉, 백성을 공평하게 다스리지 않을 수도 있고, 통치를 잘못하여 먹고 살 것이 없어 죽음을 불사하고 살려고 하기 때문일 수도 있다. 그리고 '畏死'에서 '死'는 '죽다'의 명사형으로 '죽음'이고, '以死'에서 '死'는 '죽이다'의 명사형인 '죽임'이다.

2. 吾得執而殺之

'吾得執而殺之'는 '若'과 연결되어 가정의 문장이 되며, 得은 '…를 할 수 있다'라는 조동사, 執은 '잡다'라는 동사, 之는 '爲奇者'이다. 따라서 '吾得執而殺之'는 '우리가 기이한 짓을 하는 사람을 잡아 죽일 수 있다면,'이라고 풀이할 수 있다. '吾'는 일반적으로 '내가', 즉 『도덕경』의 저자로 풀이하는데, 저자가 '기이한 짓을 하는 자를 잡아 죽이는 것은 불가능하므로 사회구성원인 '우리'로 풀이하였다.

백서갑본[1]에는 '吾將得而殺之'라고 기술되어 있다. 여기서 '將'은 '…를 한다면'의 접속사, 得以는 '…할 수 있다'는 조동사이다. 따라서 '우리가 기이한 짓을 하는 사람을 잡아 죽일 수 있다면'이라고 해석할 수 있다.

---

1) 國家文物局, 앞의 책, 6쪽.

논증으로 풀이한 도덕경

3. 孰敢

'孰敢'에 관해서는 일반적으로 '孰敢殺' 또는 '孰敢爲奇'로 풀이한다. 만약에 '孰敢殺'로 풀이하는 경우에는 이미 '吾殺之'라고 하였기 때문에 이는 이치에 맞지 않는다. 이러한 이치에 맞게 하기 위해서는 '孰敢'을 우리 중의 누구로 한정시켜야 하는데, 이러면 죽일 사람이 없어서 '爲奇者'를 죽이지 못한다는 의미가 된다. 따라서 '孰敢爲奇'로 풀이하여 '奈何以死懼之'에 대응하는 문장으로 보아야 한다. 이렇게 풀이해야 "若使民常畏死, 而爲奇者, 吾得執而殺之"의 결과를 제시하게 되는 것이다.

제75장

삶을 위하지 않는 것이 귀하게 여기는 것보다 낫다

민 지 기 民之饑,	근 거 · 이 유 ①	백성이 굶주리는 것은
이 기 상 식 세 지 다 以其上食稅之多**1**,		윗사람이 세금을 많이 거두어들이기에
시 이 기 是以饑。		그래서 굶주린다.

민 지 난 치 民之難治,	근 거 · 이 유 ②	백성을 다스리기 어려운 것은
이 기 상 지 유 위 以其上之有爲**2**,		윗사람이 인위적으로 다스리기에
시 이 난 치 是以難治。		그래서 다스리기 어렵다.

민 지 경 사 民之輕死,	근 거 · 이 유 ③	백성이 가볍게 죽는 것은
이 기 구 생 지 후 以其求生之厚**3**,		살아남으려는 집착이 너무 크기에
시 이 경 사 是以輕死。		그래서 가볍게 죽는다.

부 유 무 이 생 위 자 夫唯無以生爲者**4**,	주 장	무릇 삶을 위할 수 없는 것이
시 현 어 귀 생 是賢於貴生。		삶을 귀하게 여기는 것보다 더 낫다.

1. 民之饑, 以其上食稅之多

"民之饑"에서 '之'는 어조사로서 주어와 술어 사이에 놓여 주격조사의 역할을 한다. '…가(이)', '…은(는)'라고 풀이한다. '以'는 전치사로서 동작·행위의 원인이나 이유를 끌어내며 '…때문이다'라고 해석한다.

"上食稅之多"에서 '上'은 주어로 윗사람(통치자)에 해당하고, '食'은 술어이고, '稅之多'는 '세금이 많은 것'으로 목적어가 된다. 이 장에서 '以其'는 세 번 나오는데, 'A, 以其 B'는 'A인 까닭은 B이기 때문이다'와 같이 정형화된 표현이다.

2. 民之難治, 以其上之有爲

'民之饑'나 '民之輕死'에서 '之'는 어조사로서 주격을 나타냈으나, '民之難治'에서 '之'는 어조사로서 목적어가 앞에 있다는 것을 나타낸다. 따라서 '難治'의 주어인 '上'이 생략되어 있다. 원래의 문장은 "上難治民"으로 "위정자가 백성을 다스리기 어렵다"라고 풀이할 수 있다. '上之有爲'는 통치자가 '無爲'로 다스리는 것이 아니라 어떤 의도를 가지고 다스리는 것을 의미한다.

3. 民之輕死, 以其求生之厚

"民之輕死"의 원인을 윗사람에게 있는 것으로 보고 "윗사람이 두터운 삶을 구하기 때문이다"라고 풀이하는 예가 많이 있다. 그러나 이러한 해석은 앞에 나오는 세금을 많이 거두어들이는 것과 중복된다. 즉 백성이 가볍게 죽는 것은 윗사람이 풍족한 생활을 추구하기 때문으로 되는데, 이는 백성이 가볍게 죽는 것을 설명하지 못한다. 그러므로 동사 '求'의 주어는 '上'이 아니고 '民'이어야 한다. 즉, "求生之厚"는 "求+生之厚(두터운 삶을 구하다)"가 아니라 "民求生+之+厚(백성이 삶을 추구하는 것(民求生)이 두텁다"이다. 즉, 세금이 많아 백성은 굶주리고, 통치자가 꾸밈이 많아 살기가 어려운 상황에서는 살아남기 위해서 죽음도 가볍게 여긴다는 것이다.

4. 夫唯無以生爲者

이 문장은 "民之饑, 民之難治, 民之輕死"로부터 나온 주장인데, 그 원인의 제공자는 '上(통치자)'이므로 주어는 통치자이다. "無以生爲者"는 앞에 부정어 '無以'가 있으므로 "無以爲生者"가 '爲'와 '爲'의 목적어 '生'이 도치된 것이다.

『도덕경』에서 '無以+동사'는 75장 이외에 38장에서 2회[1], 39장에서 6회[2] 출현하는데,[3] '無以'는 뒤에 동사가 나오면 '동사 할 수 없다'라고 해석하며,[4] '無以'는 뒤에 명사가 나오면 '명사가 없다'라고 해석한

---

1) 上德無爲而無以爲, …. 上仁爲之而無以爲,
2) 天無以淸將恐裂, 地無以寧將恐發, 神無以靈將恐歇, 谷無以盈將恐竭, 萬物無以生將恐滅, 侯王無以貴高將恐蹶。
3) 78장의 '以其無以易之'는 '以其無+以易之'로 '無以+동사'의 형태가 아니다.
4) 『禮記』「제4 檀弓下」: "子路曰: 傷哉貧也! 生無以爲養死無以爲禮也.(부모님이 살아 계실 때에는 봉양을 할 수 없었고, 돌아가신 뒤에는 예를 행할 수가 없구나)(예기 단궁하편)

다.[5]

"無以生爲者"는 "無以(할 수 없다)+爲生(삶을 위하다)+者(…하는 것)"으로 전체 문장은 "무릇 삶을 위할 수 없는 것이 삶을 귀하게 여기는 것보다 더 낫다"라는 것이다.

---

5) 『孟子』「梁惠王 章句上-4장」: "孟子對曰: 殺人以挺與刃有以異乎? 曰: 無以異也(몽둥이로 사람을 죽이거나 칼로 사람을 죽인다면 다른 점이 있습니까? 다를 것이 없습니다)"

제76장
강한 것은 아래, 약한 것은 위를 차지한다

인 지 생 야 유 약 人之生也柔弱¹,		근 거	사람이 살아 있으면 부드럽고 연약하지만,
기 사 야 견 강 其死也堅强。			죽으면 굳고 뻣뻣하다.
만 물 초 목 지 생 야 유 취 萬物草木²之生也柔脆,			세상의 모든 풀과 나무도 살아 있으면 부드럽고 무르지만,
기 사 야 고 고 其死也枯槁。			죽으면 시들고 마른다.

고 견 강 자 사 지 도 故堅强者死之徒,		이 유	그러므로 굳고 뻣뻣한 것은 죽어 있는 무리이고,
유 약 자 생 지 도 柔弱者生之徒。			부드럽고 연약한 것은 살아 있는 무리이다.

시 이 병 강 즉 불 승 是以兵强則不勝,		주 장	그래서 군사가 강하면 이기지 못하고,
목 강 즉 병 木强則兵³。			나무도 강하면 부러진다.
강 대 처 하 유 약 처 상 强大處下, 柔弱處上。			강하고 큰 것은 아래, 부드럽고 연약한 것은 위를 차지한다.

1. 人之生也柔弱

'也'는 주어나 부사어의 뒤에 쓰여 잠시 쉬어 감을 나타내거나 어기를 완화하는 역할을 한다.

2. 萬物草木

일반적으로 '만물'과 '초목'으로 풀이하는데, 만물 중에서 사람은 앞에서 제시가 되어 있고, '萬物'을 '세상에 있는 모든 것'으로 보면 굳이 '草木'을 거론할 필요가 없으므로 '세상의 모든 풀과 나무'로 풀이하였다. 그래서 '人'은 '모든 사람', '만물초목'은 '모든 식물'을 지칭하는 것으로 해석하였다. 초횡본[1]에는 '萬物'이 없다.

3. 木強則兵

'強'은 '성하다'라는 의미가 있으며, '兵'은 '상하다'는 의미를 지니기 때문에 "나무도 강하면 부러진다"라고 풀이하였다. '베어진다'라고 번역하는 예도 있는데 이러한 현상은 인위적인 행위가 포함되기 때문에 적절하지 않다고 생각된다.

---

1) 焦竑, 앞의 책, 4권, 27쪽.

제77장
하늘의 도는 남는 것은 덜어내고
부족한 것은 보충한다

천 지 도 기 유 장 궁 여 天之道, 其¹猶張弓與²!		하늘의 도는 아마도 활대에 줄을 매는 것과 같을 것이다!
고 자 억 지 高者抑之,		높은 곳은 내리누르고,
하 자 거 지 下者擧之;	전 제	낮은 곳은 들어 올린다.
유 여 자 손 지 有餘者損之,		남는 것은 덜어내고,
부 족 자 보 지 不足者補之。		부족한 것은 보충한다.

천 지 도 天之道,		하늘의 도는
손 유 여 이 보 부 족 損有餘而補不足。		남는 것에서 덜어내어 부족한 것을 보충한다.
인 지 도 즉 불 연 人之道則不然³,	이 유	사람의 도는 그렇지 않아서
손 부 족 이 봉 유 여 損不足以奉有餘。		부족한 것에서 덜어내어 남는 것에 바친다.
숙 능 유 여 이 봉 천 하 孰能有餘以奉天下?		누가 여유가 있어서 천하를 받들 수 있겠는가?
유 유 도 자 唯有道者。		오직 도를 지닌 자이다.

시 이 성 인 是以聖人	주 장	그래서 성인은
위 이 불 시 爲而不恃,		이롭게 하여도 내세우지 않고,

공 성 이 불 처 功成而不處.*	주 장	공을 이루어도 머무르지 않는다.
기 불 욕 현 현 其不欲見賢⁴。		아마도 현명함을 드러내려고 하지 않기 때문일 것이다.

1. 天之道, 其猶張弓與

'其'는 부사로서 어조를 공손하게 하며 추측을 나타내어 '아마도'의
의미이며, '其猶 … 與'는 '아마도 …과 같을 것이다'와 같이 풀이할 수
있다.

2. 張弓與

'張弓'은 '활에 활시위를 매는 것' 또는 '활에 화살을 대어 쏘는 것'을
의미하는데, 활에 화살을 대어 쏠 때는 '高者抑之, 下者擧之'를 할 수
없으나, 시위를 걸 때는 '高者抑之, 下者擧之' 할 수 있다. 따라서 여기
서 '張弓'은 '활시위를 매는 것'으로 풀이했다.

3. 人之道則不然

여기서 則은 부사성 접속사로서 주격조사 역할을 하여 ' …는 즉', '不

然'은 '그렇지 않다'로서 "사람의 도는 그렇지 않다"라고 풀이하였다.

4. 是以聖人爲而不恃, 功成而不處, 其不欲見賢

　일반적으로 '其不欲見賢'은 '是以聖人爲而不恃, 功成而不處' 하는 이유를 설명하는 문장으로 '그것은 현명함을 드러내려고 하지 않기 때문이다' 하고 해석한다. 그러나 이렇게 해석하기 위해서는 '其'의 앞에 '以'가 들어가야 '以其'로 되어야 할 것이다.

　또한 백서을본[1]에는 "是以聖人爲而弗有, 功成而弗居也"라고 되어 있고 그 뒤에 "若此, 其不欲見賢" 연결되어 있다. '其' 앞에 '若此'가 들어 있어 '此'는 '爲而不恃(弗有)'와 '功成而不處(弗居)'를 받으므로 '其'는 또다시 '不恃'와 '不處'를 받을 수 없다.

　따라서 여기서 '其'는 '爲而不恃, 功成而不處'를 받는 것이 아니라 부사로서 추측을 나타내는 것으로 보아 "아마도 현명함을 드러내려고 하지 않기 때문일 것이다"라고 해석하였다.

---

1)　國家文物局, 앞의 책, 93쪽.

제78장

나라의 부끄러움을 받아들인 자가 주인이다

천 하 막 유 약 어 수 天下莫柔弱於水,		세상에서 물보다 더 부드럽고 연약한 것이 없으나,
이 공 견 강 자 而攻堅强者	근 거	굳고 강한 것을 공격하는 데는
막 지 능 승 莫之能勝¹.*		물을 이길 수 있는 것이 없나.
기 무 이 역 지 其無以易之²。		그것은 일정한 형태가 없어 변화하기 때문이다.

약 지 승 강 弱之勝强,		연약한 것이 강한 것을 이기고,
유 지 승 강 柔之勝剛,	이 유	부드러운 것이 단단한 것을 이긴다는 것을
천 하 막 부 지 天下莫不知,		세상 사람들이 모르지 않지만,
막 능 행 莫能行。		그것을 실행하지 못한다.

시 이 성 인 운 是以聖人云,		그래서 성인이 말하기를
수 국 지 구 受國之垢,		"나라의 부끄러움을 받아들인 자를
시 위 사 직 주 是謂社稷主³;	주 장	나라의 주인이라 하고,
수 국 불 상 受國不祥,		나라의 좋지 못한 것을 받아들인 자가
시 위 천 하 왕 是爲天下王⁴。		천하의 왕이 된다"라고 하였다.
정 언 약 반 正言若反⁵。		바른 말은 세속에 반하는 것 같다.

---

* "莫之能勝, 其無以易之"라고 되어 있다. 현상과 설명으로 나누었다. 고형과 같다.

1. 莫之能勝

‘莫能勝之’가 도치된 문장으로 莫은 ‘아무도 …하지 않다’, 之는 勝의 목적어로 水, 能은 ‘…할 수 있다’라는 의미의 조동사, 勝은 본동사이다. 따라서 “아무도 그것(水)을 이길 수 없다”라고 풀이된다.

2. 其無以易之

백서을본[1]과 왕필의 풀이는[2] ‘其’ 앞에 ‘以’, ‘之’ 뒤에 也가 있다. ‘其’ 앞에 ‘以’가 있는 것으로 해석하였다. ‘以其無以易之’라는 구절은 다양하게 해석하고 있는데, 그 이유는 ‘易’의 의미와 ‘其’와 ‘之’가 가리키는 것이 무엇인가에 대한 차이 때문이다.

以는 ‘…때문이다’라는 의미이고, ‘無以’는 ‘…이 없다’가 된다. 易之에서 易을 ‘바꾸다’의 의미로 풀이하고, 之는 形을 받고, 易의 주어는 水…가 생략되어 있는 것으로 간주하면 水…易之(=形)로 된다. 따라서 생략된 단어를 채워 넣어 其無以易之의 문장을 완성하면 “以其(=水…)無以易之(=形)”가 되어 “물은 일정한 형태가 없어서 그 형태를 바꾸기 때문이다”라고 해석할 수 있다.[3]

왕필본에는 앞의 ‘以’가 없으나, 왕필의 풀이는[4] “以, 用也. 其, 謂水也. 言用水之柔弱, 無物可以易之也”라고 ‘以’가 들어 있다. ‘以, 用也’에

---

1) 國家文物局, 앞의 책, 93쪽.
2) 樓宇烈, 앞의 책, 188쪽.
3) 이종상, 『도덕경』 78장의 번역에 관한 일고, 『번역학연구』 참조.
4) 위의 책, 188쪽.

논증으로 풀이한 도덕경

관한 대부분의 왕필의 풀이에서 '以는 사용하는 것이다'라고 풀이하였는데, '用'은 '…써 용'의 의미이다.

'用水之柔弱'은 '물이 부드럽고 유약함으로써'가 되고 그 결과 '無物'이다. '物'은 外境으로 '無物'은 외부의 경계가 없는 것을 의미한다. 즉 일정하게 정해진 형체가 없다는 것이다. '無物'은 14장에서 "復歸於無物. 是謂無狀之狀"가 나오는데 이때에도 '無物'은 형체가 없는 것을 나타내고 있다. 또한 43장 "無有入無間"에서 '無有(경역이 없는 것)'과 동일한 의미이다. 즉, '用水之柔弱'의 결과는 '無物'이며, '無物'의 결과는 '可以易之也' 즉, 그 형체를 바꿀 수 있다는 것이다. 이를 풀이하면, '以는 '…로써'이다. '其'는 물을 말한다. '물은(水之) 부드럽고(柔) 약함(柔弱)으로써(用), 일정한 경역(物)이 없어(無), 경역을 바꿀 수 있다(可以易之(=物))라는 것을 말하는(言) 것이다'가 되어 앞의 해석과 같다.

왕필의 풀이에서 이에 관한 번역은 역자에 따라서 뜻을 달리한다.

추만호[5]: '써 이'는 씀이니, 그것은 물을 일컫는다. 말하자면, 물의 유약함을 쓰면 어떤 존재로도 바꿀 수 없는 것이다.

김학목[6]: 이(以)란 글자는 사용하다라는 의미이고, 기(其)자는 물을 말한다. 물의 유약함을 사용한다면, 어떤 것으로도 그것을 대신할 수 없다는 말이다.

임채우[7]: 이(以)는 사용하는 것이다. 기(其)는 물을 말한다. 물의 부드럽고 연약함은 어떤 사물도 대신할 수 없기 때문임을 말한다.

조현규[8]: 이以는 사용한다는 말이고, 기其는 물을 말한다. 물의 부

---

5) 추만호, 앞의 책, 281쪽.
6) 김학목, 앞의 책, 269쪽.
7) 임채우, 앞의 책, 310쪽
8) 조현규, 앞의 책, 272쪽.

드러움과 연약함을 사용하면 어떠한 사물도 그것을 바꿀 수 없다는 말이다.

김시천[9]: 以는 '쓰다(用)'는 뜻이고, 其는 '물'을 이른다. 물의 부드럽고 약한 〈성질을〉 쓰지만 어떤 것도 그것을 바꿀 수 없다는 말이다.

3. 是謂社稷主

사직社稷은 '토지신과 곡식신'이라는 뜻으로서, 옛날에 임금이 국가의 무사안녕을 기원하기 위하여 사직단社稷壇에서 토지의 신과 곡식의 신에게 제사를 지냈다. 사직은 '국가의 기반' 또는 '국가'라는 뜻으로 변했다고 한다.

4. 是爲天下王

백서본[10]에는 "是謂天下之王(천하의 왕이라고 한다)", 하상공본[11]에는 "是謂天下王(천하 왕이라고 한다)"이라고 기술되어 있다.

9) 김시천, 앞의 책, 349쪽.
10) 國家文物局, 앞의 책, 7, 93쪽.
11) 河上公 저, 이석명 옮김, 앞의 책, 427쪽.

5. 正言若反

"受國之垢, 是謂社稷主"은 성인이 말한 것이기 때문에 '바른 말(正言)'인데, '若反'은 '무엇과 반대되는 것 같다'라는 것이다. 이때 '무엇'에 대한 해석은 '그른 말', '세속', '상식', '반대말' 등으로 해석한다.

그러나 나라의 부끄러움을 받아들인 자는 나라의 주인이 아니거나, 나라의 주인은 나라의 부끄러움을 받아들인 자가 아닌 또 다른 자이어야 한다는 것이다. 이것은 우리의 세속적인 생각이라는 것이다. 우리의 세속적인 생각은 '나라의 부끄러움을 받아들인 자는 일반 백성이거나, 나라의 주인은 나라의 부끄러움을 받아들인 자가 아니고 나라의 좋은 것만을 받아들인 자라는 것이다. 여기서는 '세속에 반하는 것'으로 해석하였다.

제79장

성인은 빚을 갚으라고 요구하지 않는다

화 대 원 和大怨,		큰 원한은 화해했다 하더라도
필 유 여 원 必有餘怨[1],	전 제	반드시 남은 한이 있는데,
안 가 이 위 선 安可以爲善[2]?		어찌 잘했다고 할 수 있겠는가?

시 이 성 인 是以聖人		그래서 성인은
집 좌 계 執左契[3],	주 장	빌려주었다는 계약서로
이 불 책 어 인 而不責於人。		빚을 갚으라고 요구하지 않는다.

유 덕 사 계 有德司契,		덕이 있는 사람은 계약서를 관리하고,
무 덕 사 철 無德司徹[4]。	이 유	덕이 없는 사람은 거두어들인다.
천 도 무 친 天道無親,		하늘의 도는 사사로운 친함이 없어
상 여 선 인 常與善人。		언제나 착한 사람과 함께한다.

1. 和大怨, 必有餘怨

63장에 "報怨以德(원한은 덕으로 갚아야 한다)"와 유사한 의미이다.

2. 安可以爲善

'安'은 부사로 반문을 나타내어 '어찌', '可以爲'는 가능을 나타내어 '…이라고 할 수 있다'라는 의미이다. 따라서 "安可以爲+善"은 "어찌 선이라고 할 수 있는가?", "어찌 잘 했다고 할 수 있는가?"라고 해석하였다.

3. 左契

옛날에 쓰던 계약서로 목편이나 죽편에 글을 쓰고 증인을 찍은 후에 두 쪽으로 쪼개어 좌계는 빌려준 사람, 우계는 빌린 사람이 보관하였다.

4. 有德司契, 無德司徹

'덕이 있는 사람은 관대하고, 덕이 없는 사람은 가혹하다'라는 의미로 풀이하였다.

제80장
백성이 다시 노끈을 묶어 사용하게 한다

소 국 과 민 **小國寡民¹。***	전 제	영토는 좁고 백성의 수는 적다.

사 유 십 백 지 기 **使有什伯之器**		여러 사람의 몫을 하는 도구를 갖게 하되
이 불 용 **而不用²,**		사용하지 않게 하고,
사 민 중 사 **使民重死**		백성이 죽음을 두려워하게 하여
이 불 원 사 **而不遠徙。**		멀리 이사하지 않게 한다.
수 유 주 여 **雖有舟輿,**	주 장	비록 배와 수레가 있어도
무 소 승 지 **無所乘之;**		탈 곳이 없고,
수 유 갑 병 **雖有甲兵,**		비록 갑옷을 입은 병사가 있어도
무 소 진 지 **無所陳之;**		진을 칠 곳이 없으며,
사 인 부 결 승 이 용 지 **使人復結繩而用之。**		백성이 다시 노끈을 묶어 사용하게 한다.

감 기 식 **甘其食,**		음식을 맛있게 여기고,
미 기 복 **美其服,**	이 유	의복을 아름답게 여기며,
안 기 거 **安其居,**		집을 편안하게 여기고,

---

* "小國寡民,"이라고 되어 있다. "小國寡民"과 "使有什伯之器而不用"은 표현하는 내용이 다르므로 마침표를 사용하였다. 고형, 진고응과 같다.

논증으로 풀이한 도덕경

락 기 속 樂其俗。		풍속을 즐겁게 여긴다.
인 국 상 망 隣國相望,		서로 이웃 나라를 바라보고,
계 견 지 성 상 문 鷄犬之聲相聞,	이 유	닭 울음소리와 개 짖는 소리가 서로 들리지만,
민 지 노 사 民至老死,		백성은 늙어 죽을 때까지
불 상 왕 래 不相往來³。		서로 오가지 않는다.

1. 小國寡民

'小國寡民' 뒤에 오는 문장이 '使'로 시작되기 때문에 '小國寡民'을 '영토를 작게 하고 백성의 수를 적게 하라'라고 명령문으로 해석하는 예도 있다. 그러나 고의로 나라의 영토를 작게 하고, 백성의 수를 적게한다는 것은 실행하기 어려운 것이다. 단지 노자가 생각할 때 이상적인 국가는 영토가 작고 백성의 수가 적다는 의미일 것이다.

2. 使有什伯之器而不用

'什百之器'는 '편리한 기계', '여러 가지 병기', '백 사람을 겸한 인재' 등으로 해석하는데, 백서을본¹⁾에는 '使有十百人器而勿用'이라고 기술되어 있어, '什伯'은 '什伯人(많은 사람의 몫을 하는)'으로 풀이하였다. 이에 관해 이석

---

1) 國家文物局, 앞의 책, 93쪽.

명[2]은 "편리한 도구를 쓰지 않게 하고", 김홍경[3]은 "열사람 백사람을 감당하는 인재가 쓰이지 않도록 하며"라고 번역하였다.

하상공본[4]은 왕필본에 비해서 '人'자가 하나 추가되어 있으나, 이에 관한 풀이는 매우 다르다. 하상공본[5]에는 "使有什伯人之器而不用"이라고 기술되어 있어 백서을본과 유사하나, 하상공의 풀이는[6] "使民各有部曲什伯, 貴賤不相犯也. 器, 爲農人之器, 而不用者, 不徵召奪民之時(백성으로 하여금 10명이나 100명 단위의 집단을 만들어 살게 하여 귀한 자와 천한 자가 서로 침범하지 않게 한다. '기(器)'는 농민들의 농기구를 가리킨다. '이불용(而不用)'이란, 농기구를 징발하거나 농민을 소집하여 농사의 때를 빼앗지 않는다는 뜻이다)"라고 했다. 왕필의 풀이는[7] "言使民雖有什伯之器而無所用, 何患不足也(백성으로 하여금 비록 편리한 기계가 있어도 사용할 곳을 없게 할 것이니, 어찌 부족하다고 걱정하겠느냐 말이다)"라고 했다.

3. 甘其食 … 不相往來

이상적인 국가의 모습을 묘사한 것이다. '甘其食'은 '(백성은) 자기네 음식을 맛있게 여기고'라고 해석하였으며, 뒤에 나오는 문장도 같게 해석하였다.

---

2) 위의 책, 684-685쪽. '使十百人之器毋用'으로 되어 있다.
3) 김홍경, 앞의 책, 378-379쪽. '使十百人器而毋用'으로 되어 있다.
4) 河上公 저, 이석명 옮김, 앞의 책, 432쪽.
5) 위의 책, 432쪽.
6) 위의 책, 432쪽.
7) 樓宇烈, 앞의 책, 190쪽.

논증으로 풀이한 도덕경

제81장
성인은 쌓아 두지 않고 다른 사람을 위한다

신 언 불 미 信言不美,		믿음직한 말은 아름답지 않고,
미 언 불 신 美言不信,		아름다운 말은 믿음직하지 않다.
선 자 불 변 善者不辯,	전 제	착한 사람은 분별하시 않고,
변 자 불 선 辯者不善1,		분별하는 사람은 착하지 않다.
지 자 불 박 知者不博,		깊게 아는 사람은 넓게 알지 못하고,
박 자 부 지 博者不知。		넓게 아는 사람은 깊게 알지 못한다.

성 인 부 적 聖人不積,		성인은 쌓아 두지 않고
기 이 위 인 기 유 유 旣以爲人, 己愈有,	주 장	이미 다른 사람을 위했기 때문에 자신은 더욱더 넉넉해졌고,
기 이 여 인 기 유 다 旣以與人, 己愈多。		이미 남에게 주었기 때문에 자신은 더욱더 많아졌다.

천 지 도 리 이 불 해 天之道, 利而不害。		하늘의 도는 이롭게 하고 해치지 않는다.
성 인 지 도 聖人之道,	이 유	성인의 도는
위 이 부 쟁 爲而不爭2。		일을 이루고 다투지 않는다.

1. 善者不辯, 辯者不善

일반적으로 '辯'을 '말을 잘하다'로 '선한 사람은 말을 잘하지 않고'로 풀이한다. 이렇게 파악하면 辯者不善은 '말을 잘하는 사람은 선하지 않다'라고 풀이할 수 있는데, 이는 상식과도 맞지 않는다. 또한 '辯'을 '말을 잘하다'로 해석을 하면 앞에 나와 있는 '信言不美, 美言不信'과 의미와 유사하게 된다.

여기서 '辯'은 '분별한다'라는 의미로 '착한 사람은 분별하지 않고, 분별하는 사람은 착하지 않다'라고 풀이하였다. 여기서 분별은 옳고 그름을 따져서 구분하는 것을 의미한다. 성현영은[1] "辯, 別也(변辯은 구별한다는 것이다)"라고 풀이하여 필자의 해석과 같다.

백서을본[2]에는 이 문장이 "善者不多, 多者不善(선한 사람은 많이 쌓아 두지 않고 많이 쌓아 두는 사람은 선하지 않다.[3] 선한 사람은 칭송을 받지 않고 칭송을 받는 사람은 선하지 않다[4])"이라고 기술되어 있다.

2. 聖人之道, 爲而不爭

일반적으로 爲而不爭에서 '爲'는 '위하다, 베풀다'로 해석하는데, 이러한 해석은 天地道의 '利'와 중복되고, 또한 위하거나 베풀면서 서로 다툴(爭) 이유가 없으므로 '不爭'과 어울리는 의미가 아니다.

---

1) 成玄英 지음, 최진석·정지욱 옮김, 앞의 책, 743쪽.
2) 이석명(2020), 위의 책, 695쪽.
3) 위의 책, 691쪽.
4) 김홍경, 앞의 책, 390쪽.

논증으로 풀이한 도덕경

여기서 '爲'는 '일을 이루다'의 의미로 풀이야 할 것이다. 하상공의 풀이는[5] '爲'에 대하여 '化成事就(일을 완성하고 이루게 하다)'라고 했다.

5) 河上公 저, 이석명 옮김, 앞의 책, 439쪽.

참고문헌 |

학회지

김월회(2007), 「논어와 노자의 글쓰기 분석 -논증방식을 중심으로-」, 『중국문학』, 제51
집, 한국중국어문학회.

이종상(2012), 「『도덕경』 78장의 번역에 관한 일고」, 『번역학연구』, Vol. 13, No. 2, 한국
번역학회.

이종상(2019), 「『도덕경』 58장 '是以聖人 方而不割'에 관한 재해석」, 『Asia-pacific Jour-
nal of Multimedia Services Convergent with Art, Humanities, and Sociology』,
Vol. 9, No. 4.

이종상·이동아(2021), 「『도덕경』의 논증 구조 분석」, 『인문논총』, 제78권 제4호, 서울대
학교 인문학연구원.

이종상·이동아(2022), 「『道德經』 2장 '天下皆知美之爲美, 斯惡已'의 해석에 관한 一考」,
대동한문학회.

이한유(2012), 「소득분배상의 공정과 평등 개념의 고대 그리스·중국 경제사상사적 기
원」, 『국제경제연구』, 제18권 제1호.

단행본

老子·憨山大師 저, 원조각성 번역·강해(2004), 『도덕경과 감산해(상·하)』, 서울: 현음사.

憨山德淸 해, 송찬우 옮김(1990), 『노자-그 불교적 이해』, 서울: 세계사.

憨山 저, 오진탁 옮김(1990), 『감산의 노자풀이』, 파주: 서광사.

管敏義 지음, 서울대 동양사학연구실 옮김(1994), 『高級漢文解釋法』, 파주: 창비.

권혁인(2017), 『노자 맨발로 서울에 오다, 하』, 파주: 지식산업사.

김경수(2009), 『노자역주』, 서울: 도서출판 문사철.

김경탁(1965), 『노자』, 서울: 광문출판사.

林希逸 지음, 김만겸 주역(2014), 『임희일의 노자풀이』, 부산: 도서출판 서강.

김상철(2001), 『노자 제대로 읽기』, 서울: 씨앗을 뿌리는 사람.

김시천(2014), 『역주 노자도덕경주』, 서울: 전통문화연구회.

김용옥(2020), 『노자가 옳았다』, 서울: 통나무.

김원중(2013), 『한문 해석 사전』, 파주: 글항아리.

김충열(1995), 『노장철학강의』, 서울: 예문서원.

김충열(2004), 『노자강의』, 서울: 예문서원.

김학목(2000), 『노자 도덕경과 왕필의 주』, 서울: 홍익출판사.

김학주(2000), 『노자』, 서울: 을유문화사.

김학주 옮김(2010), 『장자』, 고양: 연암서가.

김홍경(2003), 『노자-삶의 기술, 늙은이의 노래』, 서울: 들녘.

南懷瑾 지음, 설수남(2013), 『노자타설 상, 하』, 서울 : 부키.

노자 지음, 이강수 옮김, 『노자』, 서울: 도서출판 길.

노자 저, 양회석 주해(2018), 『노자 도덕경』, 광주광역시: 전남대학교 출판문화원.

단국대학교 부설 동양학연구소(2005), 『漢韓大辭典』서울: 단국대학교 출판부.

민중서림편집국(2009), 『한한대자전』, 서울: 민중서림.

박세당 저, 김학목 옮김(1999), 『박세당의 노자』, 서울: 예문서원.

方東美 지음, 남상호 옮김(1999), 『원시 유가 도가 철학』, 서울: 서광사.

白居易 지음, 오세주 옮김, 백시나 엮음(2005), 『비파행: 백거이 시집』, 서울: 다산초당.

成玄英 지음, 최진석·정지욱 함께 풀고 옮김(2007), 『老子義疏』, 서울: 소나무.

성백효(2013), 『논어집주』, 파주, 한국인문고전연구소.

성백효(2017), 『大學·中庸集註』, 서울, 한국인문고전연구소.

신동호(1981), 『도덕경』,세계의 대사상 18, 서울: 휘문출판사.

안동림(1973), 『장자』, 서울: 현암사.

양방웅(2003), 『초간노자』, 서울: 예경.

에드윈 풀리블랭크 지음, 양세욱 옮김(2005) 『고전 중국어 문법 강의』, 서울: 궁리.

연세대학교 허사사전편찬실(2001), 『허사대사전』, 서울: 성보사.

Williams, M. J. and Colomb. G. 지음, 윤영삼 옮김(2008), 『논증의 탄생』, 서울: 홍
　　문관.

이경숙(2004), 『도덕경-도경』, 서울: 도서출판 명상.

이경숙(2004), 『도덕경-덕경』, 서울: 도서출판 명상.

이석명(2003), 『백서 노자』, 서울: 청계.

이석명(2020), 『노자』, 서울: (주)민음사.

林希逸 지음, 김만겸 주역(2014), 『임희일의 노자풀이』, 부산: 소강.

이종식 지음(2021), 『시스템 관점으로 읽는 노자 도덕경』, 서울: 북랩.

임채우(2005), 『왕필의 노자주』, 파주: 한길사.

張起均 지음, 권광호 옮김(2006), 『노자의 지혜』, 부산: 소강.

조현규(2011), 『왕필이 본 도덕경』, 서울: 새문사.

陳鼓應 지음, 최재목·박종연 옮김(2008), 『진고응이 풀이한 노자』, 경산: 영남대학교 출
　　판부.

추만호(1996), 『노자강의』, 공주: 우리문화연구소.

최상용(2018), 『내 안의 나를 키우는 도덕경(노자도덕경하상공장구)』, 고양시, 일상이상.

최재목(2006), 『노자』, 서울: 을유문화사.

최진석(2001), 『노자의 목소리로 듣는 도덕경』, 서울: 소나무.

Toulmin, S. R. 지음, 고현범·임건태 옮김(2006), 『논변의 사용』, 서울: 고려대학교 출판
　　부, 2006.

河上公 저, 이석명 옮김(2005), 『노자 도덕경 하상공장구』, 서울: 소명출판.

韓非 지음, 이운구 옮김, 『한비자 I』, 파주: 한길사.

荊州市博物館 편저, 최남규 역주(2016), 『郭店楚墓竹簡』, 고양: 학고방.

중국서적

憨山大師 著(1974), 『老子道德經憨山解』, 臺北琉璃經房印行.

憨山, 梅愚 点校(2015), 『老子道德經解』, 武漢市: 崇文第局有限公司.

高 亨(1943), 『老子正詁』, 中國书店影印.

國家文物局古文獻研究室(1980),『馬王堆漢墓帛書·壹』, 北京: 文物出版社.

樓宇烈(1999),『王弼集校釋 上-老子道德經注』, 北京: 中華書局.

薛 惠(1966),『老子集解及其他一種』, 臺灣商務印書館.

王卡 點校(1993),『老子道德經河上公章句』, 北京: 中華書局.

張岱年(1989),『張岱年文集』, 卷一, 北京.

朱謙之(1963),『老子校譯』, 北京: 中華書局.

陣鼓應(1984),『老子注譯及評介 (修訂增補本)』, 北京: 中華書局出版發行.

焦竑(1972),『老子翼』, 東京: 富山房.

許抗生(1985),『帛書老子注译与研究』, 杭州：浙江人民出版社.

荊門市博物館(1998),『郭店楚墓竹簡』, 北京, 文物出版社.

일본서적

稻田 孝(1982),『老子を讀む』, 東京: 勁書書房.

蜂屋邦夫(2012),『老子』, 東京: 岩波書店.

福永光司(2013),『老子』, 東京, 筑摩書房.

영미서적

Alan K. L. Chan(1991), Two Visions of the Way, New York: State University of New York Press.

Arthur Waley(1958), The way and its power, New York: Grove Press, Inc.

Ellen M. Chen(1989), The Tao Te Ching-A new translation with commentary, New York: Paragon HouseGovier, T(1999), The Philosophy of Argument, Virgina: Vale Press.

Paul J. Lin(1977), A Translation of Lao-tzu's Tao Te Ching and Wang Pi'S Commentary, Center for Chinese Studies, The University of Michigan.

Richard John Lynn(1999), The classic of the way and virtue-A new translation of the Tao-te ching of Laozi as interpreted by Wang Bi, New York: Columbia University Press.

Stephen Michell(1988), Tao Te Ching, London: Frances Lincon.

Wing-Tsit Chan(1963), The way of Lao Tzu, New Jersey: The Bobbs-Merrill Company, Inc.

논증으로 풀이한 도덕경

---

* 　( )안 숫자는 『王弼集校釋 上-老子道德經注』의 장 번호

논증으로 풀이한 도덕경